同心共筑中国梦

——港澳台学生获奖征文集

马怀德◎主编

中国政法大学出版社

2021·北京

图书在版编目（ＣＩＰ）数据

同心共筑中国梦：港澳台学生获奖征文集/马怀德主编. —北京：中国政法大学出版社，2021.1

ISBN 978-7-5620-9680-1

Ⅰ.①同… Ⅱ.①马… Ⅲ.①大学生－思想政治教育－中国－文集 Ⅳ.①G641-53

中国版本图书馆 CIP 数据核字(2021)第 000607 号

出 版 者	中国政法大学出版社
地　　址	北京市海淀区西土城路 25 号
邮寄地址	北京 100088 信箱 8034 分箱　邮编 100088
网　　址	http://www.cuplpress.com（网络实名：中国政法大学出版社）
电　　话	010-58908285(总编室) 58908433（编辑部）58908334(邮购部)
承　　印	北京鑫海金澳胶印有限公司
开　　本	720mm×960mm　1/16
印　　张	25
字　　数	345 千字
版　　次	2021 年 1 月第 1 版
印　　次	2021 年 1 月第 1 次印刷
定　　价	89.00 元

序 言

受教育部港澳台事务办公室的委托，中国政法大学承办了"同心共筑中国梦"港澳台学生主题征文活动。征文活动收到来自内地（大陆）137所高校港澳台学生的1795篇征文，征文各具特色、感情真挚向上、文字生动活泼，体现了当代港澳台青年学子的责任担当和拳拳爱国之心。中国政法大学组织专家学者对每一篇征文进行认真评选，99篇获奖征文脱颖而出。获奖征文的作者在阐释"同心共筑中国梦"主题时，结合自己在内地（大陆）生活和求学的成长经历、家中长辈的人生经历，或聚焦于特定场域的历史变迁和作者的心境变化，或截取中国近现代及当代的关键节点，表达了身为华夏儿女的自豪与骄傲，与祖国血脉相连、同呼吸共命运的真挚情感；表达了对祖国日新月异快速发展的由衷赞叹，对惠及港澳台居民在内地（大陆）就业和生活的相关政策以及粤港澳大湾区发展宏伟规划的欢欣鼓舞；传递出港澳台青年学子积极参与中国梦建设的时代最强音，传递出"做好小我，共建大我"的家国情怀。

2021年是国家"十四五"建设的开局之年，是中国共产党建党100周年，更是全面建设社会主义现代化国家新征程的开局之年。正如习总书记所说，实现中华民族伟大复兴的中国梦，广大青年生逢其时，也重任在肩。广大青年既是追梦者，也是圆梦人。追梦需要激情和理想，圆梦需要奋斗和奉献。广大青年应该在奋斗中释放青春激情、追逐青春理想，以青春之我、奋斗之我，为民族复兴铺路架桥，为祖国建设添砖加瓦。

我衷心希望同学们心系国家命运和民族前途，用青春点亮梦想，靠奋斗绽放光芒，为实现中华民族伟大复兴的中国梦奉献智慧和力量。希望同学们珍惜韶华，勤奋学习，在国家发展的新征程中不做过客、不当看客，积极地服务国家发展战略，争当走在时代前列的奋进者、开拓者。

获奖征文集的顺利出版离不开教育部的指导，离不开为保证征文活动顺利开展而辛苦付出的每一位法大同仁。在此，我代表中国政法大学，向教育部及我的同事们表示由衷感谢！祝愿各位读者品读愉快！

中国政法大学校长

2021 年 1 月

目录
CONTENTS

一等奖

三等奖

一等奖

新　生

中山大学　中国语言文学系　汉语言文学　2016 级　香港　倪佳杰

1997 年 7 月 1 日，当米字旗从港岛各司各署撤下，维多利亚港的海风吹动了五星红旗和紫荆花旗，香港迎来了她的新生。中国人民热血澎湃的欢呼震动了全世界。对中国，对香港，一个新的时代，已然降临。

1997 年 7 月 1 日，我出生在香港九龙半岛伊丽莎白医院。洪亮的啼哭过后男男女女的欢呼划破寂静的长夜，这家 24 小时前还被实行殖民统治的公立医院内，原本混沌凝滞的空气，一时间因为新的心跳而流转起来。

生在香港，长在香港，我算是个原生态的九龙半岛"土著"。虽知道香港回归了祖国，但却不曾有机会踏足除了香港外更遥远的祖国大地，因此，对于祖国的认识，也只局限于香港这一隅。满眼所见只有寸土寸金的九龙半岛上鳞次栉比的高楼，紧凑密集的街区，啜饮红茶，咀嚼鸡蛋西士多，这大抵应是中国人的日常生活吧——我总这么以为。祖国，于我而言，无非是教室墙上那幅巨大的彩绘地图，是蓝色护照上最前面"中华人民共和国"的字样，是国际新闻里常年可见的中国代表团，这就是中国吧——我也只知道这么多了。但每每和朋友谈论到我的生日，他们总会不期而同地感叹道："啊！你是香港回归第二天生的。"无数次听到这样的话，我都像受了一道让人失魂落魄的魔咒，满脑子充斥着对这个与我息息相关，身临其境，但又遥遥不可触的祖国的幻想，她对我产生了无比强烈的吸引与召唤。祖国，那究竟是个什么样的地方？

我知道我是非去祖国走个遍，打破这个魔咒不可。

于是，2016 年，在中六毕业的那一年，我毫不犹豫地申请了中山大学，并且被中文系录取，从此开启了在祖国内地学习汉语言文学的旅程。

中华民族上下五千年的泱泱历史，能从汉语言文学的角度纵览中华民族精神的全貌，无疑是令人满足与欣喜的。

但在内地求学到底不像想象中那么容易，作为一个大学的新生，更作为一个初到内地的新人，一开始总要面临许多难以逾越的障碍。首先是心理的障碍。在香港，言论自由经常会带来许多混淆视听的信息，例如，我从小就听说过对内地的种种社会问题的议论。因为从来没有来过内地，虽然明知许多言论有故意夸大抹黑的成分，但长期身处被动灌输的环境里，日久心里也不免会有所猜疑。只有当我真正踏上这片土地时，目睹了热情善良的内地同胞，完善健全的基础设施，开明灵活的社会体制，不免对自己因为那些捕风捉影的话语而对这片如此可爱的土地产生怀疑的想法，深深内疚。

新中国成立70年以来，综合国力和国际地位不断提高，改革开放以后综合实力更是以指数形式飞涨，在许多领域，中国早已领先世界。这也使得像我这样从未来过内地的人，一融入其中，便因深厚的历史文化底蕴和同步高度发展的现代性而深深沉迷。

其次是语言的障碍，虽然广府文化和香港文化一脉相承，粤语在广府地区高度通行，但作为一个汉语言文学的学习者，作为一个肩负向国民、向世界传播中华民族精神文化重任的中文人，掌握普通话既是研究汉语汉文学的基石，更是海纳除了粤语文化圈外更广大的中华文学圈的工具。于是说惯了"九声六调"的粤语的我，必须卷起舌头学着发出平翘舌音，那着实花费了一番力气。原以为在学习普通话的过程中，总不免要听上几句"你听，那人的舌头是怎么长的""他说话好奇怪啊"之类嘲讽的话，但出乎意料的是，凡是和我有过交谈的朋友、同学，虽然他们无一不曾拧紧眉头，努力听懂我从嘴里憋出来的"四调不全"的话语，却从不曾为此停止和我争论类似"中国文学未来发展"这样晦涩的学术问题。对同胞的宽和仁厚，是海纳百川、有容乃大的民族精神最基本、最美好的的体现；华夏礼仪之邦无论对内对外，一个"礼"字，是贯穿整个中华文明最彻底，最耀眼的温柔底色。

在内地学习、生活，不可避免地要学会使用人民币。在来大学求学前，我一度担心自己会分不清五十、一百，或者收到假钞。当然真的要分清人民币是花不了多少工夫的，更多的担心是怕丢了钱或者丢了包。而当我真正开始在内地的生活时，才发现自己已经"out"了。当我购物时掏出钱包里放的厚厚的人民币时，我身边的内地朋友不禁惊叹："你怎么在钱包里藏那么多钱！"我还不明所以，略有骄傲地答道："港币的最大面值是一千，所以平时用不着放一大堆钱在钱包里。"当时我还不知道内地的移动支付已经如此发达，日常生活根本不需要带钱包出门，一部手机就能满足全部的消费需求。内地的科技发展促成了消费支付手段的创新，还推动了高度发达的网购与外卖服务，而消费模式的精简又促进了经济的快速发展。不得不说，在内地生活的便利程度远高于香港，不过近年来，移动支付模式也从内地传到香港，消费方式一体化，不但给两地人民在各处的生活带来便利，更是促进了内地与香港的经济进一步交流融合。

2018年港珠澳大桥正式投入使用，除了为我这样需要跨境学习工作的人士提供了往返便利，更是激起了粤港澳三地经济文化上的沟通交流。粤港澳大湾区建设响应了习近平主席"同心共筑中国梦"的号召。大桥通车后不久，我就亲历了一番新的回家路。原以为会在珠海公路口岸见到摩肩接踵的人群、被挤得水泄不通的口岸大厅。不曾想出入境大厅是如此的秩序井然、有条不紊。虽然过桥的乘客众多，但大家都根据不同的目的地分排各处，有序通关出境。工作人员与志愿者以极大的热情与友好接待全国各地慕名而来的乘客。以往，从香港前往珠海，要么花上三四个小时坐大巴，中途还要转车，要么就花高价买一张船票，摇摇晃晃到珠海。港珠澳大桥的投入使用，以低于巴士的价格，短于航船的时间，立刻成为了大湾区人民公认的往返珠港澳三地的最佳方式，其极高的便利程度是不言而喻的。

从内地到香港，需要经过海关检查，通行一道道关口，被赶水客冠以"过春天"的业内黑话。每次从香港回内地，我也在"过春天"，只因为踏上内地这片繁花似锦的土地，那里有我的新生，我所憧憬的、拥抱我的春天。

对于香港来说，回到祖国怀抱，在祖国的支持下加强政治经济建设，何尝不是她的春天和新生？脱离了祖国的存在，香港仍是一个襁褓中的婴孩，深陷失望之冬；重归祖国，她浴火重生，有了坚强的后盾，人民的力量，与内地渐紧的联系，以及越来越多的发展机遇，在互联互通下，香港逐渐成熟，也迎来了她的希望之春。

2019年，正值新中国成立70周年，澳门特别行政区回归祖国20周年，《告台湾同胞书》发表40周年。而我，也即将完成在内地的本科学业。在内地的这几年，我见识了中国在70年的发展进程中所取得的伟大成就。香港、澳门陆续回归，加入了共同建设中国梦的伟大旅程。港澳与内地政府互助互赢的合作方式，三地人民日益加强的凝聚力，港澳人民对"我是中国公民"的高度认同感，都证明了"一国两制"的可行性和正确性。祖国的统一，是两岸人民共同的目标。同心共筑中国梦，凝聚每一个人的力量，实现中华民族的伟大复兴，更是两岸人民共同的愿望。

而我，已新生为完整的中国人，我也坚信，将来的我，在祖国的怀抱中，还会有更多的新生。香港亦如此。

我是追梦的青年

北京大学　外国语学院　英语　2017 级　澳门　朱泽南

寻　梦

"摇啊摇，摇到外婆家……"古老的童谣随风飘荡，思绪飘回那个栖息在江南边缘不事张扬的小镇——古城绍兴。澳门是我成长的地方，而绍兴却是我的根之所在，梦里千百次神游，魂牵梦绕……

"山阴道上行，如在镜中游。"（绍兴古称"山阴"）王羲之的这句诗是绍兴自然景观的写照。关于故乡的种种，仍然历历在目，回忆起那些满是岁月痕迹的街头弄堂，总会有别样的心情涌上心头。绍兴，是一本值得细细品味的书。你可以在细雨蒙蒙的秋日，撑一把伞，慢悠悠地穿梭在青石小巷里，闻酒香，品香茗，寻找历史刻在古城的痕迹；或是在风和日丽的三月，登上大禹陵，看看脚下的风景，看现代文明把护城河装扮得流光

溢彩。如今的绍兴，就是一颗耀眼的水乡明珠，熠熠闪光。我从城头俯身凝视水光云影，看得见王师复国出征的刀戈闪亮，听得见太守构筑鉴湖的夯声连连，听得见鲁迅心事浩渺的奋笔呐喊，听得见高铁列车飞驰而过的轰鸣，大禹治水"三过家门而不入"成为千古传诵。

环城河边我蹒跚学步，外婆牵着我的小手，旧日时光定格在相机快门按下刹那。愿我成为一个更好的人，为这个养我育我的土地尽点绵薄之力。这是梦开始的地方……

觅　梦

当记忆被风月沥干，当足迹消磨于时间漩涡，当洪流成为红尘罅隙，多年后，在荒芜的时空中，唯留存下文化——余先生的《文化苦旅》告诉了我们这样的一个答案。在中国的土地上，处处都留有文化的痕迹。绍兴、乌篷船，勾勒的是江南情调；港珠澳大桥，展示的是中国技术；世博会、奥运会，体现的是中国力量；G20峰会、博鳌论坛，铸造的是中国精神……世间种种，构成璀璨中华文化的闪亮一环。

小时候，家人总是喜欢在寒暑假的时候带我和妹妹到祖国内地旅游，足迹遍布上海、北京、内蒙古、山东、杭州、广州、珠海等地。特色文化、风土人情、人文历史，我在不断思索和感悟中，寻求文化的根脉，在

"上下求索"中，揭示一处处令人流连忘返的中国景色，我眷恋着这片热土。我见证着"青山绿水就是金山银山"的美丽中国之梦。

从"青藏高原"到"七子之歌"，从"天路"到"东方之珠"，一路情随歌流淌，声入人心。七岁的我唱着祖国的歌曲，成了校园的"中国娃"，获得澳门学生演唱比赛各种奖项。从"古筝"到"二胡"，从"笛"到"萧"，中国民乐追根溯源，源远流长，我感受到源于自然深处的独特魅力。好听的音乐千篇一律，有趣的乐器万里挑一。十岁的我拿起"二胡"后就一路一声一世，获得澳门青少年器乐演奏比赛一等奖；曾是澳门学生中乐团的一员，现在是北京大学民乐团的成员之一。感谢澳门特区政府一直给与澳门学生一个多元的平台，还记得初中那一年参加澳门中学生"寻根之旅"器乐体验营的经历，让我来到北京，深入学习中国器乐，那种传统文化给我带来的感受深深烙印在我的心底。我下定决心要来内地学习，因为这里的一切都让我有一种莫名的熟悉感，我想要来这里寻觅梦想……

品 梦

我的怀里揽着一个求学之梦。2008 年我与她一见钟情，心中就种下一颗种子，许下一个愿望，我为之奋斗为之努力，让自己放飞一个梦想，收获一个希望。2017 年 9 月，"北京大学"——我如约而至，从此我们紧握双手，再不分离。文学家流沙河说过："理想是石，敲出星星之火；理想是火，点燃熄灭的灯；理想是灯，照亮夜行的路；理想是路，引你走到黎

明。"是北京大学让我梦想开花，繁华似锦。在这个文化底蕴极为深厚的地方，开始了我的实干梦。

夕阳下，我数着百周年纪念讲堂的一级级台阶，用脚步丈量时空的张扬和轮回。未名湖圈圈涟漪里藏着无数感动，夕阳染色的博雅塔永远屹立，斑斓铺满既古老又别致的燕南园，宿舍楼墙上的爬山虎目送着一批又一批的学子。我在燕园的小路追寻流走的时空，禁不住怦然心动。想为她编一支好听的歌，歌声里，布满甜蜜与自豪的音符，奔放旋律伴随引领在前的引路人；我们随旗手去追月摘星再展身手；我爱我的学校，更热爱我的祖国。我和祖国母亲水乳相融、永不分离。

我的名字有泽南两字，承载着家人对我的寄望。因为我出生在南方，所以希望有朝一日我可以恩泽南方，带来幸福，为家乡建设做出贡献。因此，我在求学阶段非常珍惜每次学习机会，尽己所能，学到更多知识。坚持理想信念之梦。作为中华民族的一分子、作为承担历史跨越的一名青年，我更为自己能投身实现改革发展的历史使命而自豪。古人云："道虽远，不行不至；事虽小，不为不成""君子耻其言而过其行""千里之行，始于足下"。中华民族改革发展事业其道光明远大，然路途漫漫。勿忘昨天，无愧今天，不负明天！我在品梦……

追　梦

天上月圆，人间月半，今夜难眠。每当中秋团圆之时，便不由自主生出"月是故乡明"的感叹……

幸运的是，我在北大遇到了一群循循善诱的师长和志同道合的朋友。他们来自江南塞北，有不同的文化背景，有自己的成长故事。有缘在这个园子里遇到了彼此，在这里产生思维的碰撞。在北大，要学会劳逸结合。俗话说得好：看万卷书，不如行万里路。一年多的时间里，学校港澳台办公室曾多次为我们港澳台生举办国情研习实践活动，去过贵州、重庆、成都和南京。参观过全球最大射电望远镜，到访过遵义会址、体验饲养国宝熊猫的乐趣和品味舌尖上的中国……

在这里，我还能将我的梦想延续到世界的舞台上。校庆120周年之际，学校民乐团受邀去了美国纽约，而我作为二胡声部成员，当然也在受邀名单之中。那是我第一次在林肯中心，也是第一次在外国，演奏出属于我们中国的音乐；同时也实现了我自己一个小小的梦想——让外国人听到我们中国的传统音乐并喜欢上它。

多年来，国家都一直特别重视年轻人的成长与未来，推动各项计划的发展，帮助我们寻求和获得更多的机会。大学之间的合作也更密切了。在我大一暑假的时候，我参加了北京大学和香港理工大学一起举办的 SOAR 翱翔青年领袖计划，和所有内地、香港的学生一起到云南帮助留守儿童、了解并学习当地文化、在北京参与"一带一路"全球青年领袖荟萃，和外国朋友们学习策划各种解决社会问题的项目活动，实在是受益匪浅。对于我来说，这才是刚刚开始，未来还有很多的路要走。我很幸运，因为总是能在最需要的时候找到帮助；在梦想的前进道路上，总有人可以指点迷津，与我结伴同行。我知道，少年强则国强！之所以我们能够得到这么多好的机会和资源，全赖渺小的我身后有一个强大的国家，能让我自信、坚强地去实现一个又一个的梦想。我听见有一个声音在告诉我：时间挡不住追梦的人……

圆 梦

拥有健康的体魄、灿烂的笑容、积极的心态，让父母在远方安心工作，劳累时一想起我，心头就涌过幸福的泉流；求知若渴，不耻下问，让老师因我的存在而幸福；给陷入迷茫、失去信心的同学们送上一句温暖的慰问和强有力的鼓励、为取得佳绩的伙伴送上祝福，让同龄人因我的存在而幸福；"老吾老以及人之老，幼吾幼以及人之幼"，我想让所有在我身边的人，无论是朋友还是陌生人，都可以因为我的存在而感到幸福。"中国梦"同样也是"我的梦"。我们的血液里也流淌着和先辈们一样的热血，我们同样是中华儿女，我们也有一样的"中国梦"。我们要朝着"中国梦"曙光初绽的方向奋勇前进，开创祖国更为光明的复兴前景。

分支百姓各宗强。溯源曲水黄河岸，远道寻根龙脉长。中国梦，是一个美好而实在的梦，我愿意为之不停奋斗，因为我希望我的青春能够在这个越来越繁荣的国家中体现出它的价值。作为一个中国人，我很骄傲！让我们一同为澳门特区回归祖国20周年庆祝！一起为祖国70岁生日献礼！

锦绣中国梦

广西中医药大学　中医学（传统中医班）　2017 级　香港　卢卓君

中华人民共和国的成立，为中国历史打开新的一页。随着时代变迁及社会需求的变化，民生经济陆续顺应改变。我国高瞻远瞩，灵活地以改革开放政策，持续并均衡发展经济、民生、医药……各方面，成果举世共睹！中国国旗上的每颗星星，犹如钻石般闪亮耀目。中国运动员在国际赛中屡获的殊荣、嫦娥二号成功发射的光辉事迹、阵阵如雷的掌声、飘扬似海的中国国旗、振奋激昂的中国国歌、举起那荣誉奖杯的每一位中国同胞、中国航天员在宇宙飞船内向我们挥手的微笑等，都确认了中国在各方面努力的成果，显示了这条"巨龙"的真正实力和国际地位。这就是我的梦，每个中国人值得骄傲的梦！

那滔滔不绝的长江和黄河，象征中国是经得起考验的一条东方巨龙。不管中国曾历尽什么磨难，我盼望所有中国同胞，脸上时刻挂着又成功又自豪的笑容。

身为 90 后的我，在上述的祖国政策下，从多方面享受着日新月异的科技所带来的资讯，身处中国香港的我，有一个梦想：由于中医药在内地的发展比香港迅速、完善和成熟，这吸引了原需与轮椅终生为伴的我（后幸得中医治疗而完全康复），誓要向中医医道前进！为了更全面地学习祖国医学，我决定离开我家和香港，这是我从未试过的。我只身来到内地，开始了我找寻中医梦的第一步。

香港是一个繁荣的都市，生活节奏很快，人口稠密。早上总见水泄不通的车辆占了整条马路，人们即使远远看到认识的人，也因为生活的忙碌而错过了很多问候好友的机会。去年，我毅然来到广西南宁市，开始学习中医药大学课程。踏进内地的那一刻,我已感受到每处的人,都很主动地帮忙这个刚离开父母庇荫的我。

当时,我带着疲惫的身躯和累得在颤抖的肌肉,还要手拖着那大得连我自己也可放进去的行李箱,好不容易才来到广西中医药大学的门前。我看到学校墙上刻着医学生的誓言,我心里将誓言仔细地读了一遍,在那一刻,我突然觉得浑身是劲,身体似乎被注入了一种名叫"使命感"的药水,犹如忘记了我先前的疲累,顿时,我眼眶也被百感交集的泪水填满了,我上大学了!

我不再是轮椅上的永久病人了!"远亲不如近邻",我来到一个新环境,老师们就像学生们的父母一样,每天为我们解答学习和生活上的各样问题,几乎每天都要超时工作,即使累病了,老师们那苍白的脸上,仍挂着亲切的笑容面对学生。记得有一次,我生病了,因体力不支而晕倒,那正忙得真想能分身的班主任,立刻放下手上所有的工作,送我去医院,并在我的床边,陪伴着我,不停安抚因各种不适而哭闹的我,她犹如是我的母亲。她牺牲了自己休息的时间,使我无言感激。我感恩自己能遇上一位这么关爱学生的老师。爱流泪的我,总会因她的风趣和幽默,让愁绪在瞬息间搁置。岑老师,谢谢您!辛苦您了!每个早上、每个角落,无论是老师们、保安、还是在菜市上卖菜的阿姨,都会热情地跟我们打招呼。我每天早上,在热气蒸腾的饭堂窗口前,排队等着领取那滚热可口的早点时,所遇上的,都是挂着亲切笑容的面孔。那笑得几乎看不到眼睛的阿姨们,每天大清早,就勤勤恳恳地在像桑拿房的厨房内,辛勤地为师生们准备鲜美可口的早餐。阿姨们不管有多忙碌,在我们点早餐的短短几秒钟,她们总会笑着跟我们说:早上好!记得有一次,我的手受了伤,阿姨还帮我把早餐端到桌上,方便我享用。那温情,把我心中那块思乡的冰块,融化了!

我很感谢国家这么重视我们香港的学生,给了我们在学习上的特殊支持。我很荣幸能够被广西中医药大学录取,更感谢每一位老师的悉心教导和栽培。在大学里,我常参与学校义诊活动,过程中,我虽然流了不少汗水,但我总相信我的汗水是不会白流的。在每次活动中,我都能提高自我思考、分析、判断、应变和组织等能力，此正是作为医者必具的条件，我的大学生活亦因此而变得越来越充实，在汗水背后，我学习到无价的知识。每次活动中，在场的人传来的令我百听不厌的欢笑声，都深深地印在我心里！在家里，我是唯一上大学的孩子，父母为了帮我完成这个梦想，即使身体欠佳，他们也坚持每天上班，竭尽所能地在经济上支持我，助我实现这锦绣中国梦，所以，我必定努力读书，报答父母和老师们的栽培！我爱这充满着爱的校园，敬爱我的父母，更热爱我的国家！

我已长大了，我的梦想不再是美味可口的零食或一条大花裙；而是要做肩负创建祖国重任的青年。我不仅要梦，而且要勇敢地去梦、努力地去干，更应该将梦想建立在中国这块热土上，这就是我的中国梦。我的梦源自中国，我要更努力地去学习科学文化知识、不断提高专业技能、积极参加社会实践、扎实做研究、提高综合能力，为建设祖国做好坚实的准备，并与来自各地的同学，怀着以上的共同理想，携手为祖国中医药的将来，开创更光辉的一页。

曾经沧海桑田，如今繁枝茂叶，他朝艳阳高照！国旗上那灿烂的明星，代表着我们的中国梦，为中国绽放光芒至世界每一个角落！我把这颗明星摘下，把它收藏在我的心底处，将它的精髓吸收至身体的每一条经络，跟来自不同地方的不同背景的同学，齐心孕育这精髓，盼望我们将来能够成为中医师，以自己的生命、病历经验、知识来挽救他人的健康，改变他们的命运。

现在，中国已经实现人人都能够享受基本中医药服务，中医在医疗、保健、科研、教育等各领域得到全面协调发展，中医药现代化水平不断提高，健康服务能力亦明显增强，中医医疗服务体系进一步完善，并明确了中医药今后的发展重点及纲要。由于内地中医药发展比香港成熟，亦因此吸引了不少香港居民来到内地学习中医学，在这中医药发展水平较高的环境下学习，是很多香港居民梦寐以求的事。作为在内地的香港学生，我们定必在那颗明星的照耀下，助力中医药的发展。现在身在祖国的我，直接感受到国家在经济民生、国民健康、卫生教育和医疗规划方面的支持及推动，我实在不胜感激！我定要心怀祖国情，珍惜学习机会，配合生活点滴，让那穿透彩虹的骄阳照射在我身上，我已站起来了，我满怀自信地翘起了嘴角，为我国民族，用我的青春去圆那梦寐以求的中国梦：学医、行医、研医、发展中医药……

十年前在久病/轮椅上的我

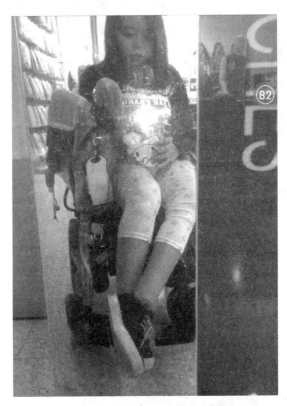

图1

图2

十年后能够久行久站的我在医院见习中

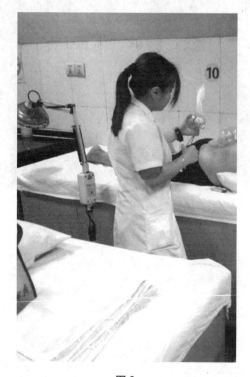

图3

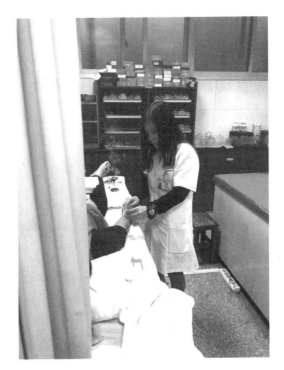

图4

图5

华夏新青年，共筑中国梦

华东理工大学　商学院　工商管理　2017 级　台湾　游宗霖

> 生于斯，长于斯，行成于斯，治学于斯，耕耘于斯，奋斗于斯。
>
> ——一位普通的中国学子

我出生在台中市西屯区的一个小巷子里，小时候的世界就只有一个台中那么大。父母休年假的时候，会和阿公一起带我去台北行天宫进行祭拜，车上的那几个小时，对我来说就像几个世纪那么漫长。

现在想来，那时候对大陆是什么印象呢？只知道隔着一条海峡，是比台北还要远的地方。大体的想法，还是来自妈咪经常对我讲的："弟弟，你将来要好好念书，以后要到香港、上海、北京这些大城市去工作。"

机缘巧合吧，父母工作的变动，让我们一家搬到了上海，在上海念完了我的初中、高中，现在又正在上海念大学。

记得是世博会那一年来上海的，那时候觉得上海好像和故乡也没什么区别，一样的高楼林立，一样的步履匆匆，一样的海纳百川，一样的兼容并包。上海的同学也一样的友好善良，一样的插科打诨，一样的热爱学习，一样的爱打游戏。都是小孩子，都是中国人，有什么区别？我不禁对阿公以前说的话产生怀疑，"那边很穷的，不好，不好"。可能还是老一辈人的眼界桎梏吧。

我感到惊讶的，是上海日新月异的发展速度。

寒暑假的时候，我们一家仍然会抽出一个月的时间回台中看阿公。台中每次给我的感觉都没什么变化，像一个沉稳的老人，有条不紊地踏着时间走着自己的路，似乎连空气都是上一次回来时的味道。而上海，像我最喜欢的运动员刘翔，大步向前跨栏，紧跟时代，创造一个又一个飞越，仅仅一两个月的相别，风云骤变。街道旁一棵棵景观树似拔地而起，路边的琼宇高楼不知何时已扎稳脚跟，可能性格使然，快节奏的上海让我感到舒适。就连一向觉得台湾比大陆好的老爸，也在上一次回来之后摇了摇头无奈地说："上海发展太快了，弟弟，你老爸我快跟不上了。"

选择念大学的时候，我试探性地问了爸妈："我想在上海继续念书，可以吗？"本以为会迎来一阵反对意见，没想到爸爸沉思一会说道："弟弟，选你未来想走的路，就好。"

前年的秋天，父母带阿公来看看我的大学，顺便带他去 Disney 以及上海的一些标志、特色地区游览，我仍然可以想起阿公以略带惊讶的眼神在外滩旁徜徉，在多伦路的文化街中看着历史的痕迹若有所思，一起漫步在巨鹿路吃着虹口糕团厂的芝麻年糕哈哈大笑。两个星期后，阿公要回台中了，临别时阿公紧紧握住我的手："仔啊，好好念书，上海这么好，你也要好好的。"那一刻，我知道，阿公对大陆的刻板印象，如坚冰入夏，点点消融。

2019 年是《告台湾同胞书》发表 40 周年的纪念日，习近平总书记指出要推动两岸关系和平发展、实现祖国统一。可能我对政治是一个驽钝的人吧，我仍然想不通，为什么会有人想搞分裂、搞独立，难道一个中国不好吗？中国现在是世界第二大经济体，国富民强，欣欣向荣，既然大陆向我们伸出了友好的橄榄枝，那我们为什么不去接受呢？特别是中国无论经济上的一带一路政策、亚投行等，还是在国民安全上的撤侨行动，至少我和我接触过的台湾同学，都会对在海外能喊出"I am Chinese"而骄傲。

2019 年 4 月底的时候，我在室友的带领下收看了习近平总书记在纪念"五四运动"100 周年大会上的讲话，我一开始问这件事的时候，他们一乐，言语中透露出一丝讶异以及好奇，但我认为我亦是中国青年，国之重任乃我之重任，国之未来即我之未来，我要为我自己的梦想而奋斗，为中国梦而奋斗。我认为，每一个青年人，无论你在哪里，都应该铭记历史，展望未来，先国家之忧而忧，晓国家政策，察世界大局，观看习近平总书记的讲话，乃是个人责任感、使命感的一种体现。

在习总书记的讲话中,我印象最深刻的是这一句话:"一代人有一代人的长征,一代人有一代人的担当。"实现中华民族伟大复兴,是一场永不停止的接力跑。同为华夏儿女,作为莘莘学子,我有决心、有信心、有恒心代表我们青年一代跑出一个好成绩,实现心中的中国梦,不让阿公、父母失望,不让教过我的老师与一起念书的同学失望,不让我伟大的祖国母亲失望!

我的邻居姓张,是一名小学语文老师,刚来上海那几年父母做生意繁忙,经常把我托付给她。在张老师家无聊的时候,翻了翻大陆小学课本上关于台湾的介绍,言语中洋溢着关爱与温暖,我至今都记得一首小诗《欢迎台湾小朋友》,我抄录于此。

> 一只船,扬白帆,
> 飘呀飘,到台湾。
> 接来台湾小朋友,
> 到我学校玩一玩。
> 伸出双手紧紧握,
> 热情的话儿说不完。

无论是大陆学子抑或台湾学子,都是一名普通的中国学子,都是实现中华民族伟大复兴的中坚力量,我坚信,我们一定能够像诗歌中唱得那样,伸出双手紧紧握,共筑未来中国梦!

后 记

兹暑假计划携室友三人游台湾,至日月潭处,我会告诉他们,日潭月潭紧相拥,大陆台湾不分离。

图1　和阿公夜游外滩

图2　和阿公夜游外滩（外白渡桥）

图3 班级同学庆祝改革开放四十周年（后排右五为我）

图4 参观中国馆（左一为我）

图 5 观看习总书记纪念"五四运动"100 周年大会的讲话（前排右二为我）

梦本一脉，薪火相传

北京中医药大学　台港澳中医学部　中医学　2015 级　香港　黄凯琳

我曾伴着火车鸣笛入京。

穿山遁水，百里千折，宛如龙脊。中国的铁路甲天下，车厢的灯火敞亮，一盏可过山水、渡津冀。窗外是盛夏的苔青草绿，眼前是杯中的水平面，在极高速的行进中纹丝不动，映着这太平岁月。

那是与我祖辈截然不同的光景。

身无分文，心忧天下

祖父一生悬壶，即便歇了医案执教案，依旧是四两松烟伴芸香，字一撇一捺地写，翰墨也徐徐绘杏林。粤地人身量瘦削，他的笔迹却裹着洒脱意，转若游龙出锋飞白，皆是长河落日大漠孤烟，一双被风沙亲吻过的手，承载着历史砥砺出的痕迹。

1941 年，香港沦陷，祖父举家北上广州，深山辗转五载，祖业凋零。

战争人祸，那是连山水皆穷凶的岁月，他们声线嘶哑，雨雪封喉，合着凛风被日军截停在粤汉铁路锈迹斑斑的轨道上，满目苍夷印在七个孩子清澈的眼底，生生削成了"天下兴亡，匹夫有责"八字。

那是黎明前的黑暗，故乡是身后的二万里山河，人是那四万万之一。

被战火烧灼出来的瘢痕便自此烙在年轻的灵魂上，又如烽火般持续燃烧了超过半个世纪：让祖父投笔从戎，远赴白求恩卫生学院，随军扶伤；让他久驻长春，赤脚在那万顷银杉中，立起沉疴；让他南归穗城，一心扑在大学医学教育的最前沿，春风化雨；更让他在得悉我的入学申请后，匆匆写下"杏林逢君，又见春满"八字，牵着我的手，反复地说："大医精诚，高山景行，读中医好。"

在祖国好。

那一代的人，举着被风雨浇灌的赤子之心，在战争中追逐"国泰"，在疫乱中祈求"民安"，一生单忧极瘁，直至这四字被深深嵌入笔直的背脊，便用削山断水的坚忍撑起了新中国的第一道曙光。

他们一生用步履丈量国土，乃至一沟一壑皆得朝阳，与风沙怒目，因烟雨低眉，即使岁暮，依旧一身的风雨兼程，仿如水滴归洋，齐在暗涌处拐了个弯，潜龙便摆了一下尾。

那是他们的中国梦，被艳阳热切地照耀着，蒸馏成了海晏河清。

国粹泱泱，明德昭昭

中国的历史悠长，铺开便是半程风雨半程春。南粤带着被潮汐洗尽的风华，载着那"乘风破浪会有时"的乐观可爱的人，在横跨大湾区的港珠澳大桥每一桩桥墩下，迎来"直挂云帆济沧海"的繁盛之始。

生长在香港的人，庇荫于海和大湾区的繁荣，所以这所追梦城市落下的光，才能勾勒出每一道海潮，把整个维多利亚港折射得足够辉煌，让我们的梦想也在其中发酵。

我的中国梦源自外婆手中细小的玻璃罐，那几乎是我七岁以前的童年缩影。

难吃、咸甘、腥涩。

古老、传世、有效。

蛇胆川贝。让被诊断为哮喘的我得以摆脱抗生素和更多抗过敏疗法的良药，也让我穿越大半国土，落尽一身维港的海风和石油气味，在全国中医首善学府染上那谦谦兰草，佛手木笔之香。

于是我负着被西方医学体系归于"特殊案例"的病史，和由衷的虔信，在大学的四年间不断学习这根植于我们中华民族血脉之中的文化，并如此地与他们相合，直至镶入血肉生成我骨，本《素问》一句"善言人者，必有验于己"，为我国传统医学极尽维护。

先生曾用一句话描述中医于我："华严境界。"是三千棱镜映照三千烛的壮丽庄严，是人类文明对生命本身延续最久的一场膜拜，历尽三皇奠基，二十朝医家共书，近百载的坚韧传承，在西方思潮下如横梁般不屈不挠——于是他接着对我说："你碰上了最好的时代。"

这是最好的时代，祖国是脚下的盛世太平，同胞是这十三亿的血浓于水。

这也是全球化的时代，自信如习主席所言，源自文化，脊梁与国同立，是所学所成皆能饶益全人类的伟大时刻。

前人以血肉长城把我们举起到了文明的垭口，直面空前的冲突，也让我们在世界前进的步伐下，比任何时候更能清晰地看到中华文化的弥足珍贵：

战争——和文化

地球可持续发展——天人合一

基础医疗普及——治未病。

这便是我们的文化，在暴风中心宛如绿洲般坚定且包容。

于是我把十二年的西式教育易作交流能力，我们在学校举办了一个演讲协会，题目围绕着中国文化与医学，年轻的灵魂为往圣之绝学尽己所能谱写出无数扎实的讲词。我亦曾与众多外国友人严谨探讨中西医，乃至文化发展的规律：

千姿百态，从一而终。

中医自天人概念化生而来，重体更重人，在一切顺从工业标准化，诊断、治疗格式化的现代，唯我中医，依旧坚信万物含灵人为最先，尊重病人自为整体。这是"和文化"的核心——和，而不同——是中华文化千载未变的风度，是古人以谦卑顺天地长养，是我辈以谦和应世界不同。中医"整体观"的背后，是我十三万万同胞的大国风骨，也是我们向世界伸出的，关怀而尊重的手。

一位来自加纳——新世纪丝路西端的男孩如是告诉我："你们拥有对生命本身最大的尊重。"

是的。

因我们的文明有着对人类发展最正大光明的期许。

这是我的中国梦，以国粹治国人，以明德止于至善，望我辈始，可与天不老，与国无疆。

潜龙腾渊，飞龙在天

岁月时常相往，历史又总催风雨。

今年小满未至，美国的贸易制裁便如平地惊雷，砸得举世震惊。北京城淅淅沥沥下了几宿雨，却是把天空洗了个碧清澄亮，万里无云。

前人曾高举火种，点燃中华民族血性，截断巴黎和会的屈辱，又于数十年后冲破铁幕的凛冬。

所以当第一日那严苛的禁制令，到"海思"的公开信、"鸿蒙"系统的面世、"方舟编程器"的承诺，当我们看到华为手执香农公式的钥匙站在 5G 的大门前，如此笔直、坚挺地屹立于风雨之中——我们看到的是扎根于人类文明进程的科技，扎根于不朽历史之中的国人。这不独是一场雪中见炭，这是我们民族的百载抗争，七十载建国路，三十载复兴途，中国已非昔日之中国，是前人挟山超海的意志，是今人热血自强的信念，是中国梦的回归和延续——从星星之火燎成龙吟，响彻云霄，见飞龙在天，如日不晦。

中国梦是那一脉相承，由祖辈始交于我手。千百次我观其背影之忍辱负重，以一身血肉，凿得天光破云；亿万次我深信我辈，当如任公所期，终以一身大国风骨，撑得潜龙腾渊，龙抓飞扬。

就像鸣笛送我赴京，脚下的铁轨是粤汉铁路延伸的龙脊，上面有我祖辈的足迹，我踩着它们，于是痕迹更深、走得更远。

而鸣笛划破天际，遍布国境，始终不衰。

颂我祖国，圆我医梦

——以梦为马，不负韶华

华中科技大学　第二临床学院　临床五年　2016级　香港　梁靖红

梦想是一份信念，让你坚定不移地前行；梦想是一座灯塔，点亮你前行的方向；梦想是一缕晨曦，给予你生活的动力。梦想是需要去追寻的，而梦深植于你的潜意识，载你前行。

追寻梦想的道路正如在无边无际的大海中航行，狂风暴雨总是不期而遇，暗礁总是在不经意间出现，这些危险随时会让你迷失了前进的方向。曾经的我在追梦的路上失去了方向，是那一身白衣宛如灯塔般照亮了我前进的路。

儿时，外公总会提及："小团子，你的梦想是什么？"我总会仰着头，笑嘻嘻地说："我还小嘛，梦想是大人们该有的事情啊。"余音尚在耳畔回响，便已拉着外公的手闹着要四处游玩。每每如此，外公只能无奈地笑笑。可生活如同稚子一般，无心之间的玩笑，哪管你是否能够承受。那个夏天，外公竟和死神不期而遇，他突然呕血了，那暗红色的血成了我今生挥之不去的阴霾，听闻我的哭声赶来的爸妈，赶紧将外公送往医院。去往医院的路上，茫然不知所措的我，只顾得抓住外公的手，或许是感受到了手上的力量，外公虚弱地笑了笑，用冰凉的手掌轻轻反握着我。医院的诊断——晚期胃癌，年幼的我只知道接受化疗的外公不再愿意与我们说话了，而是在外婆的陪伴下，静静地躺着，仿佛在无声的述说他们的一生。几天后，外公的精神突然好转并问我："小团子，可以告诉阿公，你以后想做什么吗？"我认真地想了想，抱着他的手说："我想当个医生，治好阿公的病。"外公摸了摸我的脑袋，说："小团子也要好好去治愈别人哦。"宁静的夜晚响起了令人窒息般的警报声。是的，外公没等我长大，没能等到我学成归来。在那一刻，我成长了；那一刻，我多想和他们并肩作战留住外公，不让他离我而去；那一刻，外公问了无数次的问题，我真正有了答案，梦想的种子在心田生根发芽。

在那个夏天之后，"我想成为一名救死扶伤的医生"这一梦想悄然成为我人生路上的一盏灯，照亮了我前行的方向，在数个人生抉择之中令我毅然决然地朝着它前进。在填报志愿时学医成了我心之所向，华科，即梦开始的地方。

怀揣着梦想，带着憧憬甚至一丝忐忑进入内地学习，华科以广阔的胸襟包容接纳了她的孩子，宛如祖国母亲拥抱着自己失散多年的孩子。作为华科的子女，学医的过程亦是学习人文的过程，在进入临床学习后，"中国梦"这一概念如阳光雨露，让我心田梦的幼苗茁壮成长，我开始认识到个人梦不再是独立的，中国梦不再那么遥不可及。一位老爷爷，他的生命需要每天静滴白蛋白来维持，而这昂贵的费用已经击垮了这个积贫积弱的家庭。在与家人谈论病情后期治疗时，老爷爷弱弱的一句"我想活着"深深地触动了我，让我不禁想起《我不是药神》里一位慢粒白血病的婆婆拉着警官求情"求求你了别查印度药了。我病了四年，吃正版药也吃了四年。房子吃没了，家也吃垮了。我不想死，我想活下去。"这样的事情在医院并不止这一例，剧末也提及了，2002年白血病的存活率是30%，2018年存活率是85%，随着国家将许多药列入医保范围内，同时开始实施对进口抗癌药零关税等措施，使很多人也获得了救赎。这部电影让我明白医生如果想要救死扶伤，需要的不仅仅是高超的医技、博学的知识以及临床经验，更需要的是国家富强、民族振兴，而这正是中国梦的本质内涵。

医学梦只是中国梦的一小块基石，还有无数个人梦，如丝丝缕缕的线条般共同勾勒出了"中国梦"这一幅惊世的丹青，同时中华民族也是一个共同体，只有中华民族实现伟大复兴了，个人的梦想才会实现。

为了实现中华民族伟大复兴，有无数先辈用他们的血肉之躯铸成了中国梦的坚固根基。从毛主席在开国大典上铿锵有力地说出"中国人民从此站起来了"。到2019年，在这短短的70年里，祖国各地出现了一批又一批的英雄，他们用自己的方式，完美地诠释了"中国梦"这一概念。正值谈疟色变之际，屠呦呦女士及其团队发现和提取的青蒿素横空出世，让中国医学登上了世界舞台，拯救了成千上万个贫病交迫的家庭。同时，也宣告了中国梦是和平、发展、合作、共赢的梦，不仅造福中国人民，而且造福世界各国人民，与世界各国人民美好梦想是相通的。

习近平总书记在参观《复兴之路》展览时曾强调："回首过去，要牢记落后就要挨打，发展才能自强。审视现在，选择一条正确的道路不容易，我们必须坚定不移走下去。展望未来，要把蓝图变成现实，我们还需付出长期的努力。"这段话让我明白，实现中国梦需要党的正确领导和人民的共同努力，二者缺一不可。回首过去，在广大人民深受封建主义、帝国主义的压迫时，是中国共产党带领着无数革命先贤，用鲜血和汗水拯救了无数陷于水深火热的中国人民。审视现在，在新时代背景下各个行业欣欣向荣，改革与创新贯穿始终，在医疗卫生方面，习主席指出以基层为重点，以改革创新为动力，将健康融入所有政策，人民共建共享。这一思想的提出不仅为我国医疗卫生改革指明了方向，同时将人民群众的健康幸福生活摆在突出的位置，深刻反映了中国梦同样是全民追求幸福安康的和谐梦。在全国卫生与健康大会上习主席提出"健康，是每个国民的立身之本，也是一个国家的立国之基。"同年王万青医生刚毕业便奔赴大西北玛曲藏区风雪行医的事迹，令我明白医者，看的是病，救的是心，肩上还承担着保障人民健康追寻梦想的责任。

现如今医疗制度逐渐完善，作为医学生，在学习和生活实践中我感受到了新时代的医疗服务体系有着的光明未来，也令自己对"医学梦"的实现充满信心。

愿我的小小"医学梦"可以托起健康的"中国梦"。

印象神州

山东大学　文学院　中文　2018级　香港　周文静

我的心在哪里，梦就在哪里。我愿用我的言说，传颂我所见到的，祖国母亲的一切沧桑和精彩，我见到她丰满着她的羽翼，荡漾着她的微笑，袒露着她的胸怀。

可以毫不夸张地说，这是一个全新的时代，也是一个伟大的时代，更是一个浪漫的时代。中国，有漫漫风云在这里激荡，也有皑皑诗画在这里徜徉。我只是微不足道的浪花，但也惟此，我方能映出刹那的光影。深受金庸先生的影响，我的中国梦，大抵是总带着几分"纤手掩香罗"的温婉姝典，但也有着"仗剑千里行"的侠气浪漫。我的中国，她是迷离的彩光，是幻梦般的见闻。梦也凭着些许锦绣般的碎忆，由此滥觞。

我曾伴过琼崖，也别着紫荆花，从海来，从远方来，从梦中来，来到齐鲁大地，来到这圣人乡里。我又行过不少别样河山，拼起家国的版图，每一处都有自己的气场和性格。这里不像是历史教科书中几十年前的乏匮和落寞，而是一颗富有生命气息的跳动着的心脏。我之触目是光影蹁跹，我之见闻是沧海桑田，我目睹了祖国的百转柔肠，感受到了神州大地的春风得意。

济南城是个温儒的绅士，他从不步履匆匆。来之前，人们说济南老旧，我很好奇。不久后我发现确有一些。济南没有什么太豪华的商圈，没有满满的未来感，甚至地铁才刚刚开通，但他有泉，有湖，有大佛，有群山。车会让着行人，树会洒下绿荫，路过的小食店有飘香的吆喝，校园里的黄昏有喜鹊和橘猫。还有浓郁的书卷气和闪着智慧的光，那是大学的图书馆。这是生活里最纤细却最浓郁的芬芳，你本可快步去忙自己的事，却不由得慢下来多嗅几下。济南就像午后散步的老学者，衣着素雅不争不抢，有着自己的气质和韵味。那是一种空畅，一种自信。

青岛呢，他是一个多元化的城市，有历史的遗珠，也有先锋的朝气。他是正青春的歌手，海一般纯净的眉眼，但又不轻浮，海一般爽朗的激情，但又不灼人。协调，是他的旋律。盛夏冰啤，骄阳海浪，苍山与教堂，大厦与街巷，一个优秀的歌手最擅把不同的音阶铺就一处，他把多元的一切编排得赏心悦目，那是一种融合的美。行走在青岛，你不会感到寂寞，街边的每一个老房子，可能都藏着秘密，每一栋新建筑，都有自己的性格。青岛不像港岛那般风风火火，声势迫人，而是踏歌而行，踩着自己特有的节奏。他使我感到一种青春的弹性和胸怀，一种少年歌行般的意气风发。他把这昂扬而轻快的歌，献给祖国的海疆卫士们，他们出征，青岛长歌相送，他们凯旋，青岛踏浪相迎。

我领教过豪迈的雪乡，那是一个天生傲骨、奔放热烈的汉子。在这之前我从未见过大雪，从不能想象天地间竟有如此威严的气象，有如神灵的盛怒。然而刺骨的冰冷落在北国大地上，却被他无声地驯服了。似乎是畏惧他的刚强，抑或说折服于他的坚毅。曾几何时，他就在那里，扯过银白色的铠甲散乱地披在肩上，昂起头颅任烈酒洒进喉咙和衣襟；他大吼着斩开蛮荒的荆棘，凿穿深掩地下的宝藏；他把上苍不眷的大地变成堡垒，把无人问津的荒凉变成欢歌。到后来，他解甲归田，留给人无限的追忆。而他自己，早已醉得酣畅淋漓，长啸着走向下一段冒险。

我拜访过大漠敦煌，一个孤独而丰富的苦行僧。烈日烤灼出他赤黄的皮肉，风沙打磨出他倔强的筋骨，他就这么蹒跚着从历史里走来。遥遥沙海一串驼铃，他抬眼观日月星辰、蜃楼云芽，俯首画佛王夜叉、飞天琵琶。他在这静谧与寂灭中体悟真理，赠与身后婆娑。而他自己留下的，却只是褪不去的温柔和端庄，他把所有的磨砺浓缩成一弯月牙，葬在这无垠鸣沙之中。那是痛苦吗？不，那是希望，那是生命与灵魂的千古延续。敦煌走来了，也将带着一切的辉煌走向未来，走向新时代。

我曾有幸欣赏过王潮歌导演的实景剧《又见敦煌》，一幕幕惊心动魄的故事，勾勒出古之大国的轮廓。而现在，"一带一路"高歌猛进，丝路的王冠已然被祖国重拾，沉睡的雄狮现在醒了，他只一吼，通透了整个天地。从"辽宁舰"到"墨子卫星"，从"太湖之光"到"华为鸿蒙"，我国一路顶着压力，抗着艰难，走出一条属于自己的发展之路，打破封锁，领跑世界。这让我不能不为之自豪，不能不为之惊叹！戴荃唱过："大梦一场三千载，映日吞月胸中来。"中国梦正势不可挡地变成现实，新时代正星夜兼程地走向我们。

国家，总归是家，我祝福着她的美好，期待着她的精彩。一家之中，不论民族不论地区，都无条件地享受着她的爱与呵护。我深深地为我是中国人骄傲，为我生长在这个新时代而幸福。我们有领先世界的便捷支付和共享出行，有日趋完善的政策法规，有着切实关心我们的国家，在这中间，我也愿我的陈酿美酒，赠饮天下人。

国家，又首先是国，他的利益和尊严不容挑衅，无论面临什么样的压力，祖国都会亮出自己的利剑，作为热爱着他的亿万人民中的一员，我愿意将我的青春和热血奉献给祖国，迎接新时代、新使命、新征程的挑战。海思总裁在给员工的信中写道：数千海思儿女，走上了科技史上最为悲壮的长征，数千个日夜中，我们星夜兼程，艰苦前行。滔天巨浪方显英雄本色，艰难困苦铸造诺亚方舟。不只是他们，每一位中华儿女，都应为祖国的富强繁荣献出光亮，我也不例外。或许没有"捐躯赴国难"的能力，但程门立雪、闻鸡起舞正是作为学生的我所能做到的，没有全民的支持和付出，祖国就不可能真正的屹立，不可能长久的峥嵘，我愿从我做起，与千千万万有志儿女同心筑梦！

国　魂

武汉大学　计算机学院　计算机科学与技术　2017级　香港　黄婉玲

国家精神，是一个国家、一个民族的魂。国之魂者，立国之本。

国魂是为国家奉献的中国精神。在2018年的一年中，无数的伟人离开了这个世界：一代武侠小说宗师金庸先生，著名相声表演艺术家师胜杰，伟大戏剧演员朱旭，等等。有人说，2018年，是上一个时代的落幕和终结的一年，这些逝世的人们中，有人震惊全国，让人难以置信，有人无人知晓，默默无闻，但无论如何，他们的奉献，他们的国魂，感染大众，让我们坚信，他们的精神，永垂不朽！

国魂在哪儿？在英雄的牺牲和奉献里。犹记得2019年4月1日，30名英雄牺牲于大凉山山火救援的消息传出的那一刻，无数人们都期望着，那只是一场属于愚人节的一个玩笑，只愿那30名英雄还生存在这个世界上，然而，生命从不开玩笑。过去，中国受尽西方列强的欺辱，我们敬佩努力保卫我们国家，艰苦抗战的勇士们，现在，国家已然强大，和平时代的来临，让我们享受着时光静好的日子，但所谓"哪有什么时光静好，只因有人替你负重前行"。没有人愿意放弃自己的生命，唯独他们，他们心怀"大家"，置生死于度外，只因他们深信"只有守护好大家，才会拥有小家"，这样的信念，早已铸就成"国魂"融入他们的血液中。这样的信念，让他们一次又一次，不畏艰难地，向着敌人，向着火光，向着困难，前进！这样的精神，让我们心痛。

国魂在哪儿？在那默默无闻的科学家们心里。当我们惊叹于中国发达的科技，当我们享受这科技带来的一切美好，我们何曾想起过为中国科技奉献了一生的科学家们。在生命的最后几个小时，仍为国防科技事业献身，因为国家的保密要求，在逝世后才能将他的事迹告诉公众的科学家林俊德；让千千万万个儿童远离小儿麻痹症的"糖丸爷爷"——顾方舟……他们可能默默无名，他们可能一辈子只做那一件事，他们可能只是一个普通人，但他们却愿意将自己的一生奉献给国家。我无法想象是怎样的一种信念，让他们将自己的一生奉献给了科研，奉献给了国家，也许是我们从未经历过战火的绝望，我们并不懂得受尽欺压的痛苦；也许是他们仅仅只有一个简单的愿望，只愿让更多人过得更好；也许是他们热爱他们的领域，愿意花费更多的时间去研究。但不管怎样，这样的精神，让我们敬佩。

国魂在哪儿？在永不放弃的体育世界。2016 年的里约奥运会，让中国人见识了何谓"女排精神"，"女排精神不是获得冠军，而是明知道不会赢也竭尽全力，是一路即使走得摇摇晃晃，但依然坚持站起来抖抖身上的尘土，眼中充满坚定"，这话出自郎平。的确，中国女排在这几年，有过高峰也有过低谷，受过称赞也受过责骂，但无论如何，她们还是一次次的坚持，一次次地站起来，最终带着国人的期望顶着压力，在里约奥运会获得冠军！透过电视直播，我们所看到的，是她们面对强大对手的不畏；是她们破釜沉舟的决心；是她们对球的掌控的自信。这样的精神，让我们激动。

国魂在哪儿？国魂在每一个人的心里。转眼间，我来到武汉大学快两年的时间了，在这两年中，我曾经参加过南京、上海以及粤港澳大湾区的国情考察，见证了中国从抗战到改革开放再到迈向新时代的过程。同时也明白了，中国，能够从一个受尽西方列强欺辱的国家发展成现在数一数二的强国，只因她的身后，有着这么一群中国人，一群有着中国精神、怀揣着国魂的中国人。我们因国家获得荣耀而激动；我们为国家强大而骄傲；我们为国家是我们的国家而自豪。只愿未来的我们，都能成为国魂的造就者！

有人说，体现国魂，便要奉献自己的一生。然而，国魂，其实只是尽力为国家奉献自己的一份努力而已。作为学生的我们，作为国家栋梁的我们，我们所应做的，便是认真学习，在毕业后，为这个国家奉献我们的知识，正所谓"少年强，则中国强"，唯有我们从自身做起，强大自己，才能使国家变得强大。国魂从来都在我们心里，只是我们不知道而已。

国魂是"牺牲"；国魂是"奉献"；国魂是"坚持"。人人都是国魂的造就者，中国人便是中国的国魂，我为我是中国人而骄傲！

"澳门"与"台湾"的两封家书

中国传媒大学　新闻学院　新闻学（网络新闻及新媒体）
2017级　台湾　李佳家

"澳门"寄出的信

今天对澳门而言是不平凡的一天。他早早地起床，对着镜子换了好几套衣服，心里既激动又兴奋。他看了看手机，北京时间2019年10月1日7点30分，应该要出门了，今天他还有很多事要忙。

他走在路上，手机不停地传来消息。他打开一看，第一条就是珠海发来的短信："嘿哥们，今天妈妈生日，去你那儿的人会很多，拱北、横琴几个关口我都准备好了，你呢?"他抬头看看街上的行人，人们脸上带着轻松自如的笑容，他们看到澳门便举手和他打了声招呼，有些说着英语，有些说着普通话，有些说着粤语，各种语言和谐地杂糅成曼妙的乐谱。突然礼炮声响起来，他顺着声音看过去，一堆人正在看着屏幕，屏幕里是北京天安门阅兵。看着一排排的士兵昂首阔步地从天安门前走过，一部部坦克炮车轰隆前行，一台台飞机划破长空，他不禁骄傲地笑了起来，想和全世界宣告："看，这是我的母亲。"

阅兵还在进行，他吹着口哨从人群中离开，曲调是熟悉的七子之歌。当他转过街角，看见大三巴牌坊矗立在高处，一侧是圣保禄炮台，那炮台曾在1662年击退了荷兰人。他一层一层拾阶而上，在大炮台上俯瞰整个半岛，曾经的小渔港已经变了模样。自从二十年前回归母亲的怀抱，曾经历过的创伤和悲痛都被一一抚平，与他隔江相望的有珠海、中山、香港……他们同是母亲的孩子，如今兄弟齐心共进，同心共筑一个梦，这个梦叫作中国梦。

他拿出手机回复珠海的短信："当然准备好了，今晚记得看我准备的烟花活动。"今晚的烟花，是他为了祝贺母亲重获新生七十年而准备的。他的母亲是中国，一个经历了五千年沧桑的慈母，她历经炮火洗礼，几度与骨肉分离，却始终未放弃一个母亲的身份与职责。

对于澳门而言，今年不只是她七十"华诞"，更是澳门与母亲团圆的第二十年。

二十年前，母亲多方奔走，澳门在极力呐喊，伴随着阵阵呼声，澳门风尘款款地回到了母亲的怀抱。分离的时间太长了，母亲激动又小心翼翼地抚着孩子的肌肤。这个孩子身上虽穿着洋装，却不改黄皮肤黑眼睛，他的骨子里仍是铮铮不屈的中华民族魂。孩子颤巍巍地拥抱着母亲，这个回归梦，他盼了一年又一年，终于在被葡萄牙占领了四个多世纪后，重回母亲怀抱，他不由自主地留下了两行泪……

二十年后，这个孩子已经渐渐长大，在母亲的帮助下，他将"沧海"变做"桑田"，繁华的氹仔半岛是见证者。他将这方土地培养出来的青年一代送往内地，又带着无限热情接纳内地的青年。

天风致礼，流云驻足，他们都等待暮色来临。此时，他想起在远方的哥哥——台湾，那是妈妈心中的痛，更是妈妈不可触碰的底线。诚如二十年前，妈妈是多么渴盼着澳门回归，今日妈妈便多么渴盼着台湾回归。即便经济、政治、文化都蓬勃发展，又怎么能和一家团聚相比呢？澳门沉沉地叹了一口气，远方的哥哥啊，你无法想象我们此刻多希望你在身边，与我们一起庆祝妈妈七十"华诞"，见证妈妈的腾飞，去实现我们共同的中国梦。

当烟花绽放天空，澳门停下笔走到窗边，看着人们为妈妈的生日而欢呼雀跃，不禁露出孩子气的笑容。夜风悄悄地吹进来，吹动了桌上的信纸，只见信上写着："今天是妈妈七十岁生日，我为她准备了一场烟花晚会，你可能无法想象妈妈的变化，她比以前要更有活力。因为她，我也有了翻天覆地的变化，不再是以前那个毛头小子了，她现在心里还有一个梦，我期待着你回来和我们一起帮她完成……她很想你，我也一样。"

来自"台湾"的回信

吾弟:

展信佳,我正坐在淡水边,手边是母亲四十年前寄来的家书,现在业已泛黄。这里曾经是荷兰人的领事馆,你曾被葡萄牙占领了四个世纪,而我也被荷兰人占领了三百年。这样看来,我们兄弟二人同病相怜,但我只有一纸书信以慰思念,你却能常伴在母亲身边,实在比我幸运得多。

说来惭愧,你我与香港兄弟三人,我为兄长,又曾为"亚洲四小龙"。此时此刻,应该和你们共创华夏盛世,完成母亲的梦想。但因种种原因,被迫分隔海峡两端。我难以在母亲跟前尽孝,幸有你多年不懈努力,时时彩衣娱亲,在公助中华腾飞,在私以慰母亲。

犹记二十世纪八十年代,两岸僵局破开,再次与母亲书信联系,不禁泪洒海峡。正所谓一纸家书值千金,别故土,离家人,有谁不盼归来?曾有诗人李一羽写:"水是故乡甜,月是故乡明,皆是中国人,谁无思乡情。"亦有政客于右任临终言:"葬我与高山之上兮,望我大陆。大陆不可见兮,只有痛哭!葬我于高山之上兮,望我故。故乡不可见兮,永不能忘!"悉皆字字含情,句句泣泪。

你我曾经历山河破碎,家国动荡,与母亲同陷内忧外患。然而你我与母亲始是血肉至亲,从未放弃过抵抗外侵者。无奈如今一水之隔,竟是咫尺天涯,你我皆为此而殇,遑论母亲?

我信母亲未有一日舍弃我,当初家书抵岛,无数人高唱《母亲,你在何方》,此亦是我的心声。此际是母亲重生的第七十年,也是我与母亲分离的第七十年。所幸1992年,在多方商谈下就"一个中国"原则进行讨论,形成"九二共识",以此奠定两岸对话基础。此后,渐与母亲重联,既有"通邮、通航、通商"与《海峡两岸经济合作框架协议》,亦有两岸直通航班开设,除此二者外,文化方面更多有联系。可见母亲始终牵挂着我,一直盼我归来。

历史无法选择,现在却可把握,未来亦可开创。虽未亲眼见证母亲的高速发展，但母亲腾飞之路必不平凡。70 年来破贫困，战外敌，拓外交，扶弱小。古来华夏黄河猛，长江壮，泰山雄，昆仑莽，今日中华高铁起，神舟飞，母舰游，智能兴。一言以蔽之：曾百废待兴，今百业兴旺。

兄想，弟所言中国梦已不远。

而我归来，既是家事也是国事。这是一个激昂又动荡的时代，唯有在"一个中国"原则上才能达成海峡两岸同一国，努力谋求共一统。此事本为内政，不容外来干涉。归来、如何归来，实则早有计划。是必须归来，是和平归来！

譬如北京有故宫博物院，台北亦有，如今大行文创之道，二院却未有恶性竞争，盖知晓二院本同源。再譬如清华大学，北京有之，台北亦有，皆出自清末清华学堂。凡此种种，举不胜举。若有宵小企图分化，实乃愚蠢狂妄至极。

所幸，如今岛内多有往返两岸者，知母亲发展之雄壮，未受宵小所欺瞒，故有学子求学，有商人投资，有文人创作……母亲亦多有政策出台，以关怀、帮助岛内同胞，如 2018 年"惠台 31 条"措施，又如设台湾居留证以便生活。

我有"兰花王国"、"东南盐库"、"森林之海"等诸多雅称，而我只愿被称为母亲的孩子，中国的宝岛。所谓"归根宜早不宜迟，试问台湾知不知。"我心中未有一日不盼回归，与诸位兄弟共兴中华，同赴未来。纸短情长，诸多情诉不尽，唯愿"一朝慈母离儿聚，再续堂堂盛世声。"

祝：

母亲身体康健，弟万事顺意

兄：台湾亲笔

2019 年 10 月

同舟共济扬帆起，乘风破浪万里航

北京师范大学　社会学院　社会学　2016级　香港　李震庭

庄生晓梦迷蝴蝶，不知是庄周梦蝶，还是蝶梦庄周。我把每一个梦境装进信笺，邮寄给另一个你，就暂且叫你庄哥吧，我的兄弟。

第一封信：

亲爱的庄哥：

展信佳。

这是1997年的夏天，后来的我，才会知道这个时间节点对于自己的重要性。1997年，我的父母在香港邂逅，让我的出现有了可能；1997年，诞生了我想要陪伴一生的姑娘；1997年，也发生了我为之永远骄傲的一件大事——香港回归祖国，从江泽民主席那句"中华人民共和国香港特别行政区正式成立"起，我祖祖辈辈漂泊的籍贯啊，终于回到了母亲的怀抱，从此安定下来，让我从出生便有了一份无需再接受质疑的归属感。

1997年6月30日23时59分，在英国国歌乐曲声中，英国"米字旗"缓缓降落，英国在香港一个世纪的殖民统治宣告结束。1997年7月1日零点整，在雄壮的中华人民共和国国歌中，中华人民共和国国旗和香港特别行政区区旗一起徐徐升起，香港在这一天正式回归了，中华人民共和国香港特别行政区正式成立了。我的香港爸爸在电视前搂着来自重庆的妈妈，眼睛里噙满激动的泪花，他告诉妈妈，"今天起，我们等了这么久，终于回来了，我们都在同一个'家'。今天后，我们也要一起建一个家。"我应该是幸福的，因为在1997年的7月1日，我同时有了两个家，一个是我疆域辽阔的祖国，一个是生我养我的避风港小窝。我虽然没有亲眼见到那交接的旗帜，那晚的场景却常常出现在我长大后的梦中，仿佛是给了我生命和力量的缪斯。

这一天仿佛成为我生命中久远的神迹，"一国两制"的开明理念，告诉我所有中华儿女都可以保持自己原有生活方式，自我管理，不再接受外来的奴役，我们拥有一个强有力的母亲，我们拥有自己的尊严，我们始终是一个共同体。这让我在今后成长的每一天也能做一个有原则和底气的"大写的人"，骄傲地称自己是一个中国人，坚定维护有关中国的一切利益，只因我们从出生起，便血浓于水。

1997 年 7 月 1 日

图 1

第二封信：

亲爱的庄哥：

　　展信佳。

　　三年前，我在深圳的医院呱呱坠地，三年后，我回到爸爸的家——香港来办身份证明。路上的时光漫长而又燥热，此时的我并不知道目的地是哪里，只模糊记得五光十色的街道和橱窗，拥挤的小吃店招牌，人潮人海……爸爸妈妈对我说："六一快乐！生日快乐！"，身边的叔叔阿姨用慈爱的眼神注视过我，用温柔的手掌拥抱过我，我和这里的孩子们没有什么不同，我们都拥有气球和棒棒糖。

　　我听不懂大人们口中的资本主义制度和社会主义制度，但我觉得这些不同仿佛是双子座的两身衣服，外在表现各美其美，但内在都是那同一个人，一个友善的集体，一个努力前进的社会。我也是双子座，我的家和我如此相似，我们紧密依靠，相亲相爱。

2002 年 6 月 1 日

图 2

第三封信：

亲爱的庄哥：

展信佳。

我刚升入初二，妹妹去香港上小学，有空我就去接妹妹放学，我们喝杯奶茶，吃份双皮奶，中环和旺角的夜色很美，一到晚上就好像是沉睡的魔法被唤醒，点燃起一片生气，荡漾开去，游人如织，人们从一天的疲惫中解脱出来，香港展现出自己温柔又不羁的脸孔。

我看过香港最繁华的街区和最高的楼房，也看过它年久失修的基础设施和摩肩接踵的筒子楼；看过它白天九厘米高跟鞋一丝不苟的白领，也看过它夜晚露宿街头的乞丐和垃圾边的低保户……夜晚的香港，有各国的脸孔各地的相貌，不同口音的中国话和外国语，纷繁复杂的酒桌和烟圈……它曾是中国最开放的港口，成为经济基础雄厚的"亚洲四小龙"之一，随着改革开放的春风洒满中华大地、中国加入 WTO，中国这只雄鸡"一唱天下鸣"，经济政治文化全方位发展，成为了仅次于美国的第二大经济体，香港小小的身躯再也驱动不了大大的版图，苦于刚回归就要匆匆驱赶上时代的末班车，夜色里有啃老的无力，也有转型的困惑。

香港和内地长久的分离，我和香港长久的分离，又造成了文化的隔

· 45 ·

膜，这里的人们西化的思维时而令我敬佩，时而又令我感到格格不入，我们似乎永远都隔着一层礼貌而又疏离的距离，就好像妹妹放了学，我们也只能逗留娱乐片刻，就要在地铁停发之前回到我们深圳的家。这里只是一个桃花源，不是真正能容纳我们的家。

2013 年 9 月 1 日

图 3

第四封信：

亲爱的庄哥：

展信佳。

我迫不及待想要和你分享我的好消息，我成功通过港澳台联考，拿到了北京师范大学的录取通知书。与此同时，历时 7 年的港珠澳大桥也即将竣工，两地人民的交流交往更方便密切了，而交流沟通本就是解决一切问题的根本。港澳和内地的实体大桥开通了，更多肉眼看不到的大桥也在一座座被架起，我也借着它们搭的桥不断前行。优惠的港台生入学政策，特殊安排的住宿条件，温馨的补贴奖学金，还有独特的学习课程和成长渠道，我都要感谢亲爱的祖国，两地政府的亲密联系让我们这些老百姓真真实实有了踏实感和获得感。

交通的便利，让妹妹不用再起早贪黑两地奔波，爸爸妈妈回去探亲也更方便了，曾经的筒子楼也在政府的补贴下逐渐被整改，人员流动安置，环境治理规范。上学时身在北京，放假后我还总是回香港看看，它和全国联合驱动转型的大潮一起，也在不断更新着，变化着。中环还是那个中环，旺角还是那个旺角，我熟悉的标志和古老的建筑物还在那里，但现在的气氛却充满了活力与生机，店铺的招牌们也依旧密密麻麻，但经济链的升级却悄悄蕴含其中，游人依旧如织，但当地百姓的脸上更多的变成了安定的笑容，是对未来的生活充满了的期待。而那些在香港工作的人，也不再是操着粤语的本地人，各式各样的面孔仿佛都成为了这座特色城市的主人，在这里扎下了根。

妹妹兴奋地给我表演他们国庆节晚会的节目，悄悄塞给我中秋节的贺卡，她的普通话也说得越来越好了，她告诉我，她们从国际化的教学方式，已经逐渐趋向传统文化的教育，越来越重视语文，而她也喜欢上了这些神奇神秘的"老"东西。

今年，总有暖流不断从心底蒸腾、涌起，似曾相识，原来是那种久违的归属感和融入感。嘿！老朋友，好久不见！

2016 年 9 月 4 日

图 4

第五封信：

亲爱的庄哥：

展信佳。

既见君子，云胡不喜，若不是对香港学生入京的优惠政策，让我们享受到和内地人同等的待遇，我不会和北师大相遇，更不会在这里邂逅一段美丽的爱情。她是内地人，从来没有来过香港，她总让我给她讲讲香港是什么样子的，香港和内地有什么不同，我眼中的两地。在飘满柳絮的春天，我和她牵手逛公园，告诉她两地都是抚养我长大的温柔的母亲；在骄阳似火的夏天，我们吃着冰西瓜，给她讲香港和内地共同繁华的经济；在天高气爽的秋天，我们逛各种展览和博物馆，我给她讲不断融合互补发展的文化；在寒风瑟瑟的冬天，我们捂着热热的奶茶，我给她讲两地融合一心的民生民情……

她学汉语言文学，总是为我引经据典，从诗词歌赋到人生哲学，也谈谈自己的看法。鉴于内地过去 60 年的波澜起伏的变革，大起大落，香港反倒是相对平稳，所以内地居民和香港居民的思想观念和行为习惯肯定有所不同。但最重要的是求同存异，在"一国两制"的制度引领下，各美其美，美美与共，共同发展，就像我们一样。好似一句温暖的誓言，我们之间没有因为身份而隔阂，这种差异带来的吸引和互补，反而像是两地人民心连心的故事里最美好的扉页。

今天，我带她来了香港，她喜欢九龙冰室，喜欢维多利亚港的美景，于我而言，她也是内地文化的符号，我们在彼此的相知相融中，对彼此的身份逐渐认同和确认，建立起情感的共同体，像是两个互相挣扎的双子座终于融为一体。

2018 年 8 月 1 日

图 5

第六封信：

亲爱的庄哥：

展信佳。

今天，我又做了一场梦，梦里我看到港澳台和内地（大陆）共同发展，经济欣欣向荣，政治齐心协力，文化多元共生，社会和谐温暖，人民幸福安康，生态绿色健康，中国实现了"两个一百年"的目标，到2021年中国共产党成立100周年和2049年中华人民共和国成立100周年时，最终顺利实现了中华民族的伟大复兴，国家富强、民族振兴、人民幸福。

这是一个"中国梦"，又何尝不是一个"港澳台梦"？我们要把小梦融入大梦，把小家融入大家，把小我融入大我，才能让这个梦想照进现实。

回到1997年那一夜的启蒙，我们始终是一个家，就要坚持"一国两制"走中国特色社会主义道路、坚持中国特色社会主义理论体系、弘扬民族精神、凝聚中国力量。这些年来，我看到了香港跟上内地改革的步伐，促进资源整合，优势互补，产业链的升级，店铺的更新，经济的共同发展；从自己的流动和港澳学生的交流上，也看到了两地人员的流动和人才的交流，从今以后，我们仍然要在横向上加强沟通，在纵向人才发展上实现代际流动；在文化上，继续互通有无，深化两地人民的文化认同感，增强文化凝聚力，实现有机团结。

今天我才知道，"庄哥（zg）"你就是祖国（zg）呀！就是我的中国（zg），你是我的另一面，是我同父同母的同胞兄弟。庄周梦蝶，我所经历的一切何尝不是你所经历的一切？我今天所做的梦，何尝不是我们共同的期待？习近平总书记在报告中谈到过"兄弟同心，其利断金"，不管前路多少坎坷荆棘，我们都是同舟共济的亲人，让我们一同将前行的风帆扬起，踏上那一往无前的航程，乘风破浪会有时，直挂云帆济沧海。我们的"港澳台梦"，我们的"中国梦"，总有一天会照进现实的阳光。

此致

敬礼

2019年6月9日

图6

梦为马，日月长

华南理工大学　经济与贸易学院　电子商务　2016级　台湾　易佳颖

　　广州眼下已是春意盎然，夏至未至，气温适宜。满城皆是绿树红花，正是一年最好的光景。回想起三年前，台湾高考结束，12年的努力已经尘埃落定。我揣着一张薄薄的录取通知书和一颗忐忑不安的心只身来到羊城，开始了崭新的大学生活。春华秋实，寒来暑往，我开始喜欢这里的一草一木。经事历人，虽是异乡，却倍感温暖。于是灵魂得到洗礼，信念日益坚定，大中华与我不再遥不可及，中国梦一如种子般，开始在我心中生根发芽。不知有多少日夜在朗朗校歌声中，云山苍苍，珠水泱泱，华工吾校，伟人遗芳，前贤创业，后人图强，崛起南国，培育栋梁，我徜徉在红楼和西湖之间，看波光粼粼，枝叶掩映，我流连于百步梯和励吾楼，赏山林秀色，感悟到千里之行始于足下：华工就是我中国梦开始的地方。

　　"中国梦"是早已耳熟能详的名词，从以前被电视上遥远到好像事不关己的会议提及，到身边同学日常的关心探讨，再到心中醍醐灌顶般的步步顿悟，我竟然有些疑惑，是国家一步步向人民贴近，还是我渐渐被沉甸甸的责任感充盈？是时代催人长大，还是我已在不知不觉中变得更加成熟？

　　我一直都对国事大事怀有敬仰的态度，那是身为国家个体的一张名片，是荣誉、更是责任。小时候读《少年中国说》，梁启超先生面对破败的山河草木，极力歌颂少年的朝气蓬勃："美哉我少年中国，与天不老！壮哉我中国少年，与国无疆！"那时尚且年少，还不能完全读懂其中深意，只是大抵明白文章蕴含了梁启超先生对中国少年的期望。第一次读完时便觉得满腹雄心壮志，想要展现自己，想要挥洒少年意气。从前每每读到书上关于中国建国的历史片段时总是有一种感性的冲动，那种外化于形内化于心的民族自豪感是不可隐藏和磨灭的，它深深扎根于每个人灵魂深处。正如波普所说："时间的冲刷只能张其光芒，风雨的洗礼只能增其坚毅。"

曾经未来之于年少的我来说不过是一场飘忽不定的剧目，模糊且遥远。也曾觉得自己的生命好似永不停歇的舞台，有来来往往的过客，旧的故事谢幕后新剧情随之登场。想要去远方，虽然就连我自己也无法界定远方究竟在何方；想要成为一个更好的人，但是却说不上来到底好在哪里。现在想起来，这大概只是一种懵懂的向好之心，我的梦呼应着中国的梦，就像中华民族期待着觉醒，期待着傲立于世界之巅，我也期待着变得更好更强大，在生命舞台上排演出独有的精彩，像张国荣在歌里唱的那样"我就是我，是颜色不一样的烟火"。

原来不知不觉中，我早已经不是小时候那个看着会议直播新闻，问父母这是什么的懵懂孩童了；我已经是有独立思想和责任担当的成年人，不但可以决定自己走什么样的路，甚至可以尽全力去发光发热，去照亮一所学校、一座城市甚至一个国家。梦，是头脑中的虚幻与期盼；而中国，是我们每个人生活成长的地方。"中国梦"将二者结合在一起，既给梦以现实的依存，又赋予中国美好的畅想。大学生是祖国的未来与民族的希望，是社会上富有朝气、富有创造性、富有生命力的群体。我作为一名大学生，也要为自己的梦拼尽全力。

每个人的心里都装着一个更加完美的人格，是友、亦是敌。我努力更加优秀，但付诸努力亦会感到疲惫。在面对挑战时，我也会不停地思考：我要成为怎样的人？我的梦究竟是什么？从前我不知道答案，但我想，现在的我已经可以正视现实，慢慢变得成熟的我，已经不会像儿时那样做一些不切实际的梦了，因为我明白经历即生活。虽然自己不复少年，但是梦想却不曾放下。"人至少拥有一个梦想，有一个理由去坚强。"但我从来没有放弃过自我的追求。

原来"梦"之于我来说，是一种追求，更是一种对被肯定的渴求与信念。这种信念让我不会让自己的灵魂卑躬屈膝，不会轻易放弃理想。"中国梦"之于中华民族来说，不也正是如此吗？

　　我记得很多年前我还是教室里跟着老师亦步亦趋的学生，我记得我曾经做过许多美好伟大的梦，我记得我总在难过的时候对着镜子练习微笑，我记得小时候我最爱在本子上写的一句话："有梦为马，年华果腹，时光做锦衣华服。"路还长，夜未央，我想我还来得及成为更好的自己。既然有梦为马，便会有枝可栖；既然心中有梦，又何惧日月漫长？中华民族几千年风风雨雨，几经辗转，几经沉浮，民族精神不曾泯灭，反而越挫越强，那么怎么可能不傲立于世界民族之林，发出振聋发聩之声呢？

护我国旗

华南师范大学　历史文化学院　历史学（师范）　2018 级　香港　郑君豪

1997 年 7 月 1 日是一个被所有香港同胞所铭记的日子，在这一天的 0 点 0 分 0 秒，中华人民共和国国旗在会议展览中心冉冉升起，象征着香港结束了长达 155 年的屈辱历史，正式回归祖国的怀抱。我常常和我妈妈开玩笑说为什么不早生我两年，这样我就可以去现场见证这历史性的一刻，如今只能从书本和纪录片中重温。虽然这只是一句玩笑话，但是里面流露的情感却是真实的。

有一年的夏天，一个年少懵懂的小孩坐在电脑前偷偷地上网，无意之中看见了香港回归祖国的纪录片。那个时候没有高清，没有很好的网速，但是他依然在一卡一卡的画面中看见了中华人民共和国国旗和香港特别行政区区旗徐徐升起，同时国歌也从音响中传来。虽然那个时候的小孩还不懂事，对于整个香港回归的意义和细节并不了解，但是在看见国旗的时候却有一种十分亲切的感情。正是因为这股感情，在往后的每一年的 7 月 1 日这个小孩都会打开电视机收看纪念回归的升旗仪式，和国旗的不解之缘就此开始。而这个小孩正是我。

转眼间，童年已然悄悄溜走，那年在电脑屏幕前懵懂的小孩如今已经长大，来到了华南师范大学读书。在一次军训的过程中，从主席台传来一道口令："有意愿加入国旗护卫队的同学现在出列，到队伍的左侧集合。"话语刚落，我就义无反顾地向集合地点跑去，在经历了几个月的选拔与训练后，我成为了一名正式的国旗护卫队队员，在大一下学期的尾声正式接过了师兄师姐的礼宾枪，接手升旗仪式。那句接枪时所喊的"一定不负嘱托，不辱使命！"是我对师兄师姐，对自己的承诺，必须，一定要把旗升好！

图1

第一次正式上场所担任的是掌旗员，升旗的前一天晚上心情特别紧张，即使整个升旗流程早就练习过百遍千遍，甚至在脑海里也模拟过万次，但是依然不能放下心来。就在这种忐忑不安的心情下，我想上网搜索其他旗手的经验学习一下。于是我再次点开了一套关于香港回归的纪录片。

我惊讶地发现，原来负责香港1997年回归当天的旗手和澳门1999年回归的旗手都是同一个人！他叫朱涛。在纪录片中这样描述道，朱涛为了能完每做到国歌一响，国旗升，国歌一停，国旗到顶，在20多天的时间里，他反复地练习升旗无数次直到两只手上全是口子。他所做的这一切努力，就是为了能在7月1日的0点，能让全世界看到中国的国旗在香港上空升起。现在回想起来，我们华南师范大学国旗护卫队也是如此，为了完美的升旗仪式，经常组织晚上加训，很多人都因为练"56式礼宾枪"而磨破手，手臂都是瘀青。"在这一点上我们坚决不能让步，一定要在0分0秒奏响国歌升国旗"，朱涛说道。看到这里我十分有共鸣，因为我在朱涛的言语中不光听到了他对于升国旗的执着与信念，而且也看见了中国政府对于收回香港的决心。

然而在最后的环节，英国国旗却比预定的是时间整整提早了12秒结束。突如其来的意外让整个会馆的人都陷入的无声的寂静中，因为这和以往排练的情况不同，这也让朱涛紧张了起来"那时候我心里太紧张了，这汗立马就出来了，那手都在抖。"但是最后依然还是完美地完成了升旗的任务。看到这里我因明天的升旗仪式而紧张的心情也就缓和了一些，随手就关掉了视频。紧张是人之常情，作为一名旗手，就该拥有过硬的心理素质，将这些压力和紧张转化为动力，越是紧张，越是要投入其中，将升旗这项光荣的使命完成。

2019 年 5 月 27 日，上午 5 点 30 分，我穿上礼服，整理好仪容仪表，前往行政楼叠国旗，准备早上的升旗仪式。就在叠好旗将国旗扛上肩的一刻，因为紧张而引起的颤抖，呼吸不畅都消失了，仿佛有一股力量从我的右臂蔓延到全身，而且背后也有数十名队友和我一起执行升旗任务，让我非常放心和有自信。那天我们整支队伍气宇轩昂，精神抖擞，都拿出了自己最好的状态。当国歌奏响，我右脚后撤一步，转体扬旗，一气呵成，整个过程带给我的是无比的荣誉和自豪。在升旗结束后整支队伍也获得了队长和师兄师姐们的肯定。

图 2

在当天的晚上我再次点开了视频网站看纪录片，和上次不一样的是，这次我看的是澳门回归时的升旗仪式。和小学的时候一样，升国旗带给我的感受同样的庄重、严肃、亲切。香港和澳门的回归象征着彻底告别了百年的屈辱历史，捍卫了领土主权与国家的尊严。"一国两制"的落实也为两地打下繁荣稳定的基础。同时，也代表着中国在民族复兴的道路上更进一步。

对于我而言，能够在大学短短 4 年的生涯中参加国旗护卫队是一件意义非凡的决定。在国旗护卫队中的磨炼不单单是在身体上的，同时也在磨炼着我的性格与态度，训练时的认真态度，升旗时的一丝不苟，在平时所展现出来的精气神，无一不在改变着我的生活。如今虽然加入国旗护卫队只有短短的不到一年的时间，但是那种纪律性，处事认真的态度已经深深地刻在我的心中。

　　每当我和以前的老同学聊起近况，说到我加入了国旗护卫队，他们都会问我训练辛不辛苦，收获有什么？我的回答是，当然辛苦，但是非常有意义。华南师范大学作为国内数家名牌师范大学之一，每年都吸引着全国各地的精英学子来这里学习深造。有来自新疆西藏的少数民族，有来自台湾的同胞，也有来自香港和澳门的学生，我们都在这里互相学习交流着，说着同样的汉语，写着同样的汉字。而国旗是中华民族团结友爱的象征，护卫着国旗就像守护着这份和谐与爱，使不同民族的中华儿女能够团结友爱地在一起。除此之外，华南师范大学也有不少的外国友人来学习中国文化，将国旗升好，也是向他们展示我们中华人民共和国国威的一种途径。这些都是我加入国旗护卫队的意义。

　　2019年是新中国成立70周年，澳门回归20周年，《告台湾同胞书》发表40周年，香港回归22周年。随着粤港澳大湾区的建设，彼此的交往越来越频繁，将来肯定会有更加多的港澳台学子来到内地（大陆）求学，在学有所成之后打拼出一番事业，为祖国实现伟大的民族复兴做出贡献，而这一切的背后都是有着民族团结、社会和谐作为基石，我非常荣幸能够担负着护卫国旗的重任。在接下来的日子里，我将会严格以国旗护卫队的口号要求自己："队兴我荣，律己守规，护我国旗，壮我国威。"习近平总

书记曾经说过："每个人都有理想和追求，都有自己的梦想。现在，大家都在讨论中国梦，我以为，实现中华民族伟大复兴，就是中华民族近代以来最伟大的梦想。"江山有待，未来的蓝图已经画好，让我们团结一致，砥砺前行，为中国梦而奋斗。

绽放在大山深处的莲花

武汉大学　新闻与传播学院　广告学　2017级　澳门　钮湘云

　　距离征文的截止时间还有3个小时，我坐在行走在大山深处的古旧大巴上一字一字敲打着这五天来的点点滴滴。回忆起一个月前自己冲动地决定来到这里"遭罪"，我嘴角漾起了一丝笑意。

　　我是一个普通的支教志愿者，可说普通也普通，说不普通也不普通。在我的身份认知里，去到大山深处做一个志愿者，是每一个中国人心底都有的热血与憧憬。可在山区老师和同学们的眼中，我是一个特殊的来客。

　　比起其他志愿者悄悄地来，悄悄地走，我显然受到了不一般的待遇。刚落地昆明，便收到了来自希望小学校长的微信好友申请："你好，我是××乡××小学的校长。"校长听说我来到昆明的曲折经历后，关切地让我好好休息，表示学校位置很偏，第二天再赶路也不着急，一个时长仅有一星期的支教竟会受到如此重视，受宠若惊是我的第一反应。

　　而我的"待遇"，远远不止这些。

　　当我连续换乘了三次每次两三小时的闷热、破旧的大巴，跨越了一座又一座的高峻山头，打开车门的那一瞬间，我就像是从未呼吸过氧气一样，大口地呼着气，拍着胸口。这时我面前出现了一张淳朴的笑脸，挽着裤脚活像一个老农民的他正笑着和我打着招呼。青黑色的运动裤，左腿高，右腿低；运动裤的腰带松松垮垮的系着；棕黑色的polo衫上总觉得布满了尘土，还有星星点点的油渍。

　　"你好，欢迎你来××，我是希望小学的校长，我姓孔。"

　　"校长？孔校长好！"

　　他热情地一把拿过我的行李，开始边走边唠嗑。

"听说你是澳门的呀，怎么会想到来这里呀？澳门博彩业这么好，金碧辉煌的吧，我们这里是不是特别破，和你们那里完全不一样？说到港澳台，我还都没去过呢，一定很发达吧。哎，以前总觉得你们会嫌弃我们这，怎么样，我们这儿是不是特别差？……哦对，你可是我见过的第一个港澳台，第一个澳门人。"

他絮絮叨叨半感叹半疑问地说了很多，我勉强提取出了关键词——澳门人。

我问他为何觉得"港澳台"或是"澳门人"的身份很特殊，支教只是我认为每个中国人都应该有的责任心与善良，他显得格外激动。

"这是代表了统一、友好与和平啊。就像我们云南那么多的少数民族一样，港澳台终于也和他们一样，虽然和大多数人有很多不同，可能是文化上的，可能是语言上的，可是他们有归属感了，这多难啊！"

在他的眼睛里，我看到了真切的希望和难以抑制的激动。

我也很感动。

他显然对澳门文化十分感兴趣，放好了箱子后，邀请我去校长办公室坐坐。说是校长办公室，不过也就是两平米的水泥屋子，里面堆满了作业，只有两张小木椅。在我们规划未来这星期的艺术课程时，他提出了很多憧憬。

"你可以教孩子们一些澳门文化相关的吗？他们都是留守儿童，没有走出过大山，一定对这个特别感兴趣。比如画澳门的代表花，唱澳门文化的相关歌曲？"

见我欣然答应，他不停道谢，嘴角的笑意更浓了。

那天晚上，孔校长亲自做了韭菜鸡蛋饺子送到我的宿舍，给我说了很多这里的故事，他说他教数学和体育，他能报的出这儿所有孩子的名字，他说后天还要给孩子们过这个月的集体生日，孩子们都是留守儿童，记住他们的生日的可能只有老师。说着说着，他问我澳门的教育怎么样，校服是不是很好看，设施是不是很高科技，他说他去过昆明交流学习，看到那里的小学的黑板，投影仪，他回来看到孩子们就哭了，觉得对不起他们，没能给他们一样的教育条件。

他说着说着就哭了，可在我看来，一个四五十岁的中年男人的眼泪为社会而流，为中国的未来而流，这不恰恰是劳动人民的担当，中国梦实现的希望吗？

我不知道我的港澳台身份，在他们看来如此特殊，怀着奇妙的心情，我走进了第二天的课堂。

"老师，校长说你来自澳门，是真的吗？"

自我介绍环节刚结束，便有孩子举手问我。在我给出了肯定的答复后，教室里显得很激动，叽叽喳喳说个不停。我拿起粉笔在黑板上，画出了今天的绘画课内容，是一朵大大的莲花。孩子们的注意力可算是回来了，问我那是什么。

我说，那是澳门特别行政区的区花。

我分发完画材，便来到他们身边一个个看过去。我听到了一个蓝衣服的男孩说，"以前我妈妈说香港和澳门都是外国人，我爸爸就很生气，说他们都是中国的，那时候我相信妈妈，现在我要回去告诉她，我见到澳门人了，她也是中国人。"又一个红色衣服的男孩拉着我问，"老师你是不是去过很多地方呀，澳门是不是特别有钱呀，他们都去过很多地方吧？"我表示不是他想的那样，紧接着他说，"老师我去过昆明呢，我们班的大部分同学最远都只去过武定县城，去年××到深圳找爸爸妈妈让我们羡慕了一年。"我只能告诉他，澳门的孩子们也和他们一样，只会说方言，在很努力地学习着普通话，你们都是中国人，你们会为了同一目标"中国梦"而奋斗。孩子们问了我许多关于澳门的问题，也介绍了他们的家乡。

走出教室时我的眼眶是湿润的。

时间过得很快，两天里我教孩子们唱《七子之歌》，教他们画这画那。时间一跃，到了集体生日那天。我是第一次走进学校里的"留守儿童之家"，那里很大，有老师时刻驻扎。每个月的8号会给在这个月生日的所有孩子过一次集体生日。

校长搬来了蛋糕，他说那是他一大早赶集，去县城买的，让我一会儿一定要多吃点。唱完了生日歌，校长问孩子们这些天，他们都学到了什么知识。

"我们的澳门特别行政区回归祖国是哪一年，有哪个同学知道吗？"

"1999 年！"

那是我在教《七子之歌》，介绍这首歌背景时说过的知识，没想到他们都记住了。

"我们要学会感恩。那你们都在这个月过生日，小钮老师几岁了，她的生日是什么时候大家知道吗？"校长问。

看下面一片安静，我笑着作答，"我是 1999 年的，就是澳门回归那年，今年生日早过了。"

"哇，小钮老师和澳门同岁！"

我不知道为什么鬼使神差地加上了那句解释，"就是澳门回归那年"。我也不知道为什么听到了孩子们的那句"小钮老师与澳门同岁"会有想要在脑海中复述很多遍的欲望。

在孩子们的起哄下，我也吃了我的"生日蛋糕"，他们唱了一遍《七子之歌》，我突然觉得我的生日被赋予了很多不一样的意义，就好像我是这个时代的希望一样。

支教的征程结束了，可于我而言的意义还没有结束。我在颠簸的大巴上码着字，我想把这些故事告诉你们，我想告诉你们感动，告诉你们责任感，告诉你们澳门在孩子们眼里的样子，告诉你们中国梦在大山里的样子。

我时常相信，一个中国梦，不是一句空话。为之不懈奋斗，也不会丧失动力。

"我来自澳门，我与新生的中国澳门同岁。"

何以为家？中国便是家

中国政法大学　民商经济法学院　法学　2017级　香港　杨钰婷

　　父亲是香港人，母亲是重庆人，我是中国西部与南方海边的"混血儿"。中国之大，我热爱生活过的每一个城市，这些城市都拥有迥然的风情，人们操着我听不懂或是能够融入其中的腔调，不一样的燥热或是海风，有些地方的人们居于此而自得有骄傲的风范，有清奇俊秀，有寸土寸金——若是千里同风，百里同俗，这世界该多么无趣啊。

一、维港上

图1

　　儿时辗转于香港与深圳，那时关门一开便是内地。倒不是一条深深的鸿沟，对我来说一直是一扇门来回穿梭，过去就是了。

　　香港有繁华的海港和林立的高楼，是我对繁华最初的印象，无论是大街

图 2

上还是地铁上，提着公文包的每一个人永远西装革履，连头发丝也一丝不苟，他们鲜亮又匆匆，当时我好懵懂，不知道他们到底在为什么而奔忙。解开西装的扣子，香港好像又不是中环那副不可一世的样子，双层巴士在街旁横七竖八伸出的招牌里穿梭，"许氏兄弟"、"金牌电器行"、"足疗"、各式各样的冰室，闪耀的霓虹灯在小孩的我眼里好像调色盘，朦胧又迷醉。灯牌下是三人无法并肩而行的街道，旁边是卖鱼蛋和鸡蛋仔的小摊，都在告诉我这里不只有光鲜那一面，十分矛盾，但高楼中踩着高跟鞋的女孩和认真给我端上一盘咖喱牛腩的母亲也并没有天差地别，每个人都在认真地生活。

二、长江旁

图 3

图 4

重庆和香港，都是赛博朋克的生动侧影，但我初到重庆时，轻轨还未得以飞驰，高楼也尽未落地，大片的荒地是常态，与现在层叠耸立的网红城市相去甚远。三年级来到这里，进入陌生的小学，周遭抑扬干脆的重庆话将我实实在在地包裹住，好在重庆小孩子也是爽朗直去，我很快就跟他们一起在操场踢球，去春游，看解放碑磁器口，我终于也能说上一口重庆话，在每一座桥上一遍一遍看江水分割这座城市。这里有苍蝇馆子肩负一整个街区的伙食，有棒棒爬坡上坎却从不弯弯绕绕，他们好像从不抱怨，只随长江一样让热血流淌，热天聚着光膀子吃一顿露天火锅，然后钻入人群，奔向如火如荼的生活，投入城市的进化——于是有洪崖洞崭露新貌，在悬崖上发出立体的光芒，照亮一隅江水；有轻轨穿过楼栋，是摩肩接踵的希望在城市中穿梭；有交错盘旋高架亭亭而立，通向每一幢繁忙的高楼。

三、皇城下

京片儿像含着温热的风，透着北方传统又正派的醇厚，但更多是都市的包容，这里是中心，但与香港那一种繁华不同在于它怀抱了更多皇城根下的流连的古朴。

北京是开阔无垠的，蓝天白云是毫无边际的，新城包裹着旧城，随发展一遍一遍延展，插入地心的标志建筑连结着城市的血脉，所有穿梭在圆

图5

图6

环内的斗志是这座城市跳动的心脏。虽然留下还是离开总是永恒的话题，但每个漂流在北京的人都有深切的期许。

中国政法大学，天南海北济济一堂。来自港澳台地区的同学为了共同的求学梦来到了北京，感受着与以往生活环境截然不同的生活。中国发展的迅猛，在皇城根下尤为明显。同学们常常表示对未来的期许，对生活的展望，都对身为中国的一分子感到自豪。

四、结语

对于身份的思考从未困扰过我，中国之大，我在哪里，就融入了哪里，中国的每一处都能成为我的家。黄皮肤黑头发是中国祖先留给子子孙孙的印记，无论你在中国的哪一处，风姿绰约的城市们会向每一个中国人敞开怀抱，每一个留存记忆的地方都是我的故乡。何以为家？中国便是家。我为身为中华儿女而感到骄傲与自豪，无论在中国何处，我都会继续认真、勤恳地生活，因为我知道，中国之大，处处都是每一位中国人的家园。

中国每一座城市都不仅仅是被霓虹照亮，是被每一个单独的梦想所点燃。中国人民的每一个梦想汇聚在一起，我们得以走进未来，共筑中国梦。

百曲诉一梦，唱响新征程

中山大学　光华口腔医学院　口腔医学　2017级　香港　张之玄

序曲——民族一心，中华血脉世相随

"一条大河，波浪宽，风吹稻花香两岸……"

"阿嬷你在唱哪里？"

"这是美丽的祖国，是我生长的地方……"

"'祖国'又是什么地方？"

尚在孩提时期的我从阿嬷所歌唱的《我的祖国》中第一次接触到"祖国"的概念，只知那是"一片辽阔的土地，到处洒满了明媚的阳光""那里的姑娘都像花儿一样，小伙子们的心胸又是多么宽广"。那里就像是一个海纳百川的"家"，让流散各地的"游子"无不心心念及，甚至不惜舍平静的生活而去，随部队踏上"保家卫国"的征程——我的阿嬷就是其中的一员。

在一个初春之际，我的父亲带着我来到了香港湿地公园，望着隔岸雾蒙蒙的小山丘，他告诉我那一片山丘连起的土地就是他与阿嬷曾经艰苦奋战保卫过的家园。他说，现在的生活是多么来之不易，更要懂得珍惜。为了让我体会革命的艰苦，父亲给了我一本厚厚的《林海雪原》，但书本并没有勾起我多少的兴趣，甚至还放在桌案上落了灰。直至一日，父亲给阿嬷带回了一张 DVD，上面刻着《冰山上的来客》，只见荧幕中那浓眉星目、挺着高鼻梁的边疆战士阿米尔在帕米尔高原上引吭高歌，阿嬷又再一次随着伴奏响起，唱起了红歌。

"花儿为什么这么红……"

那一日我从阿嬷的歌声中又知道，盛放于祖国的繁花，是由战士们的鲜血"浇灌"而成的：不同民族的战士们秉持着相同的信念，心怀着同样炽热的赤子之心，将家国情怀化作满腔热血，赌上性命奔赴沙场，是那一个个不屈而伟大的灵魂换来今日我们的这一份安宁与富强。在国土的天涯海角，在巍巍昆仑之上，在远海礁岛的彼岸，在我所处的这片小海岛的目不可及之处，总有着一批战士，一如怒放高原的并蒂雪莲，无畏风雪的肆虐，燃烧着青春为国土之下的每一位人民守护着安稳的生活。

《狮子山下》唱响香江数十载，带着一份同舟人共患难的温情与振奋，让我意识到自己是香江年青一代的生力军；而阿嬷一首首深情吟唱的颂歌，似自滚烫的心窝不经意间溢于嘴边的轻声呢喃，自幼年起便萦绕于我的耳畔；一词一曲又像极了汩汩涓流，汇入了我每一根跳动的脉搏，使我铭记着自己身上所流淌的华夏民族的血脉，并为之骄傲。

阿嬷的歌声似是在告诉我：民族的梦，是祝愿祖国安宁的梦。

间奏——齐心筑梦，一曲梦圆今朝

2007 年，时值香港回归祖国十周年，深圳湾大桥以万钧之势，雄踞于两岸间的汪洋，宣布通车。自此，我的家便与内地的土地联系愈加紧密了。

"我和你，心连心……" 2008 年的那一夜，我坐在父亲的车上，望着彼岸那昔日的小山丘已逐渐被灯火通明的楼宇所取代。驶过深圳湾大桥，去与内地的亲友共同收看那历史性的一刻：车上的广播响起主题曲《我和你》，预示着北京奥运会正式拉开帷幕。即使当时在车上的我无缘体会荧幕所带来的视觉震撼，广播中的主持人难掩的激动和台下经久不息的欢呼，仍为我带来了身临其境般的触动与难忘。念及彼时，我正与来自全球各地数十亿人民一起享受这场无与伦比的盛宴，我的眼前浮现出这样一副画面：一只雄狮正从沉睡中苏醒，他睁开了那载着大海与星辰的双眸，使观者无不纷纷被这眸中千百年沉淀的深邃所震撼。

2015 年春节前夕，父亲载着阿嬷和我们，举家来到深圳。我的这位老阿嬷时值 90 岁高龄，执意要到深圳的医院养病。父亲告诉我：阿嬷的老战友、老校友们都在这里，有了他们的相伴与照顾，阿嬷一定会很开心。

"满怀豪情领略浩荡的风，踏平坎坷我们荣辱与共"。病床前的阿嬷望着墙上电视回放的春节联欢晚会，听着这首新时代的祖国颂歌《共筑中国梦》，手指轻轻地点在病床上，似是带着一种回味，似是带着一种难忘的情怀，轻快地哼唱起了自己的小曲。

看着阿嬷展露许久未见的精气神，一如往日她向我道过往岁月时的灿烂神情。我的脑中似是点起了走马灯，一一映起阿嬷往昔岁月的剪影：香江碧玉小家、及笄之年，抗日战争爆发，遂离乡背井瞒父入伍，一心保家卫国，荣为"东江纵队"西北支卫生员；日军告降，奉命随伍行游击战，后委任北江军卫生处副主任；1956 年被委派至中山医学院深造，至 1977 年已是韶关地区卫校之校长。自生活优渥的小家碧玉成长为共产党的忠诚战士，必抱有常人所不及之信念。再次踏上香江土地的阿嬷已芳华不复，这一段段青春的岁月似燃烧的星火般蔓延，又自数十载的苒苒时光渐渐熄去，昔日少女已至耄耋之年，她望着日益富强的祖国，轻声吟唱起了那镌心铭骨的旋律：

"这是强大的祖国，是我生长的地方。在这片温暖的土地上，到处都有和平的阳光……"

而今神州奋起，国家繁荣，回荡于祖国长空的首首赞歌似是在告诉我：中华儿女的梦，是盼望祖国走向富强的梦。

终曲——山高水长，奏响人生新篇章

随着世界级工程港珠澳大桥横空出世，粤港澳大湾区建设的蓄势崛起，留给我们香江年青一代的，是无限的发展机遇与民族同心齐奋发的万丈豪情；我誓要走进那血脉的根源，去寻找未来的曙光！

"白云山高，珠江水长；吾校矗立，蔚为国光。"随着校歌《山高水长》的奏响，我步入了中山大学的礼堂，寻觅着阿嬷的足迹，我成为了中山大学的医学生。"博学审问，慎思不罔，明辨笃行，为国栋梁。"中华五千年文明熏陶之下孕育出的莘莘学子，在此济济一堂，更是时刻督促着我要铭记先者之教诲，尽学子之责，做祖国的栋梁之材。

句句歌词萦绕于心，我感受到阿嬷踏入这片校园时的骄傲与自豪。它与阿嬷往日吟唱的每一首赞歌一样镌刻在我心里，它将时时刻刻地激励着我，让我有"乘风破浪会有时，直挂云帆济沧海"的魄力、有"千磨万击还坚劲，任尔东西南北风"的毅力、有"宝剑锋从磨砺出，梅花香自苦寒来"的努力。

在这个改革号角奏响的时代，一个崭新的时代，中国梦是民族的伟大复兴之梦、是中华儿女的梦、更是我们青年人要奋发追寻的梦。如若每个人都尽一份力，积水成渊，聚沙成塔，最终那将是一份撼天动地的力量。正如保家卫国的战士们、奉献祖国的革命先烈、心系人民的改革创新者，他们在引领中华民族走向未来的道路上披荆斩棘，使而今的华夏新一代足以以一夫当关万夫莫敌的豪气昂首阔步地步入国际视野，走在幸福的康庄大道之上。

有谓之：青年是社会风气之先。而香江土地数年的培育，亦让我作为香江青年，更应带着开拓进取、灵活应变兼博尽无悔的香港精神，在祖国故土之上不负青春，亦不负前人为我们建下的太平盛世，一心立志成才。

我们是时代的先锋，在祖国努力建设粤港澳的交通枢纽、推行促粤港澳三地融合政策之时，在大力延续改革之风的关键时刻，我们更应该高擎改革创新的火炬，举国一心，为中华民族的伟大复兴尽一份绵薄之力。

一如校歌曲终之处，那慷慨激昂的末句所唱："振兴中华，永志勿忘！"

这是我们要追寻的目标，也是中华儿女的夙愿。

一路向北

北京语言大学　汉语进修学院　汉语国际教育　2018 级　香港　金楸桦

其实，每个人都该意识到自己身上流动着两条血脉，一条为家，一条为国。

——题记

香港出生

1997 年 2 月 28 日 7 点 12 分，一阵女婴的啼哭打破了香港东区医院清晨的宁静。她大声啼哭，向世界任性地宣告着自己的到来；她挥舞四肢，为不必再局限于一方空间而雀跃；她朝气蓬勃，让周围的空气和阳光也因此熠熠生辉。她并不知，这将是自己与母亲最为亲密的一刻。她亦不知那一年，祖国母亲为与女儿——香港重享天伦已苦苦努力与等待了四十余年。

1997 年 7 月 1 日零点整，那是全港人凝眸屏气的一刻。英国仪仗队降下了英国国旗和香港旗，中华人民共和国的国歌庄重而肃穆地响起，在所有人的注视之下，中华人民共和国国旗和香港特别行政区区旗冉冉升起。激动、感动、自豪等复杂的感情洋溢在每个中国人的心中，香港终于回到了祖国母亲的怀抱！一如女婴安心地依偎在母亲怀里，香港这艘小船，也终于停止了飘摇的流浪生活，安心地泊进了祖国母亲的港湾。从此，背靠祖国，和母亲血脉相承，骨肉相连；从此，面对世界，香港同胞抬头挺胸，恣意生长。看着这一幕，黑白电视机前的她眼里闪着泪光，下意识地抱紧怀中四个月的女儿。她为香港和祖国久别重逢的母女之情而感动，也为自己无法继续享受这般天伦之乐而悲恸不已。

福建长大

因经济状况实在无法继续支撑自己抚养第四个女儿，在香港回归的几个月后，她毅然决然地将女婴送给在福建老家的弟弟。她每年返乡探亲两次，行李从大包小包的婴儿用品变为当下时兴的零食玩具。乘坐地铁从北角站到达红磡站，将长长的东铁线从头坐到尾，过两个关，在长途大巴上颠簸一夜，这条路线身体早已记得比她的大脑更清楚，就算思维再不清晰双脚也能自动迈开步子，到达思念的终点。那个爱笑的女婴渐渐长成了小女孩，她从小就有着班上同学羡慕的文具，她吃的零食也是同龄人极为少见的"舶来品"，穿的衣服也几乎都比同龄人来得洋气。因此，每年她都无比期待着姑姑回乡的时刻，对一个孩子来说，那可是童年中最闪亮的时光呀。只是她始终想不明白，那种每每目送着夜行大巴开走时心就垂到地板上的失落之情究竟从何而起。

武汉求学

女孩就这样长到了十八岁，这一年她如愿考上了武汉大学。第一个月，她参观了黄鹤楼、辛亥革命纪念馆、汉口老租界区等景点。她最喜欢驻足于江汉关大楼前，闭眼聆听轮渡承载岁月呼呼的轰鸣。女孩在心中无数次提醒着自己，国泰民安实在来之不易，年轻人应当倍加珍惜。十八岁的她渐渐懂得了什么是"国"，却始终在躲避关于"家"的实情。一年后，女孩迎来了第一批来探望她的家人——香港的姑姑和姑丈。2012 年，深武高铁正式开通，给两地交通带来了极大便利。对姑姑来说，看望外甥女不过是一张车票，四五个小时的距离，再不需要花费一整天的时间。时代早已不同，中国已一跃成为世界第二大经济体，人民的生活水平大幅提高，香港的东西在内地不再如女孩小时候那般"金贵"了。加之发达的网购服务也极大地满足了人们的购物需求，想要的东西都能漂洋过海来到你手里。尽管这样，她还是像女孩印象中那样，见面时总拎着大包小包的行李。还是那些熟悉的物品，健达出奇蛋、大洋牌的鱼肉肠、李式保济丸以及一些不太合身的衣服……不同的是，随着女孩长大，她总会在临走前匆匆忙忙地往她手里塞一卷钱，叮嘱她想买什么就去买。经济飞速发展时，通讯技术也变得更加便利。女孩还记得上初一的时候她还用座机跟家人联系，到初三才拥有自己的第一部诺基亚手机。一块小小的屏幕，12个小小的按键，便是当时的流行。高三的时候微信开始火起来。她问同学，微信到底是什么。同学说，微信可以聊天，讲电话还不用钱。后来微信的功能愈加强大了，人们可以和天涯海角的朋友视频，两个小小的头像同现在一块四英寸的屏幕里，牵挂和惦念不再被距离阻挡。小到3岁儿童，大到耄耋老人，没有不会用微信的。可是即便通讯科技如此发达，她依旧规矩而恰当地出现在女孩的生活中，不打电话不视频，只是偶尔给女孩发送多喝水，多休息的信息，生怕打坏十几年前和弟弟的约定。谁都不知，在夜深人静的时刻，偶尔她还是会背着丈夫，取出压在抽屉最底下的那张黑白老照片，一个人发呆、垂泪。怀中的女婴不满半岁，举着小五星国旗嘻嘻地笑的瞬间被丈夫抓拍下来，仿佛这么幼小的她也能感受到回归的那份喜悦。1997年7月1日，相片的右下角清楚地刻下了这一排日期。那一年，照片中的她36岁，做了人生中最艰难的一个决定。那一天，全港雀跃，香港和祖国得以团聚，可是她却即将面临与女儿分离……

北京读研

本科毕业后，女孩选择来北京读汉语国际教育的研究生。三年前她独自来北京旅行后，便对这座城市着了迷。忆往昔，她爱圆明园里每一块被大火淬炼过，被风雨洗礼过却依然顽强的石头。它们蒙受了屈辱，遭遇了磨难，却仍巍然屹立在原地，像一位饱经风霜的智者，温和而坚定地告诉你要勇敢地迎接生活，要对国家充满信心。她爱华灯初上的夜晚，公园里每一个如微风般徐徐行走的佝偻背影，他们目睹过昔日战火纷飞的北平，亦见证了繁荣昌盛、扶摇直上的国际大都市——北京。他们宠辱不惊，笑看风云。看今朝，她爱每一寸圣火燃烧过的土地，犹如一条灵动的红色丝带，将北京和世界联系起来，点燃激情，传递梦想。她爱天安门前飘舞的国旗，冉冉升起的不只是鲜红的旗帜，更是每一个华夏儿女的光荣与自信。它飘扬在天空中，那璀璨的五颗明星时刻鞭策吾辈当尽情绽放光辉、砥砺前行，那一抹鲜红不断警醒后人要全力团结合作、守护和平。站在广场上仰望天安门城楼，清风仿佛送来毛主席那庄严而笃定的嘹亮宣言："中华人民共和国中央人民政府今天成立了"。如今，这盛世，如先辈所愿，国的轮廓与蓝图格外分明。而关于女孩身世的真相，也如晨曦化散迷雾般，一点，一点地清晰。

一路向北，血脉相连

走过这么多地方，一路向北，野蛮生长，女孩突然意识到自己从未脱离过生母的守望。其实，香港是她，她是香港，国的真相让她顿悟了关于家的真相。香港、福建、武汉、北京皆为手足兄弟，尽管各有各的特色，但它们血脉相连，同在一个祖国母亲的温暖怀抱。于她来说，尽管她也曾抵触过生母的拥抱，拒绝过生母的补偿，但她仍无数次因基因的相似而错愕，因自己的错愕而彷徨。她的面容中重现着生母年轻时的模样，高高的颧骨，凹陷的眼窝以及因内敛总是抿住的双唇；她的血液中还传承着生母的坚强与洒脱，内向与倔强。生母总是含着微笑在远处观望，温柔了岁月，静谧了时光。正如香港之于祖国，这块土地的人们生下来就是黄皮肤、黑眼睛和黑头发，是不折不扣的中华儿女。他们读唐诗，看大戏，崇尚天人合一，讲究忠孝仁义，中国心炽热澎湃，中国魂生生不息。又正如祖国之于香港，当母亲终于有能力陪伴在女儿身旁，她不束缚，亦不捆绑，只是尽可能地提供自己所能给予的，任其茁壮成长，不负春光。

"淡看世事去如烟，铭记恩情存如血"。其实，每个人都该意识到自己身上流动着两条血脉，一条为家，一条为国，就像著名歌曲《国家》中所唱："家是最小国，国是千万家"。新征程，一路向北，望天下子女皆能饮水思源，反哺报恩；新使命，四方同心，愿世间父母皆可富贵福泽，焕发亮彩。

梦里花开

——同心共筑中国梦

集美大学　美术学院　视觉传达设计系　2018级　香港　张卓娜

花　开

"春路雨添花，花动一山春色。"

厦门的5月三角梅开得正艳丽，珊红色的花瓣中间点缀着嫩黄色的花芯，独具特色。春风里夹杂着湿润的雨，我撑着伞走在路上，思绪万千……

偶尔会想起香港街道旁的洋紫荆，我更爱叫它"红花羊蹄甲"，因为它的叶子状如羊蹄，落在地上就像是有羊群路过留下的脚印，十分可爱。忆起在香港上学的清晨，操场回荡着慷慨激昂的国歌，肃穆庄严中带有一抹温暖的色彩，国旗与紫荆花旗随风飘扬，春暖花开、落英缤纷。此情此景，有花相伴，仿若天涯共此时。

在集美大学快要生活一年了，我想起刚来到此地忐忑不安的心情，一个人从香港来到这里不免有些孤单，但是心里又怀揣着梦想与希望。感谢祖国政策的温暖消除了隔阂与距离，让我体验到温馨的氛围。现在的我渐渐适应了校园生活，认识了许多朋友，接触了很多新课程，也勇敢面对每次挑战，经历过生活的洗礼，心中依然有梦。

梦美，美不胜收。

融　情

先说说我的校园生活。我的舍友来自不同地区，虽然大家的生活习惯各不相同，但我们互相包容与理解，过得很融洽。来自北方的舍友喜欢吃辛辣的食物，我偏向于清淡口味，所以我们去餐厅吃火锅的时候会点鸳鸯锅，一半清汤一半辣汤，大家各取所需，其乐融融。班上的同学也很热情，大家彼此尊重，求同存异。我收获了真挚的友谊，也感受到浓厚的人情味。我渐渐了归属感，校主陈嘉庚的精神——"诚以待人，毅以处事"藏在我心，厦门也变成我心中的第二故乡。

这一年里，学校组织了很多活动，鼓励在校香港大学生参与，我们共同参加展览、聚餐、讲座，感受到祖国给予我们的温暖与关心。香港与内地血脉相连，同胞之间的情谊永存。记得有一次参加香港庆祝国家改革开放四十周年的活动，我感受到香港与祖国同发展、共繁荣，可谓承载"风雨兼程四十载"的艰辛，寄托着"不忘初心创未来"的期望。

习近平总书记"坚持'一国两制'和推进祖国统一"的理念，香港和内地经济的结合与融合正在大规模迅速发展：2018 年广深港高铁香港段通车、港珠澳大桥正式开通，这也标志着香港与祖国的联系越来越密切，改革开放政策的实践越来越成功。我感受到深深的民族情，香港是祖国不可分割的一部分，骨肉之情溢于言表，相依相伴，才能携手未来。

我乘坐着厦门站通往香港西九龙站的高铁，交通的方便快捷使我心中充满喜悦，感叹香港回归逾二十年来，随着祖国经济发展水平的不断提升，香港和祖国的关联越来越密切，使彼此发展得越来越好。不仅如此，两地的文化交流也更加频繁，拉近彼此之间的距离。

作为一名从香港来到厦门的大学生，我希望可以深入了解祖国的发展，学习历史文化，关注时事新闻，因为我们这一代的个人发展与祖国的未来息息相关。此外我也想把从专业学习到的知识充分利用到对祖国的建设上，和大家一起为创造一个更加繁荣昌盛的国家而努力。

我心里默默埋下一颗梦想的种子，细心浇灌，等待它发芽……

筑　梦

生活在这个充满梦想的时代，我希望可以接过"中国梦"这把熊熊燃烧的火炬，用发自内心的光芒探索、开辟新的征程。

周恩来总理说过"为中华之崛起而读书"。在上大学之前，我在香港学习过设计这门课程，所以选择了视觉传达设计专业，初衷是可以在大学里更深入了解设计、了解中国传统文化。幸运的是我接触到设计史这门课程，让我体验到中国传统设计的美，可以从设计方法、功能、结构、科技、材质、形式、风格和装饰等角度，透析各个时代中国艺术设计创意和规律。然后再结合之前的所见所闻，萌发创新的设计思路。

我希望可以将中国传统风格的设计与现代风格的设计融合，让世界欣赏到中国文化独特的美，亦要让世界感受到"中国梦"的坚韧。希望充分利用大学这四年，实现我的梦想，为祖国做贡献。

习近平总书记说："实现中华民族伟大复兴，就是中华民族近代以来最伟大的梦想"。中国梦是我们大家的梦，不分彼此。我们不仅要珍惜这个和平美好的时代，也要努力创造美好的未来，人民的幸福与国家的富强是我们的信念，只有同心协力才可以实现！改革开放以来中国走上了漫漫长路——这是一条充满艰辛却又光明的道路，是中华民族的伟大复兴之路，中国不仅是经济水平飞速提升，政治、文化等多方面也在全面发展，我为此感到无比自豪。

我们以梦为马踏遍万水千山，怀抱坚毅勇敢的梦想，感受花瓣飞的柔情。同心同梦，共筑祖国的美好明天！

图1

新中国成立 70 周年有感

——忆往昔峥嵘，展未来宏图

西南财经大学　通识教育学院　人力资源管理　2018 级　香港　庄嘉成

　　踏破璀璨的历史星河，瞭望星辉里斑驳的流光闪烁。千年的风云，轮回了多少英雄传说。那古今横贯的万里长城，串联着生命最初的力量，那历史的浩繁卷画，书写着华夏的兴荣盛衰。

　　历史漫漫，岁月如歌。七十年前，毛主席高声宣告："中国人民站起来了！"于是，笙旗蔽空，普天同庆，中国人民受的苦难终于得以回报。但这条伟大复兴的道路上终究不能一帆风顺，振兴之路道阻且艰，中国将何去何从？潮起潮落，天地悠悠。四十年前，那是一个春天，有一位老人在祖国的南海边上画了一个圈，是邓小平爷爷在中国迷茫之际，无人引路之时站了出来，提出建立经济特区。霎时，高歌猛进，势如破竹，中国人民将吃不饱穿不暖的苦日子永远成为了过去式。人生代代，无穷无已。二十年前，中华人民共和国国旗与澳门特别行政区区旗一起徐徐上升，红星闪闪，威风咧咧。澳门回归祖国，驱逐列强，还我河山，中国的团结统一，伟大复兴迈进历史新高度。

　　"鹰击长空，鱼翔浅底，万类霜天竞自由。怅寥廓，问苍茫大地，谁主沉浮？"谁主沉浮？正如人云：没有毛泽东，中国革命还要在黑暗中摸索一段时间。他的军事才干无人能及，挥斥方遒，指点江山。他的才华横溢，同学年少，激扬文字。他的勇气金石可镂，雄关漫道真如铁，苍山如海，残阳如血。岂曰无衣，与子同袍，纵为主席，儿子依旧冲锋陷阵，陷阵之志，有死无生。

　　改革开放总设计师——邓小平。说起他，又是那么陌生，甚至未曾谋面。却又那么熟悉，听到这个名字心中总是肃然起敬。他是那么瘦小，却用他强大的人格，带领四万万同胞走出一条光明大道。他是那么遥远，甚至我未曾来到这个世界上他就已经离开。而我，虽未能亲身置于那个风云变迁，世事不待的时代，却也从父辈口中感受到祖国的腾飞与雄起。邓小平爷爷他历尽艰辛，披荆斩棘，为祖国，为人民开辟一条前无古人后无来者的伟大道路。

中华民族历史悠久，文化灿烂，上下五千年的沉淀和底蕴。上起三皇五帝，下迄宋元明清；秦汉三国晋统一，南朝北朝是对头；隋唐五代又十国，宋元明清帝王休。华夏民族历经多少风风雨雨，走过多少坎坷荆棘，多少英雄豪杰惊艳了时光，染红了历史，抛头颅洒热血，前仆后继，为民族精神以力正道。

回首近代，在中国共产党为核心的领导下，在举国上下一心的奋斗下，伟大中国发生翻天覆地的变化，国民经济持续上升，追求吃得饱、吃得好，人民幸福指数不断增加，人民生活水平不断提高，西部工程顺利开展，公益事业稳步前行，乡村地区生机勃勃，城乡差距不断缩小。中国在改变，却不仅仅是改变，而是振兴，是雄起。

驻足来思，我们感慨万千；立足今日，我们问心无愧；展望未来，我们天地存心。作为新时代的主人，我们定当胸怀祖国，砥砺前行。身后亦须留心，且随疾风前行。作为学生的我们，亦须努力学习，用科学与知识武装自己。带好行囊，铸好佩剑，出门即是江湖。学好建设祖国的本领，明天在自己的岗位上，奉献青春与才智。泱泱大国，也须我们一砖一瓦。在我们一代一代人的努力下，我相信祖国的明天，青山更绿，蓝天更蓝，经济更繁荣，人民更自信，而我们笑得更灿烂。

一轮月一座山，一颗心一个梦

南开大学　经济学院　国际经济与贸易　2017 级　台湾　陈昕辰

一、一轮月

我 5 岁那年，爸爸过来大陆工作，所以我会有几个月的时间都见不到他。那时候没有智能手机，没有微信，所以爸爸用一个可以录音的"哆啦 A 梦"录下想对我说的话，我想他的时候按一下"哆啦 A 梦"的铃铛就可以听到他的声音。那时候打电话到台湾很贵，所以我们会互相写信，平信要寄好久才能收到，所以我觉得大陆好远好远。爸爸却对我说："你抬头看到的月亮爸爸这边也可以看到，说明我们离得很近呀。"

确实，一湾海峡生明月，两岸同胞共此时。我们之间的距离也许本来就没有想象中的远。小小的邮票，窄窄的船票承载着乡愁，但一轮明月似乎抹去了这份"愁"，两岸在我心中的距离忽然变得近了一些。

过了几年，我也来到北京上学。第一次登上长城，第一次参观故宫，脚下的这片土地，给了我强烈的归属感和作为中国人的自豪。第一次观看奥运会比赛，发现我们都在为黄皮肤说中文的中国人加油；第一次看央视的春晚，发现我们都在除夕夜这一天与家人团聚。还有许许多多的第一次历历在目。

第一次在这里度过的中秋节格外难忘，浓浓的佳节气息提醒我记得吃月饼赏月还有和家人团聚，这是我第一次体会到乡愁的滋味。但想到这一天海上月明两岸同时瞻桂影，遥望长天两岸寄语一轮月。相信海峡对岸的家人也正看着我抬头看到的那轮圆月，瞬间觉得离他们很近很近。

二、一座山

后来我来到天津读书，第一次来到这里就觉得这个城市和高雄有些奇妙的相似。也许是因为天津和高雄都是港口城市，生活在同样靠海的地方，地域带来的亲切感油然而生。历史悠久的天津走过六百多年，留下许多脚印，中西合璧、古今兼容是属于它的独特印记；我来到天津整整十年，在许许多多的地方都留下了自己的足迹，而天津也影响了我很多——那些珍贵而难忘的求学历程、经验交流都是属于我的独家记忆。

我在漫漫读书之路中，也很幸运地有机会参与到一些两岸交流参访活动，这为我的求学之旅增添了许多乐趣，特别是大家相互交流时迸发出新想法的这个过程让我受益匪浅。

在 2019 年 4 月底和学长一起去温州参加一个两岸青年研讨会，会议结束后我们到洞头的两岸同心小镇进行参访。了解到那边正在建设一个国家级的两岸交流基地。这是一个两岸经济、文化交流的重要纽带。从经济政策角度来讲，各种涉台项目正在逐渐落地完善，例如海峡云村金岙 101 项目预计 2019 年 6 月正式运营，不仅 101 栋房子是由 101 大楼的设计师规划的，各个子项目也充分融入了台湾元素，这个项目也十分鼓励台湾青年来到这边创业工作。有趣的是，洞头有一座半屏山，台湾也有一座半屏山，传说中它们原本是一座山。在我看来，现在这两座山又重新回到一起了。

三、一颗心

从文化的视角看，洞头在两岸共同的民俗节日例如妈祖节、七夕节会举办活动，许多台湾同胞来到这里与洞头村民共度佳节并进行深入交流。我们去的那天正逢当地妈祖平安节庆典，有许多从台湾过来的游客与当地众信欢聚一堂，一同拜谒妈祖，一同祈福，共用平安宴，不分你我。妈祖巡游、民俗表演等活动使节日会场洋溢着热情与温暖。此外还有妈祖文化主题展、两岸特色商品展销和美食一条街、两岸同心妈祖文化沙龙等系列活动，将传统文化和两岸一家亲的精神融合。我深深体会到洞头和同心小镇不只是喊着两岸心灵契合的口号，而是真正从贸易经济、文化交流、社区融合等方面进行发展和落实。走在洞头的路上，耳边传来熟悉的闽南语觉得亲切无比，这种亲切感直击内心，两岸人民原本就都是华夏子孙，文化一脉传承，精神血脉相连的事实不再需要过多解释。虽然同心小镇与台湾之间隔着海峡，人们却有着同样的节日，同样的方言，同样炽热的心。

作为沟通两岸的"和平使者"，台湾知名媒体人王铭义表示，大陆改革开放40年，是人类文明发展史上难得一见的传奇经验。他说："来到大陆，我发现很多小时候地理课上的地标名词都出现在自己眼前，一个个攸关历朝历代兴衰的历史场景，一段段见证中华民族融合演进的烽烟往事，通过一匹马、一条路，甚至当地人的一句方言，就能带给我极大的情感冲击。"同为中华儿女我们会产生共鸣，会产生心灵的契合，因为在泥土下我们有共同的根，同样的乡愁，同样的文化精髓。他的这番话也给我带来极大的情感冲击，使我陷入了思考。

中华民族的复兴之路是怎样走过的呢？离不开领导者的运筹帷幄，同样离不开中华民族之心的融合。回头看看身后留下的脚印，留在改革开放以来走过的路，那是飞跃般成长的足迹，是经济文化发展成就的印记。外国人看到的，可能是中国经济等方面体现出来的复兴；而我们应该看到的，是中华民族情的融合复兴。如果说中国是一棵古树，在观光者眼里有它的繁茂枝叶和盎然生机，而我们源自它的根，是古树的心跳。来到这里读书，虽然面对着许多不同的地域文化、民族文化，但我却能深深体会到两岸传统文化有着共同的根源。正如两岸人民原本就是一家人，我们的心理应如同那些同根同源的文化一样，始终紧紧联系在一起。

四、一个梦

2019年是中华人民共和国成立七十周年，《告台湾同胞书》发表四十周年，也是南开大学成立一百周年。2019年1月2日，习近平总书记在《告台湾同胞书》发表四十周年纪念会上发表重要讲话指出，国家之魂，文以化之，文以铸之。两岸同胞同根同源、同文同种，中华文化是两岸同胞心灵的根脉和归属。1月17日，习总书记来到南开对我们说："只有把小我融入大我，才会有海一样的胸怀，山一样的崇高。"我的心深深地被触动，久久地被鼓舞着。"两岸→相互契合的一颗心""小我→大我"，从二到一，从小到大，这两个转变，正是复兴之路的基石，正是实现我们的中国梦不可或缺的部分。在我看来，两岸政治经济体制的不同固然存在，可我们中华民族的心是紧紧相连的。那些共同的炽热的情感会在日复一日的交流与联系中逐渐变得更加真切。至于那些许的差异，它们能引发出想法的交织，点燃思想碰撞的火花，让我们能互相扶持，一起携手共进。

现在有了智能手机，有了微信，无论隔了多远都可以随时视讯通话，可我倒是有点想念我的"哆啦A梦"，一封封信，一个个写在纸上有着温度的文字。那些存在我记忆里宝贵的回忆可是一点没变。正如每次打开窗帘，抬头依旧能看到那一轮圆圆的月。在那些有着皎洁月光的夜晚，我独自编织了许许多多的圆圆的梦，每一个梦都成为一块瓦片一块砖，堆砌起缩短两岸距离之间的坚固的桥梁。

我心里有这么一座桥梁，它坐落在半屏山旁，周围萦绕着皎洁的月光，我怀着一颗炽热的心，诉说着夜里那些圆圆的梦——此时在我心中两岸已没有距离。

图1

图 2

图 3

图 4

思之，慎之，行之

——论当代港澳青年的责任，使命与担当

复旦大学　基础医学院　临床医学八年制　2017 级　澳门　许世杰

在改革开放的四十年间，祖国的经济、制度、基础设施建设等各个方面得到了飞速、甚至是跨越性的发展。而中国青年在这场被西方称为"奇迹"的四十年经济发展中起着不可或缺的作用。在改革开放四十多年后的今天，我们港澳青年作为新时代中国青年中的一部分，应当为中华民族的伟大复兴做出自己的一份贡献。

有何思之？

不乏有人会问：青年于国家发展的意义何在？基于中共中央、国务院 2017 年 4 月发布的《中长期青年发展规划（2016—2025 年）》的明确界定，青年的年龄应当在 15 到 35 周岁，这个以年龄为界定标准的生理性定义符合中国人对青年一词的认识。这意味着社会年龄阶层中的相当一部分人群在被包括在内。

古语有云："士不可以不弘毅，任重而道远"。我们应当思考，青年作为社会年龄阶层当中的中流砥柱，无论青年出身于何处，其能发挥的作用都是多方面的。于家庭而言，青年应当是家庭结构中的中坚一环；于社会而言，青年是社会发展中重要的创新者、建设者、领导者；于国家而言，作为国家发展的"生力军"，青年群体直接关系到国家发展的稳定性。习主席在一次青年代表座谈会上亦强调过："实现中华民族伟大复兴的中国梦，需要一代又一代有志青年接续奋斗。青年人朝气蓬勃，是全社会最富

有活力、最具有创造性的群体。"相当大一部分的创新成果来源于青年的创新发明活动。因此，青年这一角色在各方面的重要性也就不言而喻了。

有何慎之？

我们不仅应当思考青年的重要性，也要对各种因素在我们自身发展过程中的影响进行慎重考虑。当我们回归到港澳青年的身份时，我们应当意识到，由于地缘、历史的特殊性带给我们在两种不同经济体制下的关于社会、政治、制度上的多重影响，这些影响是多方面且不可避免的。也正因如此，我们在成长的过程中对各个方面的信息获取程度是相对较高的。就如逻辑学上所提及的观点，"决定命题真假的依据是现实情况，逻辑真相应当建立在本体真相的基础之上。"

联系当下发生过的情况，在国家改革开放的四十多年发展之中，我们国家的根本矛盾也发生了变化。根本矛盾已经从以往的"人们日益增长的物质文化需要同落后的社会生产之间的矛盾"转变为"人民日益增长的美好生活需要和不平衡不充分的发展之间的矛盾"。这意味着经过四十多年的经济高速发展，我们的生活水平不仅得到保障，而且得到了相当大的提高。

但是我们的生产力发展的不平衡不充分的情况意味着，我们应该回过头去，去解决从前因为快速发展经济而忽略的"高山峻岭"—— 基础学科及其一系列应用学科发展。而这个隐藏性矛盾在最近的中美贸易战中，因为美国对中方企业"华为"的制裁而逐渐得到了大家的关注，引发了国民的一系列思考。回归到事实本质上，我们有相当一部分基础学科与其应用产业（如芯片产业等）跟西方的相应产业发展存在着差距，且差距不小。但我国的研究人员，行业从业者在不断追赶着与西方的差距，这同样是事实。所谓"隔行如隔山"，我们应当对事情的大概有客观的了解，而非受到不当言论的影响，在事情上做出如任先生所言"民粹主义"或极度悲观主义的反馈。这应当是我们所慎重之处。

我们应当注意的是，舆论与事实不应当画上等号，而不当舆论的传播容易滋生谣言的肆虐，这对我们正确看待一件事情是没有益处的。现代零散化、碎片化信息流冲击着当下的现代化生活，作为港澳青年，我们应该思之，慎之。

有何行之？

作为新时代的港澳青年，我们的责任、使命、担当在于如何为港澳、为国家的正常健康发展做出自己的一份贡献。随着一带一路政策以及粤港澳大湾区的不断发展，新时代的港澳青年有着更多的机会参加到有关国家经济建设的活动当中。这些跨区域合作给予我们丰富的机会去为国家的发展尽一份力，同时也给我们一个更好的平台去感受国家新时代的发展速度，也有助于我们自己建立国家、民族认同感，自豪感、归属感。

可能这些美好的愿景对于我们当代港澳大学生有些遥远，但幸运的是我们正在这个大环境下成长，随着时间的流逝，我们都会对国家有自己的一份认识。故我们现在应当做的事是着眼于自己的学业、事业，尽力在自己的学习、工作中发挥出自己应有的实力，提醒自己应当在正确的时间内做正确的事情。只有自己的学习与事业有所成就，这个坚实的基础才会帮助我们去完成那些未来可以做的事。

二等奖

六面谈

山东大学　历史文化学院　文物与博物馆学　2017 级　香港　钟燕仪

> "总之,《南京条约》是屈辱的、痛心的条约,是英国侵略者套在中国人民头上的第一重枷锁。它开始剥夺中国的主权,它标志着外国侵略者打开中国市场的开始,标志着中国从独立自主的封建社会逐渐走向半殖民地半封建社会的开始。"
>
> ——戴逸

图1

第一面:一八四二年,来自一位母亲

我好痛啊,我那生活在这广阔土地上最南边的孩子,他还未感受到母亲的爱,就要被掳去了。那些可恶的人!你来评评理,为什么我自己的日子过得好好的,他们就要来压迫我,攻击我,欺凌我?我还要被迫与自己的孩子分离,这是什么道理啊。还有我那可怜的孩儿,不知道什么时候才能重回我的怀抱。

我好哀呐,我活了这么久,虽然曾经也四分五裂过,但在以往的日子里，我并未尝到如此痛苦的感觉。暗黑的乌云漂浮在天空，无情的冰雪覆盖着大地；富饶的人都关上了他们的屋门，只有贫苦的人流浪在街头。孤立无援的我，前路漫漫。

图2

第二面：一八五六年，来自一个男性

黑暗仍在，但是我们绝对不会退让。即便敌人的铁骑已经踏入了我们的陆地；即便敌人的铁鹰已经盘旋在我们的天空。虽然我第二个弟弟已经与我分离，虽然我的母亲仍然孤立无援。面对那些冷血而可悲的人，我和我的兄弟们绝对不会退缩！

我们会坚定地走下去，为自己的未来，大家的未来，让所有人看见我们不是软弱的、可以随便让人欺负的人。即便——牺牲自己！如果失败是我们的命运，为了谱出不一样的结果，我们要逆天改命！

这是我们这个时代最追求的事情，当我们每个人到了最危险的时候，将会有千千万万个我出现，一个我倒下了，还有另外一个我。所以，我不害怕，因为有他们。我知道，胜利将会属于我们。

图3

第三面：一八九八年，来自一个女性

我最近很是伤心，因为我第三个弟弟也被人掳走了，我和他只隔着一条窄窄的河，但是却无能为力。那些人说九十九年后我才能再和他们团聚，可这是不合理的。我和他是血浓于水的亲人啊，怎么就要活活将我们分开！

如果没了他们，那这个家也将永远不会完整，对于那些强盗来说，这将会是他们历史记载上最丑陋的一笔。有时候我在想，到底什么是对，什么是错；我们总以为这个世界是仁慈的，是友善的，所以我们也一直以爱去回报这个世界。虽然世界是那么的友善，人，却可以是冷漠的、好战的、贪婪的，简直就是魔鬼一般。

可我们仍然相信，相信这个世界是会给好人一个美好的结局。即使要等很久，我们相信家会团聚，我的弟弟们会有回来的一天，

而那些魔鬼终将会被扔下地狱。我们会一直欣快地期望着、盼望着那一天的到来，那将是不远的未来。

"中华人民共和国中央人民政府今天成立了！"

——毛泽东

图4

第四面：一九四九年，来自一位母亲

我今天有点忙，因为要穿上新衣服，待会还要去理个发，整理好自己。因为明天，不，今天！今天将会是全新的一天。我们终于熬过了风风

雨雨，将这天盼到了，你说我们能不开心吗？有些人总以为可以拆散我们哩，这将会是永远都不可能发生的事情。

噢，虽然我的孩子们还在他们的手里，但是时间会把他们送回我的怀里，我对此深信不疑，所以你也不要放弃。

现在，请让我以全新的姿态面对世界，我们不论以前、现在、还是未来，都不会变成魔鬼，也不会成为那些贪婪的人。我们面对弱小的人，将不会置之不理，面对强大的人，也不会低声下气。这是我辈中华儿女所谱出的骨气，你看到了吗？我们，叫中华人民共和国！从今天开始，我们不再忍气吞声、任人欺负！

　　　"根据中英关于香港问题的联合声明，两国政府如期举行了香港交接仪式，宣告中国对香港恢复行使主权。中华人民共和国香港特别行政区正式成立……经历了百年沧桑的香港回归祖国，标志着香港同胞从此成为祖国这块土地上的真正主人，香港的发展从此进入一个崭新的时代。"

——江泽民

图 5

第五面：一九九七年，来自一位男性

母亲啊，我们终于能再次见面了。让孩子看看您，您不但没有衰老，反而越来越年轻了，更加富有朝气和活力。对不起，之前让您受苦和担心了，从此以后，没有任何东西会把我们分开。您是多么的伟大，让我骄傲和自豪，能在您身边，让我更加的安心。

还有我那33个兄弟姐妹们，我终于回到了这个大家庭，时间非但没有让我们分离，反而将我们的心紧紧地连在一起。我们是共生的，我知道总有一天，我们的国家将会富强、民族会振兴、人民会幸福。我知道，这一天很快就要来临。

"大家都在讨论中国梦。我认为，实现中华民族伟大复兴，就是中华民族近代以来最伟大的梦想。"

——习近平

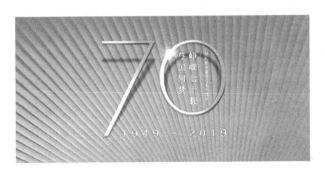

图6

第六面：二零一九年，来自你。

三生有幸

北京中医药大学　台港澳中医学部　中医学　2018级　台湾　周筠轩

　　碧蓝水色浸濡晚霞，夕阳氤氲着如烟的憧憬迤逦千里，漫洒于幽深宁静的海面；出生于美丽海岛的女孩，竖起寻根归柢的帆桅，抱着盛满壮志的酒桶，于二十岁的秋天渡过台湾海峡，找寻记忆中那芳菲的乡土呢喃。

　　柔黄的银杏叶轻落掌心，乍暖还寒之际，是北京中医药大学的秋意。离开台湾到北京的这两个月，既长又短——长，之于冷冽寒风刮起的乡愁；短，之于人情文化蒸腾的感动：我看见了，每个中国人身上，都闪烁着中华民族的骄傲血脉，都乘载着安身立命的"仁义礼智信"；艳丽的牡丹花轻抚脚旁，岁月折迭的小船乘着我一路顺流，繁花娇娆之时，是北京中医药大学的春意。人伦的温情、家园的归属、文化的认同……涟漪般温润着我的心湖，轻柔地淡化了离乡的忧伤——原来飘向北方，是为寻获与我共有血脉的土地和家人；那四海皆兄弟的温暖，洗却了颠簸岁月的尘埃。

　　晨起，轻快的步伐踏在槭树的落叶上，奏响希望的诗篇；和着鸟儿丰收欢愉的小调，日光格外清新。路旁的保安大哥衣着笔挺，炯炯目光巡视四周，守候学生的安全；食堂的阿姨笑容和蔼，勤快地为学生递上热腾腾的早点，以期有美好的一天。我常常思考：如果只把一份工作当工作，是不会有如此真挚的神情的。想必在他们的眼中，我们是国家未来的栋梁、是社会生命力的源泉；怀着这份爱国的心意，他们坚守岗位、绝不马虎。

　　我不禁想起北京三环的繁华：经济的开发高度应依何而论呢？若只论GDP、高楼数目应是不分轩轾；但说紫禁城之所以闻名，定非只因他的建筑造诣，而是它怀藏着千古的历史情怀——对朝代的珍惜、对社会的奉献……

每一分感情都凝铸成瓦，每一分思忆都雕刻成梁，每一分归属感都成了坚固不移的卯榫相合，魂萦百年、永垂不朽，这才是真正伟大的经济发展吧！我们怀着对国家满溢的热忱和爱进行每一项建设和贸易，这样的"义"，委实是中华儿女独有的精神情怀，而能达到"不假良史之辞，不托飞驰之势，而自传于后"的成就。

午饭后，漫步于教学楼走廊，信手点开立在贩卖机旁的电子新闻版——繁如春花的优秀事迹扑鼻而来，沾染得我满面馨香——外表不显眼的无名小卒，总是抽空去关怀独居老人；默默无名的小区，会自发性地举办公益活动；孝顺的儿女，如何倾尽心力敬养父母……透过免费广告牌传递人文关怀的正面讯息，彰显社会真善美的一面，让寒风刺骨的季节，也能拥有热可可般的温暖；看到许多人为社会不余己力的贡献，便不禁期许自己也能成为带给他人温暖的萤火微光。如同漫画《夏目友人帐》中提到的："因为曾被温柔的人那样对待，深深了解那种被温柔相待的感觉，所以我想成为一个温柔的人。"当善良真诚的种子不断播植于人的心田，总有一天定能结出长满"仁心"和"礼数"果实的社会大树吧！

周末，搭乘高铁到附近的商圈走走。枕木相击，溜过黑暗的无知岁月，便能拥抱璀璨的智慧瑰宝；滑开手机，看到微信朋友圈推送免费入场的文化和科技展览，不必担忧金钱便能增进知识；抬头观赏官方制作的安全倡导片，举凡工地安全、乘车安全、诈骗防治等等，不费吹灰之力便习得生活常识；下车后瞥见墙上明星代言广告：勿用皮草、象牙制品，娱乐中警醒自己肩担环保重任。政府于日常生活中教育大众正确的观念，人们相信并遵守政府所颁布的规范；政府能管理得轻松顺利，我们的社会也因此跟上时代的脚步。在这样互"信"互利的良性关系下，我们能做出对自己和他人最有利的抉择，真正成为一个"智"德双全的优良公民。

晚饭后，沿着记忆的小路散步，峰回路转之间，我寻得了桃花源——前人筚路蓝缕的身影交迭成流苏，垂挂于剔透的门前，伸手拨开瀑布般流泻的岁月——政府完善的政策及清廉的考察，人民严谨的守法及奉献的精神，社会互相的协助及无私的温存……这些零件组成大时代，以中国文化为基础燃料，爱国心和信任感为润滑油，推动着社会的进步与发展。我走过门，代表"仁义礼智信"的彩色五字于高空回旋、靠拢、擦撞，如同行星的形成，最后，凝聚成中国人民炽热的心意，在希望的折射下，繁荣的中国一览无遗。我闭上眼、双手合十于胸前：感恩前人的付出与奉献，我会珍惜现在所拥有的一切，并以身为中华儿女为傲。

能成为中国人，何其有幸！

图1　晴空万里的北中医（良乡校区）

四海一心　共筑中国梦

上海交通大学　媒体与传播学院　文化产业管理　2018 级　台湾　罗子豪

经济与发展——看祖国的强大实力与未来

改革开放以来，祖国在经济政治等方面都在飞跃式成长。在 2010 年，我到上海参加世博会，在展区我惊艳于世界各国多元的文化与崭新的科技，那一场世博会开拓了我的国际视野。那天晚上我站在黄浦江畔，对岸陆家嘴上金融商业的快速发展令我称奇，回头望向上海外滩曾经历的历史沧桑，谁曾想过浦东二十多年前只是片荒芜之地，于是我下定决心要跟着祖国走，祖国的未来拥有无限可能。

2018 年年初政府公布了"惠台 31 条"政策，从学生的视角来看那是台湾学生大举西进大陆求学的一年，许多人跟我一样都在祖国看到更好的教育机会与发展可能，而录取分数线也随之扶摇直上。我在激烈的竞争中有幸来到上海交通大学就读，也算是一圆儿时的梦想了。在上海交通大学除了学校教育资源丰富，上海的繁荣也为我提供了许多机会。大一下我有幸参加在沪台湾大学生职业发展计划"普陀育青计划"，在计划中我参访了许多在大陆发芽生根的台湾企业，我深深地感受到原来祖国今天的繁荣发展，身为台湾人的我也有机会贡献一臂之力，与祖国共进共荣。

祖国的硬实力哪怕只是透过新闻媒体也能感觉得到，毕竟这可都是实打实的城市建设、经济数据、工作机会等，而我来上海读书快一年也比其他人体会更深一点。而软实力通过情感与文化体现，融入生活之中后，方能慢慢感受到祖国的温度。

图1 爸妈拍下小时候的我在上海世博会开心好奇的模样

图2 普陀育青计划参访丽婴房企业

图3　去年9月全家送我来交大读书并于东大门前合影

历史的根——我们都是中国人

在小学时期父母经常带我去参观台北"故宫博物院"，自此我就被博大精深的中华文化所深深吸引着，也开始接触并阅读许多中国历史典籍，很渴望如《文化苦旅》的作者余秋雨般，能在祖国大陆旅游造访名胜古迹，畅游在五千年历史文化的洗礼中。每每到各地游历，总会细数途中经过的古地名，每一个地名皆对应到一个个我曾读过的故事，这使我身为中国人文化的根基在沸腾，虽说从未到访过却有如返乡般的亲切与温暖。在高中毕业的暑假，我前往武汉参加两岸共同举办的"中华民族抗战历史教育与抗战精神传承研讨会"，这次的参访当中我循着国共合作抗日的踪迹，被先烈们深深地打动，那个年代的人一心只为救国而牺牲小我，只是各自采用的方法不一样，但都是基于同一个爱乡爱土的情怀。两岸本就该一家亲，相同的根必将我们联系在一起，而我们的未来也应该携手前行。

图4　抗日殉国将领"张上将自忠殉国处"纪念碑处鸟瞰图

不忘娘家亲——血浓于水的羁绊

我的外公祖籍是在河南固始，外公当年随着国民党撤退到台湾，并在台湾落地生根育有六子。直到晚年两岸恢复联系之后才有机会返乡探亲，外公去世之后妈妈那一代的大人也曾发起返乡之行，妈妈说这叫"寻根"，她甚至带了些家乡的泥土回来在家里放了个盆栽种着，仿佛自己也在乡土扎根了。2018年国庆节我一个人坐着大巴回到了固始。老家大部分人都还是住在农村，每天我就搭着大姨夫载货用的三轮车来往于各个亲戚的家，不是去家旁最好的餐馆吃饭就是在家里杀鸡开宴席，酒一杯一杯地倒，不停地叫我夹菜吃饭，生怕我会吃不习惯或招待不周。然而他们不知道的是前几天在上海，我正因第一次出远门家里人不在身边，思乡之情常常在不经意间一涌而上，在夜里偷偷地啜泣。这一切被老家的热情彻底瓦解，我再度变回那个备受长辈呵护的孩子，河南俗语里的"不忘娘家亲"一点也不假。当亲戚们带我走过家里放着外公照片的墙壁，在农田旁的祖坟前磕头时，我知道在未来的日子里我会骄傲地称呼自己一声河南人。亲情是最难分的羁绊，生在台湾长在台湾的我，却能在第一次到访的老家感受到家里的安心与温情，不是血缘又是什么将我们联系在了一起呢？本是同根生，祖国的记忆流淌在我的血液里。

图5　小爷来交大看我时一起合影

图6　在河南老家和大阿姨一起自拍

东南与西北的友情——看中华民族大融合

台湾学生在大陆读书有个特别的现象，台湾学生总是喜欢只跟台湾学生聚在一起玩。而我认为既然有这个难得的机会，我一定要好好跟大陆的朋友们一起交流一起奋斗。幸运的我来到一个有着许多少数民族和留学生的院系，而我为了能够快速认识班上的同学，便自告奋勇地当上了班长，后来才发现我似乎是交大第一个台湾学生班长。我很享受与班上同学之间的交流，来自西北的同学讲话总是十分豪爽，来自北方的韩国同学也特别的活泼，来自东南地区的同学就比较害羞内敛，每个人不同的生长历程带来不同的想法与巧思，让我们一个小小的专业却能有大型专业都没有的做事方法与小惊喜。最值得一说的就是我与我两个最好的室友，他们都来自祖国的西北，我则在祖国东南的台湾，因为学习和共同的未来同聚一堂，我们每天都腻在一起，尽管相识才短短几个月，感情却犹如家人一般，熬夜在床上讲着心事和互相叫早一起走去上课都是我们的日常，不管在外面课业有多繁忙或考试考得不理想，晚上回到宿舍跟室友打打闹闹明天就能满电再出发。尽管我们的成长背景十分不同，个性可以说是迥然不同，但在中国这片土地上有句老话："四海之内皆兄弟"，在祖国的天地里我不是一个人，而是和来自各地的兄弟一同打拼。

图7 开学与室友一起拍照见证友情

图8 和班上同学组队一起去看外滩夜景

总　结

在经济与建设发展上，祖国的硬实力世界早已有目共睹，而我也坚信祖国的未来必定充满着无限的希望与可能。更令我高兴的是，我还看到了在祖国的茁壮成长中我们台湾人民所做的贡献，再次证明了两岸一家共荣共好的图景，而我未来也一定能在这之中贡献一己之力。在情感上，随着我小时候每一次的游历，到长大后的大学进修乃至返乡之旅，我深刻感受到中国是我温暖的家。两岸一家亲，祖国的家人们永远会用最有温度的拥抱环绕着我。在我看来两岸之间唯一的距离就只有地理上的海峡，但随着现在交通、网络的进步已经问题不大。平日可以跟家人微信视频电话，就连在农村地区的老家也行。暑假和室友约好要在台湾接待他们，只要一张机票，区区两个小时不到的距离。未来两岸交流必将越加频繁，互助合作也绝对是未来趋势。我也常常对大陆的朋友们发出来台湾游玩的邀请，我也想将我在大陆获得的温暖，让朋友们也好好感受一番，展现台湾最美的风景——人情味。这一年里我看到祖国能给我的天地，以及它许我的未来，另外我也看到我有能力在这里奉献，而这不只是我自己一个人的事，而需要来自四海的朋友一起共同努力，我们同心共筑中国梦。

我有一个梦

四川大学　经济学院　国际经济与贸易　2017级　台湾　吕玮庭

历史宛如一篇长诗，书写了泱泱华夏五千载；历史恰似一段乐章，奏响了改革开放四十年。

历史的格局有大有小，而我的历史宛若一段无声的序曲，正安静地期待着青春主歌的降临。我，曾经做过一个梦，梦里有长江黄河，有万千河山，有屈原九歌，有乐府三绝。我曾经无数次热泪盈眶宛如梦初醒，却终究只能带着乡愁将她暂时忘却。

在还不知余光中先生的那张"窄窄的船票"为何物的年纪，年幼的我便在父亲的带领下作别东海上那座孤独的宝岛，跨越浅浅的台湾海峡，踏上了烙印在梦中的那片炽热的土地。殊不知，这一待便是二十年。我曾无数次向先辈们祈祷，愿每一位远航的水手都不曾忘记童年的港湾，就好似那离家的游子，永远心怀故乡的万里山河。待长大了才知晓，那离家的游子是台湾，而我才是重返故乡。这是曾经年少懵懂不知巴山夜雨的苦楚，而如今读懂之时却早已泪流满面。

"江水三千里，家书十五行"，我带着三千里的思念和十五行的乡愁走下船，望向那片苍茫的神州大地。

踏上尘封在记忆中的祖国大陆，我看到了不同于教科书上那般阴霾笼罩的明媚的天空，我触碰到了指尖上跳跃的阳光和心头上跳动的喜悦。这一幕幕似梦镜一般的光景：一座座入云高楼巍然耸立，一条条康庄大道四通八达。投入她怀抱的第一天，我看到一个民族奔跑的姿态，我见证了一个民族不朽的辉煌。过去，曾无数次听闻改革开放成绩斐然，现如今，百闻不如一见，似乎在改革这条路上，中华民族总是想得更多，似乎在开放这条路上，中华民族已经渴望太久。从商鞅变法到改革开放，这个爱好艺术的民族从来没有停下脚步，创作着名为"改革"的艺术，即使在梦里也要书写诗篇、谱写乐章。这般宏伟的场面令我惊讶和着迷，改革开放已成为当代中国最显著的特征和最壮丽的气象。

在古老的东方大陆上，这个处于发展中的文明古国，取得了举世瞩目的成就，成为了万众的焦点。因为神州大地上的中华民族从来没有忘记过自己的梦想，他们任劳任怨、刻苦奋斗，他们脚踏实地、砥砺前行，不到达胜利的彼岸，誓不罢休。"谁无暴风劲雨时，守得云开见月明"，美好的梦想永远不会被残酷的现实压垮，直到现在，他们不断实现着"嫦娥奔月"的美梦，他们不会忘记汶川地震的伤悲，他们时常怀念奥运圣火的庄严，他们始终坚持开辟丝路的初心。他们永远积极向上，他们永远热泪盈眶、心怀感激。

我从实现伟大梦想进程中的一个局外人，成为了一个见证者，甚至已经加入到了其中。或许正是因为我们血脉相连、彼此珍惜，又或许因为我们都是怀揣激情、怀抱梦想的人，我们都有了一个复兴民族、完善自我的"中国梦"，所以我们紧紧相依，为了同一个梦想而不断努力拼搏。被梦想包裹着的我们是幸福的，同时也是幸运的。我们有幸看见中国文化历久弥新，看见中国制造遍及全球，看见中国人才举世瞩目，我们有幸见证了一个伟大民族的新生，一个伟大国家的崛起。时势造英雄，处在这个伟大的时代中，我们不由得热血沸腾起来，如今投身于中国梦的我们，已经渐渐地找到了拼搏的价值和人生的方向，我相信，在中国梦的圆梦之旅上，每一个中国人都是不羁的少年。

鲁迅先生说过："唯有民魂是值得宝贵的，唯有他发扬起来，中国才有真进步。"民族精神是民族文化的精髓，是一个民族的灵魂。一个民族只有具有高尚的民族品格，坚定的民族志向，远大的民族理想，才能拥有巨大的凝聚力，才能成就伟业，才能自立于世界民族之林。如今中华民族的民族精神，不仅保留了"天行健，君子以自强不息"的古老血统，还被赋予了"伟大创造精神、伟大奋斗精神、伟大团结精神、伟大梦想精神"这样崭新的时代意义。"忆往昔，峥嵘岁月稠。"新时代的民族精神，是历史滔滔洪流中所形成的精神高地，是新中国成立七十年来我们共同铸就的精神家园。追梦是灵魂的一场旅行，造梦是灵魂的一次挑战，历久弥新的民族魂和民族精神，将在如梭岁月中，成为我们实现中国梦过程中无坚不摧的力量。

"一千个读者就有一千个哈姆雷特"。也许，在不同的人心中有不同的中国梦。每个人都有自己对中国梦的不一样的理解。

而在我的心中，中国梦联系着万千中华儿女，它是一个应由海峡两岸同胞携手共同实现的伟大梦想，虽然这个梦想隔着一道台湾海峡，但是却早已在手足同胞的血液中交错升华，成为了两岸人民都渴望着的新世纪的奇迹。习近平总书记也曾说过，"实现中华民族伟大复兴的伟大梦想，需要两岸同胞共同努力。"努力会创造奇迹，再遥远的旅行，也是始于足下，我始终相信，彼此信赖并相互团结着的我们，一定会实现中华民族伟大复兴的梦想。

儿时回家的梦想，已渐行渐远，梦中的那片万里山河，化为现实，在我的眼中熠熠生辉。我唱着人生二十年的序曲，和着改革开放四十年的欢歌，等待着青春主歌的降临，期盼着新时代社会主义颂歌的奏响。如今回首望去，我已不再是孤单一人。因为，在实现中国梦的道路上，我有千万同胞相伴。因为，在书写中国梦的诗篇里，也必将留下我浓墨重彩的一笔。因为，我有一个梦，梦里的我们屹立于世界民族之林，我们的生命因梦想而闪耀，我们的生命因梦想而伟大，我们的生命因梦想而坚强！

我愿永远做你的桥梁

武汉大学　法学院　法学　2018 级　香港　陈凯琳

很少有那么一篇文章能够让我感同身受，很少有那么一个句子能够使我为之动容。还记得当时穿着冬季校服，打着学校的领带，坐在那四四方方，说起来有点儿小的教室，面对即将到来的中文阅读考试，心情只感到无比的麻木与疲惫。

照着往常的习惯，提笔、写名、翻卷。

"嗯，《桥》这个主题表达了什么样的情感、为什么要以'桥'命名……"种种考试惯用套路对于高三的我来说简直是手到擒来，一拿到试卷就开始揣摩作者的所思所想。

答题一如既往地快速轻松，直到有那么一道题目令我有些恍惚失神。"请阐述作者文中写到的悲欢离合的滋味是什么样的一种感情。"翻开文章，只见作者写道"深圳与罗湖只隔着一座桥，却分开了两个世界……"

两个世界……

作为一个从小在深圳长大，中途前往香港读书的我，何尝不明白经过那罗湖桥悲喜交加的滋味，何尝不懂得那哭笑之间的情感因何而生，何尝不能感受那种不舍、酸楚。大概是那文字触碰到了心中最柔软的部分，竟让一个考试狂魔的脑子在当时有片刻的空白，接下来的时间与其说是继续做题，不如说是深入感悟，去感悟作者与他的祖国，想念着我与桥对岸的故乡。那短短两个小时内，怕是没人知道，在那小教室里，有个少年做起了回忆的梦。

孩童的我与罗湖桥、青年的我与罗湖桥、成年的我与罗湖桥，每一次经过罗湖桥，她总能感知到我那丝毫的变化，慢慢见证着我从当年那个幼稚的自己一点一点地成长。

还记得第一次经过罗湖桥，当时的我大概一米四不到，妈妈牵着我的手穿梭在人群中，背后的好友们对着我大喊"不要忘记我呀！"，我只笑了笑就随妈妈往前进。那时候的我不知道什么是罗湖桥，什么是分别，只知道桥的这头与那头像是完全不同的两个地方。对于墙上那些复杂笔画的字，我当时实在是摸不着头脑，还拉着妈妈笑着"妈妈你看，有好多错别字"。孩童的我本应该对于一切新鲜事物都有着无穷的探知欲望，可当时突变的陌生环境让我逐渐变得不敢与人交谈，甚至有些不明白，怎么过了一座桥，我变得看不懂字、听不懂话了……"怀念"成了当时我最常提起的一个词语，时常念叨着"我想回家""我想见我的朋友们"，我怀念那个家，我舍不得那个家。

后来，要问是什么让我逐渐适应那截然不同的环境呢？我想大概是因为我遇见了与我一样从罗湖桥对面来的好友吧，一起谈论着桥对面的一点一滴，一起回忆着那零零星星的记忆，才让人的"乡愁"舒缓了些许。

现在回忆起来，仿佛还能感受到当时听见要"回家"这两个字时的雀跃。拎起我的小包包，两只脚猛地往鞋子里头一钻，来不及系上那飞舞着的鞋带，就往门外冲。再快点、再快点，粉岭了！上水了！再下一站就是罗湖了！车门一开，冲在人群前面的我，仿佛身上自动装上了马达，忘记了停顿。再走快点、再走快点，到了！罗湖桥！这时的我，魂儿早就飞到了桥的前头去，正在号召着我前进，而我停留在了那条黄色分界线上。这儿是香港，那儿是家。

每次游玩结束返程的那股不舍，如今再去品尝也能体味到其中的酸与涩。站在桥的这头，看向桥的那头，目光呆滞而无神，像失了魂儿的人，找不到前进的方向。大抵是太想念桥对岸街角的那家蒸汽腾腾的包子铺了，坐在港铁上都能被那蒸汽熏红了眼睛。看着霓虹灯在不断倒带，只能苦笑着，这车怎么这样快，魂儿都还没跟上呢。

等到我年纪稍微大点的时候，我感觉罗湖桥是一座很神奇的桥，因为每次我走过去，桥对岸都是"不一样"的世界。有时候学校组织国情实践活动，随行的好友总会问我一些稀奇古怪的小问题——"什么是移动支付啊?""什么是淘宝啊?""什么是抢红包啊?"遇到这些问题时,我总十分激动然后滔滔不绝地给他们解答,每当看见他们疑惑被解开时的欣喜表情,我总感觉有一束光照进我的小世界里,点亮了心中的自豪与满足。

2018 年 8 月的那一天,罗湖桥,我记得格外清晰。

在港铁的出口,身边中学的好友都聚集在一起,有的手上拿着小礼物、有的拿着小花束。他们的眼睛里仿佛有东西在闪烁着,咬咬牙拍了拍我的肩膀"不要忘记自己的初心,回家吧你!不要忘了我们就好!"。那股不舍随着血液的流动直击我的心房,我仿佛感受到肌肉的抽搐以及无力正在肆虐,我捏紧自己的拳头,努力让这疼痛分散我的难过,然后对他们笑了一下说:"干嘛搞得像生离死别一样,又不是不回来。"

那天的阳光正好,光束穿过那早已有些暗淡的玻璃温和地洒在我的身上,我拿着一个不大不小的行李箱,里面装满了我的憧憬、期待、激动、梦想与责任,站在罗湖桥上。当年那位声称,要以不负自己的成绩重回内地读大学的女孩子,终于实现了向梦想踏进的第一步。

六年前在罗湖桥的记忆无疑是不舍难过的,六年后的我站在桥中央,心中虽然也有不舍,但怀揣着的更多的是对追寻梦想的热忱以及那股沉甸甸的责任。

我走在罗湖桥上,每一步都带着一股复杂的情感,看着身边环境的转变,这六年的回忆像是走马灯一样在眼前播放。这六年来,经历过两地矛盾的高峰,感受过那种观念激烈碰撞摩擦出来的火花,见识过矛盾爆发时的针锋相对……每每看见报纸上描绘的那些冲突情境,心中总有一股说不明道不清的情感,既感到痛心又感到那无力改变的无助,很想为缓和矛盾做一些事情却又无从下手,那个时候总感觉自己无比弱小,渴望着长大。这一次,我再次回到内地,与往常不同的是此番的目的,以往为了游玩而回去,这次我感觉到了有股责任在心中油然而生。可能现在我的力量还太过于薄弱,对问题的现状不能带来实质性的好转,但我感觉尽我自己的力量总能改变些什么,至少能改变身边人对于矛盾的看法。我坚信内地和香港的关系会越来越好,也坚信这其中离不开的就是回内地升学的这一座座"桥梁"。我走过罗湖桥,作为一座刚刚搭建起来的"桥梁",我的肩上背负着更大的责任。我十分热爱脚下这片土地，并希望尽我全部力量去爱护她，让她变得更加美好，这份使命感燃烧着我，走向关口的那个背影仿佛被光彩笼罩着，那么美好绚烂。

"或许你知道她的美吗？""或许你知道她正在慢慢改变吗？"当我与好友谈及这些话题的时候，从争吵到讨论，情绪从激动到平和，我知道这一切正在悄然地改变着。

矛盾这个东西，有时候不是三言两语可以解开的，但至少我为之努力过，并且在有所回报的时候，那种欣喜仿佛久旱逢甘露，喜悦化成雨滴融化了我的心田。当我看着身边好友在逐渐改观的时候，我开始意识到这座沟通桥梁的重要性，或许仅仅一座桥梁不足以将那矛盾化开，但倘若这样的桥梁日益增加，就能让更多的人有深入了解的机会，那么我想所有矛盾都会被解开。

我想我也因此成长了不少，从一个只会以哭泣解决问题的小孩，到背负使命的成年人。倘若没有到香港学习的那六年，我估计不会有如此之强烈的使命感，倘若没有对祖国那炽热的归属感，我大概不会为这使命付诸实践。我感谢她，同时也期待着，期待着这一座座桥梁的建起以及未来的一片光明，我迫不及待地想要见到未来你那美好的模样。我愿意在你改变的路途上留下我努力过的痕迹，并且我深深地为之自豪。我希望未来的我能说出"你看，这有我的一份功劳"，这样才不负我的使命与初心。

或许直白地道出我的"爱"有点生硬，那就付出我最大的努力，去让她感受到我爱的那份真诚。未来的路上还有很多荆棘、路途还很遥远，而我已经全副武装，准备好了一切去改变。

我愿意，永远做你的桥梁。

针绣·芳华

武汉大学　新闻与传播学院　广播电视学　2017级　澳门　朱宝仪

"苏绣""粤绣""湘绣""蜀绣"并称为"中国四大名绣"。自西汉张骞通西域开辟"丝绸之路"之时，中国刺绣就已经作为特色商品之一，不断西传，受到了各国人民的喜爱。一针一线，轻挑慢捻，几千几万条细密的彩线温柔地汇聚至布面上，最终绘成一幅美丽生动的画面。论物，其纹理精致可见，却又仿佛隐匿于布面一般，与之融为一体；论画，其形象栩栩如生，出若花鱼鸟兽落于布面之上，入如山水湖泊嵌于丝线之中。作为拥有悠久历史的中国传统民间技艺，刺绣就好似一只无形的画笔，装饰着国人探索实践的岁月年华，点缀着中国灿烂芬芳的朝气青春。

犹记当时年龄尚小，还无法真正透彻地了解刺绣的魅力所在。只知道每日从学校回到家中之时，总会看到母亲手中拿着一个圆圆的形似"圆盘"的东西，另一只手翘成兰花指捏着针，仔仔细细地从"圆盘"里穿入又穿出。那时的我太过年幼，母亲还不敢让我碰针，生怕哪里给扎出了血。我只得眼巴巴看着这细细的针像只"小精灵"般带着彩线上蹿下跳，神奇地变出美丽的图案，心中好是羡慕。从那往后便暗暗下定决心，我可一定要将这"小精灵"捕捉到手。

探索实践，不断努力

2008年的那个夏天，第29届夏季奥林匹克运动会在中国北京召开。这是一个契机。十几年前移居国外的大伯为了一睹奥运会的盛况，当然也是为了看看他那许久未见的家人们，搭乘最早的一班飞机回了国。从未见过大伯的我内心满是疑惑。这样的一个陌生的形象突然出现在我的眼前，即使是亲人，也难免会有些许尴尬。直到大伯从他那神奇的袋子中掏出一只绣有一朵牡丹花的香囊，我才真正从内心放开自己，开始与他熟络起来。大伯告诉我，这个香囊是在北京看奥运会的时候买的，纯手工。要是放在以前，一个刺绣香囊可不便宜。但现在做这种刺绣香囊的技术越来越发达了，也不需要大量的人工去耗时耗力赶制一件刺绣出来，所以市面上的那些普通香囊虽然样式好看，却少了一份曾经那种情感意味。

我哪里会在意这些，小女孩的想法就是单纯而直接，刺绣好看不就得了。母亲终于受不住我日渐频繁地嚷嚷，终于答应教我做刺绣。可刺绣终归是中华民族传承了几千年的文化技艺，哪能让我这小丫头三天两夜不吃点苦就学会的。刚开始练习做刺绣那会儿，手上满是一个接一个的小针孔，一不小心就会被扎。"这小精灵可还算有点脾性。"屡战屡败的我渐渐失去了耐心，竟开始恳求母亲不要每日逮着我练习。母亲看着自己的孩子手被扎得伤痕累累也很是心痛，便放宽了要求，不再盯着我。倒是我自己脾气也倔，嘴上说着不想做了，背地里愣是第二天偷偷地带着"家伙"到了学校，一闲下来便掏出来绣。纵然绣得远不如母亲的手艺，却也能看见些许针脚。为了防止自己的手再被扎伤，我甚至将自己的十个手指头都缠上了纸巾和棉花。练习刺绣是一个漫长的过程，我逐渐找到了适合自己的穿针方式。熟能生巧，经过不断的练习，至少我不会再像以往那样遍体鳞伤，而且绣出的针脚也是有模有样，内心不由得小骄傲了一把。

新中国刚刚起步的那几年，同样面临着许许多多的"第一次"。面对这些"第一次"，只有勇敢地迈出第一步，才能够有机会找到适合自己的发展方向。"中国特色社会主义"的探索与逐步实现，无疑是这种种"第一次"中最为成功的答卷。一个国家从起步到发展的成长过程又何尝不像是一场关于刺绣的冒险，中途也许会处处碰壁，甚至受伤。但每一个"针孔"都是一段难得的记忆。正是有了这样"不抛弃、不放弃"的"刺绣精神"，中国才得以日渐强大，人民的生活水平才得以不断提高，我的"刺绣梦"也得以离我越来越近。

文化觉醒，弥足珍贵

高二那年，我参加了学校举办的一个和美国学生共同探讨地球可持续发展的"中美学生论坛"。面对远道而来的外国友人，作为未来主人翁的我们必定需要拿出作为一个中国人最好的精神面貌去接待他们。难以忘记初次相见那天，我们中国学生集体西装革履，好不精神。男生们都将头发高高梳起，女生们则向后扎起马尾，一个个好似职场精英一般，干练而精明，充满现代感。

但令我、令在场其他所有人都震惊的是，随着大巴车的缓缓停止，从车上下来的美国学生们纷纷穿上了带有刺绣的中国传统服装。女生的旗袍搭配上刺绣图案堪称完美，十分凸显身形，男生们则穿着丝绸外套，乍一看，肩膀上还有一些小小的刺绣花纹图案，不仔细看确实难以发现，而一旦减去，整件衣服便显得毫无生趣，少了一种独特味道。

在这样的对比下，虽然双方互穿对方国家的传统服装确实是意料之外的惊喜，却也引起了我们中国学生之间的一番激烈讨论。来者是客，美国学生穿上中国传统服装合情合理。但我们第一时间想到的是，为什么不是用我们自己的文化去向他们敞开友好的怀抱呢？记得那天美国学生 Allan 和我说道："我真的十分喜欢中国的刺绣，希望可以和中国朋友们聊聊关于中国刺绣的事情。"

有一技在手，怎能不在紧要关头亮出底牌？论坛的最后一夜，我连夜赶制了一个绣有一只小老虎的零钱包，并将它作为临别礼物送给了 Allan。虽然只是在现有的零钱包上稍作加工，且多年未碰针线的我多少有些技术生疏，绣出来的图案不见得有多好看，但 Allan 还是十分热情地向我表达了他的谢意。

那一刻，我才意识到，原来我所拥有的这门技能被如此多人所喜爱，如此能够代表我所在的国家的形象。这是一种文化意识的觉醒，也许还不够，但当我明确了这一基本观点并决定从此要好好地将这种传统文化技艺传承下去时，我的"刺绣梦"便显得更有分量了，于我，于刺绣，于中华民族传统文化而言，都是一笔珍贵的思想财富。

"中国梦"的含义，不乏经济发展，科技进步，军事实力提高等方面，却鲜有人将中国优秀传统文化置于前位。文化不是一天两天形成的，而是通过长久的沉淀与积累从而形成的一种独特的意识，以及由这种意识产生的一系列影响结果，如生活方式、行为习惯、民间技艺、工艺作品等。一个国家的文化底蕴，决定了一个国家的未来前程。在取得了辉煌的经济成就之后，对文化的重视亦应当有所加强。技艺需要传承，文化需要沉淀。

不仅仅是刺绣，更应当被人们所珍惜的，是手工技艺背后的坚持与传承。也正是这样的精神才造就了中华儿女不屈不挠、不卑不亢的美好品德。

拥有着如此宝贵的文化宝藏，我庆幸且珍惜。

包容接纳，稳中求进

结束了每日三点一线的高中生活，进入大学的我随着年龄的增长以及可自由支配资产的增加，未免变得有些浮躁。大学的生活是斑斓的、精彩的，却也是充满矛盾与诱惑的。重新找回爱好的我在对刺绣的学习之中又更进一步地了解了中国古代女子的品性之美。当我还只是个孩子的时候，大脑中承载的都是如何在未来成为一个行业中的领军人物，成为女子中的佼佼者。拥有上进心并非坏事，仔细回看才发现，内心实则缺失了一份属于女子的恬静。

当代女性固然应当追求新时代之独立自信，却并不等同于要摈弃中国的女性古典美好风韵。一如走向世界的中国，不仅包容接纳外来文化，更重视内在优秀传统的涵养与文化的弘扬，在稳步发展中求得共同融合的进步。

刺绣艺术，贯穿了我的整个青春。同时，它更是中国时代芳华的反映写照。从一开始的探索实践，到后来的自我觉醒，最后迈入包容接纳的新阶段，一路跌跌撞撞走来，中国的发展就像一幅用心绣制的图画。一针一线，一步一个脚印，踏踏实实地朝着"中国梦"的目标不断奋斗、前进。

外婆的歌单

中国人民大学　新闻学院　传媒经济学　2018级　香港　何嘉慧

在儿时的记忆里，外婆家有一个银色的磁带收音机。每次去外婆家，她总会在摆放整齐的磁带收纳柜里抽出一盘，放进砖头大小的收音机里，按下开关，美妙的音乐就会缓缓溢出。每当这时，外婆总会慈爱地笑着，她长满老茧的手抚摸着收音机银色的外壳，好似在贴心地抹去落在外壳的尘埃。而我就会安静地坐在她身边，一边享用着外婆为我准备的花生米，一边细心听着躲在收音机的小人儿吟唱字字句句。有时候听到难懂的歌词，我会皱起眉头朝外婆投以疑惑的眼神。她的笑容在从窗户投入的微光中倾散开来，耐心地为我解说歌里的故事。这便是我对祖国历史的启蒙。

每一段歌声里都蕴藏着难忘的岁月。

外婆说，我们的祖国曾经有一段被侵略被侮辱的历史。外国侵略者残暴地在我们的土地上掠夺辱杀，肆意地摧毁中国人民心中的每一份平和。甲午战争、八国联军侵华、南京大屠杀……多少资源被任意地销毁，多少生命被无辜地卷入，但是我们的抗战精神绝不会轻易地被打败，永远不会画上句号！外婆讲着这些过去的时候，我能看到她表情里透露着的悲愤与不甘。听着激昂的旋律，我全身的血液也跟着翻滚激涌，一瞬间仿佛又回到了那个血与硝烟的年代，眼前浮现出抗战烈士坚韧的身影。当听到"青纱帐里，游击健儿逞英豪！端起了土枪洋枪，挥动着大刀长矛，保卫家乡！保卫黄河！保卫华北！保卫全中国！"（《保卫黄河》），我能观看到硝烟漫漫的壮丽山河；当听到"比铁还硬，比钢还强"（《团结就是力量》），我能触碰到战士们被鲜血熏染的滚烫刚硬的身躯；当听到"我们生长在这里，每一寸土地都是我们自己的，无论谁要强占去，我们就和他拼到底！"

（《游击队队歌》），我感觉到自己也在跟战士们一起高呼胜利。

外婆说，我们的祖国曾经有一段被割裂的历史。收音机里播放着的《东方之珠》"让海风吹拂了五千年，每一滴泪珠仿佛都说出你的尊严，让海潮伴我来保佑你，请别忘记我永远不变黄色的脸。"让我悲恸不已，香港即使沦陷百年，人民依然不忘祖国的根，是中国人的尊严和骄傲推动这座城市飞速发展。外婆告诉我，同样被割裂却仍保持中华之魂的还有澳门与台湾。《七子之歌》中向祖国母亲告白，"我离开你太久了，母亲！但是他们掳去的是我的肉体，你依然保管我内心的灵魂。"真挚动情！《外婆的澎湖湾》则展现了台湾同胞于祖国特别的情感和依恋。

外婆说，我们的祖国有许多值得赞颂的伟人，带领我们一步一步踏踏实实地走向新时代。"那是一个春天，有一位老人在中国的南海边画了一个圈。"（《春天的故事》），"我们唱着东方红，当家做主站起来。我们讲着春天的故事，改革开放富起来。"（《走进新时代》）……每次想起这些声音里的岁月，作为中华儿女，我根本无法压抑内心对祖国的敬佩和仰慕。因为我真切地意识到，有了历史的沉淀和力量的挥洒，才会有如今美好富足的生活。

后来，当年在收音机前懵懂听歌的女孩已然成人，需要决定自己的道路。我渴望认识更多怀揣着中国梦的年轻人，我渴望更深入地接触那片神圣的土地，我渴望在祖国的哺育下汲取文化精髓。而当我把去内地求学的决心告知外婆，并无比幸福地递出我的录取通知书时，外婆眼眶里瞬间充满了晶莹的泪花，她激动地不能言语，只是又一次抚摸着收音机银色的外壳，而这次我明白了她的意思。她是在安抚流淌着壮语悲歌的岁月，她是在告诉我，作为中国新生一代，就应该不忘历史，肩负起中华崛起的使命，一路高歌起航，实现我们的中国梦！

尽管时间能冲刷历史的印记，但不能阻止抗战的歌声还原当年真实的场景，不能压抑人民爱国的满腔热血，不能抹杀中华儿女的崛起之梦！

我感激磁带做伴的日子，感激外婆的歌单，感激我是一个中国人，更加感激这片美好的土地带给我的一切！

祖国于我，甘旨哺育

华中科技大学　第二临床学院　临床医学五年制　2016级　香港　黎颖强

那是我出生的年岁，1997年，那一年，香港这片繁华之地上，中华人民共和国国旗和中华人民共和国香港特别行政区区旗迎风飘扬，宣告了这段近百年的骨肉割舍终于迎来了美满团圆。区旗上那白洁的洋紫荆依托的是国旗的红色，无声诉说着，香港只有在祖国的怀抱里，才能茁壮，才能繁茂，才能层林叠翠、葱茏高大。我犹记得闻一多先生在四分之三个世纪之前怀着热血和痛心写下的《七子之歌 香港》中的那句"我好比凤阙阶前守夜的黄豹，母亲呀，我身份虽微，地位险要。"再到"母亲呀，快让我躲入你的怀抱！"，那是多么纯粹的渴望，渴望着回归，1997年，我出生那一年，终于如愿以偿了。

闻一多先生与香港特别行政区的建立有着分不开的亲密之结，继而由此想着，我突然纪念着他在武汉曾经的学术研究之路——在战乱纷争、群雄并起的华夏大地，觅一书房，皓首穷经，宵衣旰食，写下最灿烂的研究中华古代文化精深之作。闻先生在东北日军发起事变之前，试着用研究的高超水平和学术高度来做出自己对中国的挽救，但发现这是徒劳无用的，中国必须要用革命来改造来进步。在了解了闻一多先生后来一扫书生的气质，成为了积极的社会活动家和民主革命家之后，愈发钦佩他的卓识和果敢，也更加惋惜他被极端国民党保守分子、反动分子派出的黑恶分子暗杀这一举世震惊的事件。就此事而言，在抗日反法西斯战争胜利之后，爱国志士在国内纷争中的牺牲和受害简直是对广大中国人民的侮辱和轻视！但这些更加加深了我们中国人的团结之心，爱国之心。

不由得想起，即使在从前英国殖民统治香港时期，香港的爱国企业家，李兆基、邵逸夫、霍英东等先生都在邓小平先生发起改革开放的倡议时，积极为祖国内地提供合作资金和合作项目，祖国内地的文体事业、基础建筑设施、城市化发展，都有这些心系祖国的实业家们的心血奉献和付出。现在的祖国内地，在各个大小城市能够看到"逸夫"或者"英东"命名的公益基础设施和建筑，尤其是一些小中学校和运动场馆。我不由得感到非常自豪，为自己来自这样一片爱国热情澎湃的热土，为自己身份所代表着祖国的一颗星星、一枚世界东方的明珠而感到自豪。

　　来到内地后，我深深感受到了祖国发展的细节——在之前只是在新闻报道、电视节目上大概知道内地日新月异的现代化进程和一些重要成就。在高精尖科学技术方面、大工程建设技术方面，甚至在欧洲、日本和美国占有领先地位的一些技术分类上，我国实现了从零开始的蓬勃发展和最近几年的完成赶超；更在一些科学上占据了首位——大火箭与宇航探空技术、稀土精炼技术。

　　在20世纪《寂静的春天》出版后，才开始唤起人们对环保事业的关注和用心，因为过去两百年的飞速工业化发展和城市化建设的进程，使得大自然受到了严重破坏，许多出于人类自作自受的破坏性灾害触目惊心。发生的事件下，各式新闻的报道，使人心痛于受害的可怜人们。香港是一座绿色的森林之城，而祖国内地的绿化事业，无论是城市绿化还是人造树林绿化，都达到了举世无双的高度。

　　在这并不算漫长的岁月里，我却见证了这么多新的举措与新的政策带来的新的硕果。从改革开放初期，港澳商业人士就在为国家引进资金，国家也通过港澳引进人才。作为投资兴业的开端，我们的港澳同胞起到了龙头的作用。给国内市场起到的示范作用自不用说，让内地更快与世界接轨更是优势互补，互利共赢。内地又提供了优惠政策，创造了发展机遇，最近更是支持港澳全面参与一带一路建设，推进粤港澳大湾区建设，把建设全球级别的湾区作为共同的目标。港珠澳大桥，让内地与港澳不仅有了经济和物质的连通，也让人们的心更近，增强港澳同胞获得感，而且体现着促进人文交流的中华情怀。

　　我恍惚觉得这种发展宛若梦境，但是这一砖一瓦都实实在在地存在在那里，存在在港澳与内地之间，更存在于我和祖国之间。这些现实给了我信心，因为这梦幻的发展速度正是中国梦的体现。《七子之歌》的旋律又在我耳畔响起，我们承载着前人的血汗，推进着我们的脚步，之后一定能实现我们的蓝图，和全中华一起，实现中国梦！

如果成长的道路有名字，它一定叫中国梦

暨南大学　新闻与传播学院　国际新闻　2015级　香港　江凌风

很小的时候，我便跟着父亲从香港搬家到东莞。到达一个不熟悉的地方，让当时的我感到陌生和恐惧，那时，家中的长辈便会拿着地图，耐心地对我说："这只大大的金鸡是我们的祖国，我们原来在香港，现在在东莞，这两个地方很近，都在珠三角湾区。你知道吗，在很久以前，我们的珠三角湾区就是一个叫作'广州府'的城市，广州府里面有广州、深圳、香港、东莞、佛山、中山、珠海、江门，只要在这只大金鸡里，哪里都是我们的家。"听完之后，我总是兴奋地跟长辈们宣布："我的家这么大！那我长大以后一定要去家里别的地方看看！"我也没有想到，这一句天真的感慨，是我与中国梦羁绊开始的地方。

东莞——梦开始的地方

曾经，顺应着改革的浪潮，随着外来人员的到来，东莞成为了世界闻名的制造业城市。"嘉顿面包""雀巢咖啡"，这是小学上学路上一定会经过的工厂。不知什么时候开始，已经很难在工厂门口见到大批量上下班的工人了。"他们说不定都到松山湖去了，有空我们去那边看看吧。"开着车的父亲这样向我解释到。

初高中的时候，每逢假期，父亲便喜欢带着一家人到松山湖游玩，从最初的一堆沙丘黄土，再到"松湖花海""松湖烟雨""松山湖湿地公园"等风景区，我家的车轮见证了这个地方的改变。近些年回家，随着东莞产业结构的变化，松山湖也不再是当初单纯给市民游玩的景区了。松山湖科

技产业园区的建成，促进了东莞高端先进型制造业的发展，渐渐地，许多深圳高新技术企业将部分产业链分放到松山湖。除了科技园的发展，教育区也储备了大量的高校人才，我的好友小东便是其中一员，在东莞理工读书的他在毕业典礼那天笑着对我说："有空常回来看看！我毕业就留在松山湖了。"

我们的未来都在东莞开始，与小东道别之后，我踏上了去暨南大学求学的道路，一切才刚刚开始。

珠海——我飞速成长的地方

我所选择的专业是新闻学，大一那一年，我在珠海度过，这是我到的第二个珠三角城市。也正是在我读大一这一年，珠海横琴被纳入广东自贸区范围，升级成为"横琴新区"。这座曾经不那么热闹的岛屿土地上，保存着我们与澳门大学校友联谊、去珠海长隆度假区玩耍的点点滴滴。随着政策的落实和发展，我们记忆中的横琴岛如今变得更加国际化、现代化，是珠三角的核心。

在珠海的每个周末，我喜欢与来自全国各地的同学在沿海的情侣路散步，凉风拂面，珠海大剧院的日月贝造型已经完工，还欠一些修饰。"看见那个轮廓了吗？那是港珠澳大桥，建好了之后我们往返交通就更加方便了，来澳门的话我带你玩啊！"澳门的同学兴奋地说完，话题在这一刻终止。我们默契地在岸边看着那绵延的桥身通向海平面的另一边，想象着桥上车水马龙的样子，一座连接香港、澳门、珠海的世纪之桥，还有多久才能够建好呢？夜幕降临，凝望着远方的港珠澳大桥，大家的眼底被披在桥身上面的斑驳灯光点燃，心中悸动着。我们的脑海中浮现出起崔卫平老师的那段话："你所站立的地方，正是你的中国，你怎么样，中国便怎么样，你是什么，中国便是什么。"也是在珠海的那一年，我深刻地感受到，自己的成长是与祖国的成长所同步的。

广州——我逐梦的地方

离开了正在发展的珠海，大二之后我一直生活在省会城市——广州。广州是一座丰富的城市，悠久历史与现代摩登并存，多元文化交相辉映，有着独特的魅力。在广州的这几年，我有幸得到了在南方日报实习的机会，跟随着资深记者老师参与广州的各类大小新闻活动。

"你好，这里是大湾区环线一镜到底直播的广州站记者！现在我们在的地方是永庆坊！"随着导播的镜头切到广州站，我与记者老师开始了广州站的直播工作。镜头始于荔湾区的历史街区，止于新开通的南沙庆盛高铁站。据了解，庆盛到深圳北站只需要差不多半个小时的车程，这样算下来，从南沙到香港西九龙站仅需要一个多小时。在庆盛站开通之后的一个月，2018年10月24日，港珠澳大桥正式通车。在屏幕上看着航拍镜头下壮丽的港珠澳大桥，大一时的记忆又被唤醒，我们是这座桥的历史见证者。

随着粤港澳大湾区交通路线的日益完善，也让"粤港澳一小时经济圈"渐渐实现。我的哥哥在香港铜锣湾做销售经理，由于公司业务的发展他经常要港深两地跑。自从大湾区的战略开始建设之后，他实现了在一小时内从香港到深圳与客户面谈，再与客户从珠三角的其他城市将公司所需要的原材料运输回香港这样的愿望。此外，他还经常约上香港同事一起到深圳，享受当地的美食和稍微不那么紧促的生活步调。除了"一小时经济圈"的实现，港澳居民居住证的办理在生活中给予了我们很多的方便，我们可以像其他内地居民一样直接刷卡进车站，办理各类手续也简单了很多。

习主席说过："中国梦归根到底是人民的梦，人民是中国梦的主体，是中国梦的创造者和享有者。"回顾自己的成长历程，从刚开始看着东莞的发展，再间接参与珠海和广州的发展，最后再见证"粤港澳大湾区"战略的逐渐完成，我一直觉得自己是"中国梦"的一分子。国家的成长直接带动了我的成长，我十分自豪自己的中国人身份，在未来的人生道路中，我将会秉持初心，砥砺前行。

寻梦之路

南京航空航天大学　民航/飞行学院　土木工程　2017级　香港　陈桌正

2012年11月29日，这是习近平总书记第一次提出"中国梦"——实现中华民族伟大复兴，就是中华民族近代以来最伟大梦想。

图1　2012年11月29日，中共中央总书记、中央军委主席习近平和中央政治局常委李克强、张德江、俞正声、刘云山、王岐山、张高丽等来到国家博物馆，参观《复兴之路》展览　新华社记者　兰红光 摄

那年我13岁，走在街上，你总能看到关于"中国梦"的宣传，"'中国梦'是民族的梦，也是每个中国人的梦。实现'中国梦'，任重而道远，需要我们每个人继续付出辛勤劳动和艰辛努力。""中国梦"在那一年给我留下了疑惑，为什么大家会有同一个梦想？我们要怎么做才能实现一个如此远大的梦想？

**图 2　2013 年 3 月 17 日，第十二届全国人民代表大会第一次会议
在北京人民大会堂举行闭幕会　新华社记者　兰红光 摄**

那年我 14 岁，习近平总书记在第十二届全国人大的闭幕会上指出，全面建成小康社会、建成富强民主文明和谐的社会主义现代化国家的奋斗目标，实现中华民族伟大复兴的"中国梦"，就是要实现国家富强、民族振兴、人民幸福，这既体现了今天中国人的理想，也反映了我们先人们不懈奋斗追求进步的光荣传统。14 岁的我总觉得这些都离自己好远，自己不过是沧海一粟，谈"中国梦"对我来说真是一个遥不可及的目标。它不像平时的课程考试，只要认真听课和稍加努力就能取得良好的成绩。"中国梦"，是一个需要几代人共同努力实现的梦想。

历史课上，老师给我们讲到了关于近代史的部分。一场虎门销烟，拉开中国抵抗侵略者的战争帷幕，清政府的腐败无能，一次又一次地签订不平等条约，土地被列强瓜分，昔日的昌盛都随着战火化成了灰烬，中国人在自己的土地上每天过着提心吊胆的生活，就如国歌里的歌词那般，"中华民族到了最危险的时候，每个人被迫着发出最后的吼声。"老师讲到这里时，同学们都变得热血沸腾，仿佛抵抗侵略者的场景就在我们眼前。那一刻"中国梦"三个字突然闪过我的头脑，我怔住了一下，我想"保卫祖国的大好河山，过上安居乐业的生活"或许就是属于那个时代的"中国梦"吧。

图 3

图 4

那年我 16 岁，正享受着国庆节的假期，在最后几天的时间里，1949年以来登陆中国的最强台风——"彩虹"，向着湛江正面袭来。登陆风速达到 16 级，路边的车辆和大树被直接掀起，阳台的玻璃因为两边空气压强差异而被挤压弯曲，随时都有可能破碎，高层住户明显感觉到建筑晃动，许多人都躲进地下室里。"彩虹"一个如此美丽的名字，却给湛江这座城市带来了毁灭性的破坏。而湛江人民在台风过后几天时间里，自主选择优先走上大街清理道路上的枯枝败叶，想办法挪开一条又一条东倒西歪的树干和电线杆，很快道路交通都基本恢复了，学校里老师们也提前回校，搬走倒在操场上的大树，扫除了走廊里的碎玻璃。我想这时候大家的共同梦想就是还原属于我们家园吧。"彩虹"这个词或许不属于台风，而属于湛江人民吧。

那年我17岁，班级里开始竞选入团的候选人，其实很多人都和那时的我一样，不知道加入共青团的意义是什么。"为什么选择加入共青团？你真的做好加入共青团的准备了吗？"夜晚，我躺在床反复询问自己，我决定弄清楚一切之后再给自己一个交代。

我仔细阅读了共青团相关资料，在这个过程中，我发现共青团完整的思维可以说远超那时我的想象。这也成为了我加入共青团的理由，因为超出我想象范围的部分使我认清自身的不足，我没有想到这些点，说明共青团给我带来的光照亮了我四面的墙壁，原来自己一直生活在井底之中。我认真写下自己的入团申请书，希望自己也能成为一分子。

那年我18岁，南京航空航天大学选择了我，前来报到的第一天就和学校的主楼来了一张合影，母亲看着手机里的照片说"4年后，我们就在相同的位置再拍下一张。"大学生活不同于高中，在这里，时间的分配完全由个人掌控，没有人会来时刻提醒你应该去做什么，脚下的路开始需要自己去探索，一开始你总会疑惑和碰壁，但也只是选择自己一个人咬牙撑过去。

面对各种各样的学生组织，我结合了自己的兴趣爱好和信仰，选择了校团委宣传部的影像采编中心。若没有它，我的大学生活可能会简简单单地过去吧，在校团委老师的带领下，我懂了什么叫"不忘初心，牢记使命"。因为部门职能原因，你总能在校园各种活动中找到我的身影。是校团委给了我一个眺望世界的平台，我做到了一直以来我最想做的事，在我眺望的世界里，我会发现比自己优秀的同龄人实在是太多太多，以至于每一刻我都不敢懈怠，我下定决心要向他们看齐，总有一天我也要站在舞台上，用自信满满的语气和大家分享我的故事。为了这个目标，我都会要求

图5　香港维多利亚港　陈桌正 摄

自己做到最佳，从军训优秀个人开始，只要是我决定参加的比赛，都必定会得到相应的肯定。虽然不是每一次我都是最好的那一个，但在赛后我都会写下心得体会，争取在下一个比赛中做得更好。

　　那一年里，我学会了摄影和制作视频；我学会了一些简单的手语动作；我拿到了自己人生中第一份奖学金；我成功留任成为了校团委宣传部影像采编中心的主任；在校园专题栏目"致青春"讲座上，我见到了自己的偶像——故宫"男神"王津；暑假前往祖国的腾格里沙漠开展防风固沙的工作。我想此时此刻的我应该可以回答13岁时给自己提出的那两个问题了，为什么大家会有同一个梦想？我们要怎么做才能实现一个如此远大的梦想？

图6　"绿勤行"社会实践团队前来腾格里沙漠防风固沙　焦重熙 摄

其实同一个梦想就是人民群众自身梦想的根本，没有这个根本，人们其实难以谈及个人目标，而这个根本正是习近平总书记所说的，国家富强、民族振兴、人民幸福。要实现"中国梦"，其实就是坚持自己梦想的根本，不同的年龄面对不同的时代，梦想的内容也会发生改变，但提出目标最基本的前提条件，则需要人民为之付出。

今年我20岁，古代男子，年至二十，便要在宗庙中行加冠的礼数，三次加冠分别让人拥有治人、为国效力、参加祭祀的权力。校团委宣传部部长、社会实践团队"山水之情鹦哥岭"的宣传员、南航暑期"科学营"宣传负责人、班级生活委员，我身上的标签越来越多，我能确切地感受到这份责任的重量，感谢大家对我个人认可的同时，还需警醒自己"不忘初心，牢记使命"。不管走到哪里，这八个字都牢记于心。初心与使命，这两个词总能告诉脚下的路需要怎么走，应该怎么走。十九大会议把习近平新时代中国特色社会主义思想确立为指导思想。这一指导思想的形成，为中国共产党和人民为民族伟大复兴指引了新的方向，又反映了党时刻保持与时俱进的革新智慧和撰写历史的责任感。而我们要做的就是积极主动地响应党的号召，为中华民族的伟大复兴贡献出自己的力量。这就是我的"中国梦"，接过前辈们传递过来的火苗，捧着手里那点星芒，用心去感受它传递过来的温度。我骄傲地告诉自己"'星星之火，可以燎原'里的'火'传到我的手里了。"

图7　2018届南航航空航天大学校团委宣传部大合照

　　如果说奇迹有一种颜色，那它一定是红色，如果说奇迹拥有名字，那它一定叫中国。中国正在以势不可挡的趋势崛起，作为中国人，我有无比荣耀的自豪感。用 7 年的岁月攀登，去体会"中国梦"的含义，这便是我 7 年里最大的成长。寻梦之路，我的青春之路。

展望粤港澳大湾区模式　共筑中国梦

上海大学　文学院　历史系　2016级　香港　郑珍妮

　　春华秋实何寻常，如椽巨笔著华章。2019年正值新中国成立70周年，澳门特别行政区回归祖国20周年和《告台湾同胞书》发表40周年，今年是贯彻党的十九大精神的开局之年，国内外形势变化深刻复杂，各种风险挑战层出不穷。我作为一名生于斯长于斯的华夏儿女，本文着力于将习近平新时代中国特色社会主义思想的强大说服力、价值感召力、情感凝聚力，结合我对香港地区的风土人情与政治面貌的了解，展望香港与内地未来的发展模式，为最终实现中华民族伟大复兴的中国梦添砖加瓦。

香港模式的发展瓶颈

　　许多到香港旅行的游客，或多或少都会去一些网红地拍照打卡，其中最出名的网红拍照地点就是彩虹邨，彩虹邨是香港早期兴建的公共屋邨之一，整体是较有规划的单一屋邨。香港多数公共屋邨都与彩虹邨类似，彩虹邨等一系列公共屋邨是由香港房屋委员会或香港房屋协会兴建的公共房屋，满足申请条件的居民可以向政府申请居住公屋（我们对政府廉租房的称呼，后同）。但现时香港在市区的可建公屋用地几乎已经完全饱和，申请公屋越来越难，人口越来越多，许多香港市民不得不面对现实，向巨额房价妥协，省吃俭用也要供楼。

图1　著名网红打卡点：彩虹邨 图来自百度

　　究竟是什么造成了香港难以破局的房价陷阱？香港平均房价是家庭年收入中位数的12.6倍，居世界首位。截至2011年，47.7%的香港市民因无力购买私人住宅，居住在公屋或居屋（政府限价房）内。而其人均住房面积仅有12.8平方米。在回归前，香港房地产以及关联行业增加值占香港GDP的份额40%以上，整个区域经济活动几乎围绕着房地产而转。房地产投资占固定资产总投资60%以上，同时政府的财政收入也主要依靠土地收入以及其他房地产相关税收。债券市场中房地产和银行业也互相依赖，房地产开发商和居民住宅按揭始终占银行贷款总额的30%以上。

图2　香港密密麻麻的居住区 图来自百度

　　香港在回归后有许多机会摆脱房地产业的诅咒，首任香港特首董建华先生曾经推出了许多政策，其中包括我的父母告诉我的"八万五政策"，即每年增加"八万五千套住房"，争取 10 年内让香港七成人拥有住房，然而最后还是因为本地中产阶级的反对无疾而终。可以说如果这个政策成功推广，香港的经济将会良性发展，减少泡沫，降低年轻人的生活和创业成本。

董建华先生不仅仅提出了市民普惠性的政策，还包括了鼓励科技创新的"数码港"和"矽港"。前者在 1998 年提出，基于香港在软件、硬件、资金的优势，其起点相较于内地是没有可比性的，然而最后数码港还是成为了房地产开发项目；后者源于脱离台积电的张茹京希望在香港建立半导体芯片制造厂，当时的香港政府与张茹京一拍即合，然而遭到民众的示威抵抗，认为其依然是"炒地皮"的项目。

事实上，当下香港的基尼系数较高，且不同于内地的"城乡二元化"，完全城市化的香港却并不如内地朋友们想象的那样光鲜，原因不只是知识垄断和资本垄断。如何破局，是新时代迫切需要解决的大问题。

粤港澳大湾区

2019 年 2 月 18 日，中共中央、国务院印发了《粤港澳大湾区发展规划纲要》，大湾区涉及"两制"地区的协调，难度很大，要考虑各方的意见后才能得以实施。粤港澳大湾区的规划需要从时代背景去解读，中国经济面临从数量型经济到质量型经济的转变，许多专家也对如何跨越"中等收入陷阱"进行各种讨论；重点便是，中国未来该如何走，香港和内地该如何创新。

粤港澳大湾区的建立对于香港来说是一个非常大的机遇，而其意义远不止香港一地，资源整合迫在眉睫。内地要告别以往的粗放发展模式；香港的制造业已经转移到珠三角，只剩下金融服务业，面临发展瓶颈；澳门更是产业单一。三地都面临瓶颈，各自为战去突破，自然有非常大的难度。如何把三地的要素结合起来呢，例如：香港有很多新技术，但缺乏市场；珠三角有庞大的市场，但技术不如香港；港澳地区都有优质的服务业经验，要比广东强很多，但也受限于市场过小。香港有 800 万人口，有 8 所非常好的大学，相较之下，有 2000 万人口的深圳，却没有同等级的大学，甚至整个广东接近 1 亿人也只拥有两所 985 高校。如果港珠澳大桥建成，这些人员、技术资源都能够整合起来。

从数据上看，粤港澳大湾区已经是世界最发达的经济区域之一。这个地区的 GDP 已经接近 10 万亿人民币，接近纽约湾区水平，是旧金山湾区的两倍，然而大湾区不只是个经济项目，大湾区应该成为中国现代化的下一个模板。未来世界竞争就是对优质资本的竞争，而大湾区这样大的平台会吸引来巨量的优质资本，所谓优质资本不光是资金，还要有高技术含量。习近平总书记指出，中国需要深化改革，更加开放，才能克服贸易保护主义、经济民族主义，大湾区就是这样的谋划。如果大湾区的制度衔接到位、全要素自由流动，对于未来的香港经济良性循环的意义不言而喻。

新时代新香港展望共筑中国梦

内地和香港在互相适应着对方，也都在各自产生着变化，大家可以通过经济、社会上的互动，朝着更好的方向去发展。随着港铁与内地高铁的互联互通，经济和文化上的交流愈发深入是大势，上班族们在香港工作回深圳生活越来越方便，香港的学生进入内地交流、学习和创业的机会将进一步增加。英国的殖民统治导致香港与内地在经济发展、政治制度、文化形态与价值取向等方面的差异，但香港与内地自古至今具有共同的中国属性，共享同一套文化符号、风俗习惯与宗教礼仪，并没有因为英国殖民者的介入而发生根本性中断。尽管香港同胞面临殖民文化、西方现代文化、商业文化的冲击，但是，无论在历史上还是现实中，两地共同的历史渊源、民族血脉、传统价值与宗教信仰注定了香港和内地是不可分离的"命运共同体"。

2014 年，中央政府在《"一国两制"在香港特别行政区的实践》白皮书中明确指出，不断丰富和发展"一国两制"在香港特别行政区的实践，保持香港长期繁荣稳定，是中国梦的重要组成部分。当前世界面临百年未有之大变局，香港不能故步自封，应当深刻洞悉这一大变局的走势。"昨夜斗回北，今朝岁起东。"回首过去，我们秉承初心、砥砺奋进；展望未来，我们勇毅自信、创新前行。坚定"四个自信"，坚决拥护"一国两制"的总体方针，将香港自身的优势发挥到最大，才是新香港稳步前行向新未来的坚实基础。

不移初心，永葆梦想

四川大学　华西口腔医学院　口腔医学　2016 级　香港　毛奇蓉

2019 年，注定是不平凡的一年，我想起了元旦跨年时维多利亚港的烟花，在绚烂的光芒中，我迎接了崭新的 2019 年的第一天，这是平凡一天的开始，这是不平凡时代的继续。

我，一个当代大学生，身在香港，根系同胞，同样作为改革开放的见证者、受益者、参与者与贡献者，想以我的视角，用点滴文字记录下面对新时代、新使命、新征程的所见、所闻和所想，赤子之心，当所明鉴。

就在 2018 年 10 月 23 日，在中国南海的北部海面上锣鼓喧天，被西方媒体誉为"新世界七大奇迹之一"的中国港珠澳跨海大桥正式贯通，这也意味着，全球桥梁界的珠穆朗玛峰正式落成，同一时刻，全球沸腾。听到这个消息，我的内心也十分欢欣鼓舞。回想起在 2009 年 12 月 15 日，港珠澳大桥主体建造工程才刚刚开工建设。2017 年 7 月 7 日，港珠澳大桥就实现了主体工程全线贯通。而 2018 年 5 月 13 日则开通了港珠澳大桥海上游。这一桩桩一件件的喜讯，不仅给我们香港同胞往来内地带来极大便利，更是会增添越来越多的沟通和交流的机会。比如对香港来说，首先可以巩固强化香港国际航运、航空中心地位，同时弥补香港与珠江西岸的交通缺口，实现无缝对接，拓展香港的经济腹地。而香港接线发展大屿山东部，打造香港继中环、西九龙（广深港高铁香港站）之后的第三个 CBD，香港段工程的屯门－赤腊角连接路和屯门西绕道，以及深圳湾大桥一同实现了香港机场－深圳机场，香港－前海自贸区的互联，最终在广东省三大自贸区与香港之间形成完整的环线链接，实现 1＋1＋1＞3 的协同效益。珠江西岸生活成本较东岸低，环境宜居，适合居住和养老，可以缓解香港地少人多的压力，而香港亦可输出养老、医疗等高端服务，作为一名未来的医者，我感到十分欣慰。总之，港珠澳大桥的全线正式贯通，将实现资金、人才、信息等多要素的无障碍沟通。

图1

我还了解到，港珠澳跨海大桥不仅是全球最长的跨海大桥，它还有着目前全球最长、最深、综合技术难度最大的沉管隧道，被西方媒体誉为"新世界七大奇迹之一"。然而回首这一路走来的风雨故事，可以说，我们的工程师是经历了"看人脸色"的尴尬，"从零开始"的艰辛，"冷嘲热讽"的轻视，以及"埋头苦干"的煎熬，才最终得到"技术突破"的喜悦，以及最终"扬眉吐气"的成功。而更令人感到欣慰的是，也正是在港珠澳大桥从无到有的这些年，中国这个曾经被西方人耻笑为"毫无技术"的国家，凭借着自己的努力，成长为了全球公认的"基建狂魔"，从求着别人帮忙建，到被别人求着帮忙建，这里面的辛酸与喜悦，只有中国人自己懂。这不正是我们的民族精神的绝佳体现和对中国梦的复兴之路的无限向往吗？

而另一件事情则是在2016年10月份香港大学的一次讲座，让我对民族情和复兴路的概念更加印象深刻。那场讲座的主题是"大学问：一首歌，一个时代"。

演讲的老师满怀深情地说："一首歌能够经历数十年依然不被忘记，是因为它是时代、是历史，更是每一个人的回忆与安慰。"然后再深情地打比喻："歌有自己的脚然后它走自己独立的路。"

接着，她问："你们的启蒙歌是哪一首呢？"

一位中年男士拿到话筒说："我想起进大学的时候许多师兄带我们唱《我的祖国》。"演讲老师不敢相信地反问了一句"真的？"，"《我的祖国》怎么唱？"，于是……听众席上突然有人开了个头："一条大河波浪宽""风吹稻花香两岸"……第一句唱起的时候歌声还很单薄有点怯生生地，但越往后唱，现场加入的人也越多，歌声也越洪亮！我也被现场的气氛所感染，跟着轻轻附唱起来。

这不禁使我联想到，我们不能忘记自己的初心，自己的根和血脉，更不能忘记我们共同的中国梦。这恰恰也是十九大的主题：不忘初心，牢记使命，高举中国特色社会主义伟大旗帜，决胜全面建成小康社会，夺取新时代中国特色社会主义伟大胜利，为实现中华民族伟大复兴的中国梦不懈奋斗。

图2

在这人生中的二十年里，我见证了祖国一个又一个崭新的变革。我所拥有的真挚热忱，是对祖国，是对这一方热土。希望我们当代青年不失对生活的热爱，不弃对未知的向往。知之真切笃实处即是行，行之明觉精察处即是知，以义正我，积微成著，青年奔于路上。以心自清，行不苟合，青年律于修行。时代赋予我们为民族情增光添彩和实现复兴路的重任，时代的责任赋予青年，而时代的光荣同样也属于青年。孜孜不懈，寻梦不止肩负使命与重任，不止步当下荣光，去驰骋梦中疆场。愿以微弱星光予你前行的勇气，我们一起加油！正如《人民日报》官方微博近期发起的活动：我有中国，中国有我！我们每一个人都应当参与进来，扬时代前行帆，唱凤引九雏歌。凝青春之力，展青年正气。为祖国祝福，为中国努力！

图3　天安门华表

作为青年一代，我认为，我们应当做到惟志惟勤，笃信笃行。青春之我，紧随时代砥砺格局；奋斗之我，勇于担当善于作为。我们当代青年应当有所作为，一起凝聚青春力量，践行社会责任，绽放青年新风采。心有光芒，必定远方，初心依然，走向耀眼夺目的未来。一起为同一个中国梦而不懈奋斗。

不忘初心

——同心共筑中国梦

西南财经大学　通识教育学院　国际经济与贸易　2018级　香港　喻欣璇

小时候跟着爷爷奶奶长大，在我印象中，老一辈茶饭后的时光伴随着的总是新闻联播主持人字正腔圆的声音。那时候的夏天，爷爷总喜欢穿着白色有些发黄的背心，手持把扇子晃一晃，戴着老花眼镜坐在老式电视机前，仔细盯着听着新闻播报，感叹新中国的时态和变化。多年后的我，即使身在远方，回顾当初，更是能感受到祖国在这十几年间巨大的变化——国家越富强，民族越振兴，人民越幸福，这样的幸福生活可以说不仅是中国的梦想更是人民的梦想。想要实现中国梦就得凝聚中国力量，凝聚中国各族人民大团结的力量。也只有不忘初心，在艰苦困难中，万众一心，才能使国家实现伟大复兴，走得更远！

一、不忘初心，教育为本富强心

修身齐家治国平天下，教育在"修身"中起到至关重要的作用。在大学期间，教育使我们学习专业知识，参与体验不同讲座与活动，让眼界开阔的同时，让思想进行深层探索。我们才能发掘真实的自己，树立正确的世界观、人生观、价值观，拥有人生目标和理想。

近年来，越来越多的香港同胞来到成都安居乐业，其中有不少香港青年，在大学期间曾尝试创业，之后又成立川港青年创新创业社区，为香港青年在蓉城创新创业搭建孵化基地。他们抓住机遇，充分发挥聪明才智和教育知识，积极投身创新创业浪潮中，与内地青年合作共赢，在教育、广

图1

告、科技等领域开拓市场，将自身能力转化成社会价值。

"青年兴则国家兴，青年强则国家强。"只有在教育中不断学习和探索，不忘初心，去发挥创造精神，去勇于开拓实践，去创造生机活力，国家才会人才辈出、国富民强。

二、不忘初心，基建科技有创新

香港与祖国内地的命运始终紧密相连，实现中华民族伟大的复兴梦，需要两地的共同发展。这几年来香港西九龙高铁站、珠港澳大桥、粤港澳大湾区的基建建设发展，都是两地共同的创新，不仅便利两地人民，也促进双方经济的发展。

图2

　　我的母亲对于西九龙高铁站带来的便利深有体会。以前从香港回长沙，需要从家搭乘地铁先去罗湖或者落马洲通关，这得需要差不多一个半小时，然后再从香港排队出境到深圳（如果人少需要五至十分钟，如果人多得花费至少半小时），然后再从深圳出境地铁站乘坐最少三十分钟的地铁达到深圳高铁站，再进去取票等，全程大约花费三小时；而去香港西九龙高铁站总路程最多一小时。带着妹妹回家的妈妈每次都是一个大行李加一大袋的包，这么长的回家路程实在是不便。可以说是在广深港西九龙高铁站实行"一地两检"之后，西九龙站从香港就可以无缝接入到中国内地庞大的高速铁路网之中，不仅可以使回内地时间缩短、激活整个高铁网络，更是增强内地与香港间的经济协作和人员互动。

　　香港特区行政长官林郑月娥曾说过"香港背靠强大的祖国，有着无限的发展机遇，这是香港未来发展首要的信心来源。"我始终相信只要香港，澳门、台湾与祖国内地（大陆）守望相助、携手共进，实现中国梦的路程将不会太远。

三、不忘初心，社会繁荣昌盛欣

　　"一方有难、八方支援"这是中国人民团结的力量、集体的力量、和谐的力量。为什么会突然想到这句话呢？因为今年五一在去往四川色达旅行的路途中，在汽车上的我透过车窗看到了一个崭新的汶川。我惊讶于在汶川大地震后，曾经满目疮痍，断壁残垣的汶川，如今如此欣欣向荣，这便是中国力量的所在。

图3

图4

十二个多小时一路颠簸的车程后，下车还是深深感受到色达高原反应对我的恶意。脑海中西部落后地区的样子却和现实看到的不吻合，解放军在金马广场保卫驻守，色达县城也开始出现大规模的房屋重建，就连五明佛学院里面的僧人住所都有部分翻新成红色的大房子。远处的山总能看到用藏文或是中文写的"同心共筑中国梦"七个大字，有人告诉我，这是当地老百姓自发写的，他们欢迎也需要这样的中国社会，带领他们慢慢脱离贫富走向富裕，创造更好的生活条件。

从古至今，从理论到实践，都告诉我们每一个人的力量是有限的，但只要我们始终保持自己的初心，万众一心，让个人的梦想为中国梦服务，发扬奉献精神，就没有克服不了的困难，人民的生活才会越来越美好。

"中华民族一家亲，同心共筑中国梦，天南海北心相映。"我相信平凡的我们照样可以不平凡，同心实现自我的价值，也能共创你我他的中国梦。

团结至上

中国政法大学　民商经济法学院　法学　2016级　台湾　张颢馨

我们因什么而强大，不过是求同存异，团结至上。

——题记

当我还是一个小孩子的时候，篮球就已经进入了我的生活。篮球交替在我的双手之间，汗水从我的额头滴落，在那个无忧无虑的年纪，篮球是我最重要的伙伴。我是一个爱睡懒觉的孩子，但是在每一个训练日的早上我总是家里面起得最早的那个人。篮球是一种语言，它帮助我结识更多志同道合的小伙伴；篮球是一位导师，它磨炼我的意志，淬炼我的品质；篮球更是我的信仰，在我后来前往海峡那一边的时候，是信仰拯救我走出孤独，看到了更为广阔的世界。

时常听起父母回忆他们过往的事情，他们跨越海峡的爱情在那个年代无疑是一件非常勇敢的事情。父亲是一个地地道道的北京人，母亲也会给我念余光中的《乡愁》，但即便父母一直引导着我学会用更长远的目光来看待自己的祖国，可说实话那时候的我既无法理解"海峡两岸"这个词的分量，也不曾想过海峡那一边的世界有什么不一样。在那个年纪，我不懂政治，只知道在大陆有一个叫姚明的人，他打篮球很厉害。这就是我小时候对海峡对岸最深刻的印象了。

在我六岁那年，父母再次做出了一个勇敢的决定。那是在冬天，台湾的冬天气候湿冷，在那时的我看来冬天10度左右的气温就已经十分的寒冷了，却不曾想到在海峡对岸的首都，冬天的气温可是以零下来计算的。从台北出发前往香港转机，兜兜转转在天上飞了将近四个小时，我终于来到了父亲以前常对我说的那个首都，她叫北京。初到北京被冻到不能自已的我根本来不及去想象，在这样一座有着厚重历史的古都，我将开启怎样一段不同寻常的旅程，而在这里经历的一切，都将永远烙印在我的身上，无论将来走到哪里，心也永远不会离开。

搬到北京后第二年的春天，我就在父母的安排下进入了海淀区的一所国际学校。陌生的环境，陌生的同学，这里的一切仿佛都跟我没有任何关系，而我的身份似乎又引起了许多同学的好奇，从小就不是自来熟的我不敢向老师同学们敞开心扉。由于父母的忙碌，我也不能像从前那样参加篮球的训练了，我仿佛一下子失去了自己。在很长一段时间里，未来遥远而没有形状，梦想还不知道叫什么名字，我常常一个人走很长的路，在起风的时候觉得自己像一片落叶。仰望星空，我想知道，有人从世界的某一个地方向我走来吗，像光那样，从一颗星到达另外一颗星。后来，我的同学和老师们向我走了过来，而帮助我迈开这一步的，正是我热爱的篮球。

在一节体育课上，我终于久违的打上了篮球，从小练习所展示出的篮球基本功让老师和同学们都十分惊讶，在他们的观念里，我这种小个子的身材不应该在篮球这项运动里出类拔萃。感谢我当时的班主任在知道这件事情后推荐我加入了学校的篮球队，篮球再次回到了我的生活。而和以往所不一样的是，这次篮球帮助我来到了更为广阔的世界，在那之后的篮球生活中，我见到了更多比我有天赋，比我更努力的人，篮球对他们来说有着同样的分量。训练中的队友，赛场上的对手，场边观战的选手，我认识的人越来越多，因为相同的爱好，我们走到了一起，从场上走到场下，从场内走到场外。渐渐地，我开始了解北京城的文化，开始理解父亲以前挂在嘴边的"胡同串子"，越了解这座城市，你越能发现它的神奇。这是一所日新月异的城市，每天都有新的高楼大厦拔地而起；这又是一座有着深厚底蕴的城市，城墙上的每一块砖瓦都在诉说着过往的辉煌。

在北京打了不少大大小小的比赛，我发现了这里的篮球跟我小时候所接触的篮球有很大的不同。首先是这里的篮球似乎更多的是一项高个子的运动，球场上的我永远都是最矮小的那个；其次是这里的篮球更强调身体的对抗而不是团队篮球的战术理念。球场之外，我走过崇文门的大街小巷，那里是父亲从小长大的地方，我领略了故宫的威严气派，惊叹于颐和园的富丽堂皇，解锁了"不到长城非好汉"的成就，也在太阳初升的时候被天安门国旗护卫队深深地震撼到。我似乎做完了每一件游客来到北京会做的事情，我早就已经深深地爱上了这座城市。我慢慢地开始尝试即便是父亲也没有了解的北京城，我在东单篮球场见证过中国街头篮球的崛起，在五棵松体育馆为北京首钢四年三冠而流下热泪，朝圣过晚上七点半北京最大的四合院——工人体育场，和它的主人，北京国安。

不知从什么时候开始，我能够说着一口流利的北京话同小区里的大爷大妈说着家长里短，我见证了北京在最好的时代发展成了世界上最发达的城市之一，北京城也在岁岁年年里见证着我从一个腼腆羞涩的台湾小男生蜕变成了古灵精怪的北京男孩儿。在我高中的时候我意识到，北京带给我的已经足够多了，是时候让我也带给北京一些东西。

每逢寒暑假就会回到台湾的我经常给台湾的小伙伴们讲述我在北京经历的一切，他们时而会笑我的口音已经让他们听不懂，时而又会对北京的发展变化而好奇。仅仅从篮球看来，两岸的观念有着不尽相同的地方，但同是中华儿女，我们有着相同的血脉，如果能够求同存异，各自扬长避短那么将会得到"一加一大于二"的效果。

我开始把我台湾小伙伴的篮球视频发给我的教练看，教练从前对所谓"宝岛篮球"没有什么概念，通过我的讲述和资料，教练开始在训练中为我们灌输团结至上和团队篮球的理念。一方面我们保持了以前的高强度身体对抗，另一方面我们又能通过团队篮球做到我为人人，人人为我。事实证明在后来参加的海淀区联赛中，我们通过这种"别样"的战术打法击败了许多我们从前可望而不可及的对手。

通过这些我也发现，浅浅的一湾海峡切断了我们交流的渠道，真实情况是这边总是看向那边，那边也总是看向这边，但却甚少行动。中华民族的强大就在于各个民族各个地域之间各有长处，只要能做到求同存异，保持团结，我相信没有什么事情是做不到的。我所能做的事情十分有限，不过是在我热爱的篮球领域里面将我所接受到的两岸不同的文化观念分享给我身边的人，仅仅是这样就能收到巨大的效果。

每次比赛前教练都会把大家聚集在一起喊一句口号，从前我们喊的是"拼搏"，后来我们喊的是"Team（团队）"，我们是两岸文化求同存异的受益者，现在也衷心地希望两岸能够在更多领域进行交流。我们面前或许有着一湾浅浅的海峡和数年隔绝联络的过往，但同为中华儿女，我们有着同样的血脉，同样是这片华夏土地的一分子。小时候学过周恩来总理的"为中华之崛起而读书"，我认为，中国何以崛起，唯有求同存异，团结至上。

图1

图2

魂牵梦萦

北京中医药大学　台港澳中医学部　中医学　2015级　香港　李诺然

> 我与祖父的距离，看似通途，实为天堑。
>
> ——题记

敬爱的爷爷：

　　见字如晤。倏忽间，从呱呱坠地，在您关怀备至的护荫下，由步履蹒跚的稚孙，养育成步伐矫健的翩翩少年——您最疼爱的孙儿"诺然"。

　　当您查阅这封信函时，或许会感到惊讶万分吧？没错，夙昔同一屋檐下的我，已经如牛负重般背井离乡求学。遥记得在万物茂盛华秀的2015年初夏，正值弱冠之年，少年得意之时，我踌躇满志，毅然步入翘盼已久的祖国医学殿堂——北京中医药大学，踏上人生重要的里程碑。

　　懵懂无知的我曾经问过您"何谓'福'？"，当时您如闷葫芦般一语不发，然而一双黝黑的眼眸却凝视着家门春联上字体苍劲峻逸的"福"字。久梦乍回，我终于醍醐灌顶，原来牵萦于您心的"福"，莫过于"五福临门"——"寿、富、康宁、攸好德、考终命"。"寿"，即生命寿命；"富"，即丰衣足食、儿孙满堂；"康宁"，即健康安宁；"攸好德"，即崇高品德修养；"考终命"，即期颐善终。"五福"之道，个中真义，无一不与"生命"有关。无论何时何处，长幼妍蚩，贵贱贫富，追求健康是人们毕生的宏愿，亦承载着我们中华民族对美好生活的向往。

　　作为一名医学生，守护人民健康是未来的职责所在。我在中医药首善之校学习祖国传统医学，是一生之幸，相信您亦对我的前途寄予厚望，"誓愿普救含灵之苦"。如今孙儿我替您一步一步达成这个心愿，今天梦圆北中医，假以时日，必定以仁心爱病患，以仁术济天下！

爷爷，繁华喧嚣的首都，络绎不绝的人群，川流不息的车辆，人杰地灵的北三环东路上，屹立一所名闻遐迩、年逾花甲的北京中医药大学，是我博学笃志，发掘医道真理的"摇篮"。一幢幢教学楼，楼身镶嵌着枣红色的砖墙，楼顶又有葱白色瓦片的点缀，建筑群掩映在葱郁的茂林锦簇之中，总流露着纯朴古典的风韵。课堂上海人不倦的老师们引经据典，我们一双双眼睛在探索贤哲的圣训，一对对耳朵在谛听医法的精髓，誓愿对祖国医学的专注与沉淀，学像中医先贤对医理"以指譬教，以月譬法"，宛如徜徉于菁菁的杏林而寻觅着怡然的乐土。

今天晨光熹微，挺立在绿意盎然丛林中的"医圣"张仲景先师雕像披着旭日的金光，一脸浩然正气，鞭策着身下朗朗上口、诵读中医经典的芸芸学子。那掷地有声、字字铿锵的朗诵声萦在耳蜗，与飘逸四周、教病人忘却痛苦的药香相互交织，我驻足片刻，参古人之灵气，不禁露出如沐春风的微笑。就在这样沁人心脾的氛围下度过青葱岁月，我们方今"博极医源，精勤不倦"，他日用药了如指掌，运针运筹帷幄，为苍生解病痛，为万世开太平，为迈向"民族复兴的中国梦"走近一大步！

图1

您或许会忧心殷殷，我只顾着躲在"象牙塔"里单纯地学习，但又怕我面对纷繁浮躁的社会，只会随波逐流，人云亦云；面对利欲熏心的诱惑，只会急功近利，投机取巧；面对挫败与挑战，只会顿失滔滔，暮气沉沉。您更担忧未来的我，对待病患只会舍本逐末，摆出"蒙愚以惑"的"粗工"作风，这绝非您所乐见的孙儿，因为您饱满沧桑的眼角上憧憬着一个紧抱着对中医药事业的热诚、一个怀揣着普济众苍生的心志、一个信守着筑起中国梦的"诺言"——我！

爷爷，您耗尽大半生的岁月，兢兢业业，奔波劳碌，背负起担水掏炭的繁重劳动，养儿育女，换来晚年享受膝下孙儿围绕之"福"。曩昔您我家中温馨细诉点滴，言谈间您从未一丝抱怨命运的坎坷，而是笑看风云，笑看人生，从未被苦难压垮，而是陶造出您高尚的人生哲理，我对您的敬佩与热爱油然而生。

曾几何时，祖国被帝国主义列强入侵，华夏民族陷于水深火热的绝处，中医药既得逢时，在挽救民族存亡的斗争中发挥着"妙手回春"的作用。所以说，中医药能够抵御"船坚炮利"的冲击而立于不败之地，全因为其优秀的临床疗效。一个植根于中国神州大地五千年的"文化瑰宝"，一个浇灌着历代华夏民族汗水的"杏林硕果"，这就是中医药博大精深、生机勃勃的关键所在。"中医药学是中华民族的文明瑰宝和优秀传统文化结晶"，贵为三大国粹之一，振兴其发展必然是"中国梦"的重要组成部分。一代又一代的中国人，参与描绘"中国梦"的宏伟蓝图，见证每一个历史性进程，周而复始。现在，爷爷您与我不仅是见证者、受益者，亦是参与者、创造者，愿能共同铸造"中国梦"的辉煌成就。

如果，爷爷您是一盏明亮的油灯，指引我步向光明；先师是我愈疾的圭臬，济世而惠泽利民。那么，祖国必定是觉痛的巨龙！近年，中医药在祖国出台的"一带一路"战略构想担负起文化传播、学术交流、文化旅游的重要任务。所以说，具有深邃底蕴的中医药既是一门医疗科学，又是优秀传统文化的佼佼者，更是与世界交流的重要窗口——"一根银针沟通全世界"。作为中医药未来的栋梁，勇攀医学的崇山峻岭，默默发掘中医药宝库的精华，让中医造福人类，在实现"中国梦"的漫漫征途上谱新的篇章！

物转星移，生于斯、长于斯的我们打破"东亚病夫"的枷锁，赢得在国际舞台上举足轻重的地位。然而，中医药发展如日方中，迎来天时、地利、人和的大好时机。作为中华儿女，充分发挥中医药的独特优势，推动中医药走向世界是理所当然、责无旁贷，任重而道远。孙儿我会努力学像起號神速、毫厘窥腑的名医扁鹊，悬壶济世、德艺双馨的药王孙思邈，以一生诠释精妙的中医理论，一世践行高尚的医德典范，并致力推动其健康的发展。

求学京华，虽有客居他乡的陌生感，然处处却翻跃着无穷无尽的新鲜感，此情此景，总能排解内心深处的一缕愁思。或许您对我漂泊在外抱有顾虑，"但有远志，亦念当归"，您是始终我疲倦后停靠的港湾。如今的我已经褪去一身稚气而渐趋成熟，不再藏身于您九皋羽翼下避风躲雨，而犹如雏鹰展翅般遨游医学知识的海洋，誓要传扬岐黄的薪火！但愿有一天，我能紧握您布满老茧的手，一同游历神州中国，我洗耳恭听，引颈以待您娓娓道来属于我们的"中国梦"呢！

端肃

敬请　金安

孙儿

诺然　谨禀

二零一九年四月五日

后记

心头萦绕的永远牵挂，无语凝噎，惟亲手执笔一封无法抵达的家书。

图2

从同心合作到欣欣向荣的距离

北京大学　软件与微电子学院　集成电路工程　2018 级　台湾　黄悦轩

40 年恍若一刻须臾，但大门开启的刹那，也意味着齐心与富强的进程到来，让我看到了中国人再次伟大的契机……

图 1　参加中国改革开放 40 周年

图 2　感受中国 40 年间的大改变

小时候印象里，大陆改革开放后没多久，台湾地区也跟着宣布解严，就此两岸开始构筑自己经济的蓝图，大陆以深圳等地为试点作为自由贸易区的核心，而台湾地区也大力对外招商，借由低关税、高补助的方式吸引人才、技术并积极征招世界各地学有所成的台籍精英，让台湾地区在二十世纪六十年代成为仅次于日本，与韩国、新加坡、中国香港齐名，获得了"亚洲四小龙"的殊荣，凭着这样的实力底蕴，我们挺过了一场场经济危机的考验，如：亚洲的金融风暴、日本的经济泡沫化等，我们没有就此灰心丧志，反而变得更强，凭着一股中国人奋斗的热血与干劲，开始十大重点建设：铺建铁路网让地区性交通更便捷、增盖机场让台湾与世界接轨、扩建大型港口让商船贸易更流畅、修建造船、炼油与炼钢等重工业工厂，为台湾的重工业奠定基础、打造第一个核能发电厂让电力供给更加充裕，因为这些政策，让台湾在金融危机的时刻反而迎来自己的"黄金十年"，台湾当局提供工作机会减少社会压力，以工（工作）养工（工业）的方式，缓解了当下的经济危机……

图3　东亚大陆上两颗交相辉映的珍珠——台北＆上海

开放后，大陆迅速成为一个巨大的新兴市场，丰富的人力与资源，让许多商人纷至沓来抢先投资，台湾地区也成这波浪潮下重要的贡献者、参与者与受惠者，江苏省、浙江省、福建省、广东省等地的台湾企业如雨后春笋般的拓张，台湾居民把大量技术复制到大陆，不论是机械工程、工业制造、环境工程还是电子工艺等，就此大陆更是赢得了"世界工厂"的美名，而大陆也让台湾居民在非常好的优惠政策下赚进大量白花花的银两，凡有机会赶上这波改革开放金潮的台湾商人们，都不得不说：没有来大陆，就不能真正体会开放体制下带给企业多大的"加乘效应"。

最近趁着赴陆求学期间，享受大陆开放台湾学生的各种优惠，参加许多大大小小的论坛与活动，诸如：庆祝中国改革开放40周年的国博馆展览与中国北京世界园艺博览会等，看到中国伟大的进步与发展，迈着踏实的步伐一步一脚印，不疾不徐地向前走，如今成了世界强国，在各领域上都有所突破与成就，不论是医学、工程、金融还是科技等，更成为世界第二大经济体，不禁泛起激昂的情绪与澎湃的回响，台湾与大陆这一路走来实属不容易，彼此开放后的我们，有了学术、社会、经济、文化、体育等方面的民间交流，从福建沿海与金门、马祖三地直接往来到点对点直航，不得不感谢政府与民间机构付出的努力，其中最让我感动的，那莫过于是开放后，一项令我难以忘怀的美好经历了。

　　高中的某个暑假，我一如往常在读完书后来到外公外婆经营的小吃店帮忙生意，几个来台旅游的观光团团员们，用熟悉却听不懂的大陆南方方言讲了几句话互相闲聊，外公和舅舅也用了类似的语言与他们攀谈起来，据外公所说，原来他们都是来自同一个老乡——浙江温州瑞安一带，虽然如此，但是外公也早记不得他爷爷以上的祖先了，当时跟着爸爸来台时也不过五岁有余，对于爷爷的记忆还是从爸爸的口中才能依稀记住他的名字，凑巧的是，刚好这个团里面有文史工作者和记者，他们就说请外公用纸写下他的名字和其他一些他依稀的记忆，愿意帮忙打听这断了根的关系，于是一张纸一行人漂洋过海又是好阵子的光阴了……

　　时间递嬗，我们回到各自的生活岗位，外公继续卖着小吃，而我也开学上课了，时光匆匆、岁月如梭，我已是大二学生，忽然一通电话像是时光机般，把我们拉回当初和记者一行人对话的记忆，我们以为不可能找到的关系、以为各自又回去自己生活的日常就因为这通电话重新连上线，电话那头竟然是之前的那位文史工作者，他经过好一番努力，竟然还真把我家的家谱给找到了，比对外公留下的爷爷的名字，竟然真有此人，外公的爸爸也在谱上，但因爷爷年幼而舅舅也尚未出生，所以谱系也只记载到我曾外祖父就停了，电话一头传来的是我们一辈子也不会想到的亲人，从断掉的根到再次接上，不知经历多少的故事，但有时候就是这么巧，由不得你不信，对方稍稍阐述了一下自己和我们的关系，也是我第一次听到的名字，两岸的家人彼此根本没有交往过，现在却搭上了线，那是怎样的感动呀！而大陆的亲戚也特地来台找我们游玩，也诚挚地邀请我们回去寻亲认亲，看一看海峡两岸与港澳的物换星移，最后因大陆亲戚再三盛情的邀约与外公想去探访的心情下，我们第一次踏上了大陆，也真把我们的名字给重新填进了家谱里，据外公所说，大陆的发展确实可观，拿起一张张泛黄的旧照片比对，那真的是见证大陆风一般的变换呀！虽然回到台湾，但也时常微信寒暄、嘘寒问暖与视频一番，尤其现在身在大陆读书的我，时常收到大陆亲人的关心和问候，内心更显得感动和温柔，感谢这段美好的经历，也让我的手机微信里多了一个大陆亲人的社群，不会感到孤单和寂寞，之后和大陆亲人的交流也是后话了。

图4　参访北京世园会时拍下的台湾园装置艺术

图5　北京大学运动会担任迎宾员的发文

现在的我们在许多地方有所交流，台湾的农工产品销售到大陆，卖到很好的价钱，台湾制造在大陆成为一个质量的标准与保证，手摇饮料与餐饮服务店，如："贡茶""50 岚""coco""王品""西堤"与"继光香香鸡"在大陆一家家拓店，合伙与共同持股的公司也不在少数，可预知的未来里，将会有更多的台湾企业鱼贯赴陆，而大陆也会有更多的观光团、交流团和交流生等来台一同感受台湾的美与文化。

在中国发展的轨迹上，大陆和台湾地区都扮演着不可抹灭、举足轻重的角色，大陆的技术不断发展，交了一张很不错的成绩单，而台湾地区一路走来也扮演着大陆部分技术的供给者、输出者和辅助者，不断供应大陆新技术的资源，尤其是台积电、台联电、联发科和台湾在集成电路芯片上一流人才的付出与贡献，芯片可谓是一切科技的基石，举凡信息、交通、能源、航天等各类工程都不能没有他，故"2025 中国智造"这条富强道路上，势必要全力扶持芯片产业，让中国芯成为"一带一路"与中国发展的动力源，而台湾正巧也在其中发挥着关键的作用，借由大陆提供给台湾的市场，让我们有更多的金钱去研发更高的技术，共享资源，让大家过上更好的生活，彼此扮演着不可取代的角色，我们就是个生命共同体，唇亡则齿寒，两脚唯有彼此连动才能走得更远，人之相交，贵在知心，唯有用双赢取代零和、用对话代替对抗，一起共谋和平、共护和平、共享和平，才能让我们的交流与合作不停、不断、不少，唯有契合的心灵才能让同是中国青年的我们一起追梦、逐梦、圆梦，也唯有如此，才能让我们伟大的中国"2025 智造计划"从"同芯合作"到"芯芯向荣"。

筑梦人·逐梦人

华东理工大学　材料科学与工程学院　高分子材料　2017级　台湾　黄立纲

我们以先人的碑为地基筑梦，我们在先人留下的血泪流成的路上逐梦。

第一部　大上海

1. 何日君再来

我的父亲，黄成源，是在1998年春天离开台湾来到上海的，大概就在《泰坦尼克号》获得11项奥斯卡金像奖后。

那时从台湾到上海尚需从香港转机，从台北到上海虹桥需要7小时。上海虹桥机场还是上海唯一的机场。延安高架尚未完工，去往酒店的路上一路尘土飞扬。从出租车里往外看去，整个上海30层以上的高楼没有几座。

走在上海的街头，会发现外国口味的餐厅很少，咖啡店也只有在五星级酒店才有。而唯一比较有名的西餐厅是红房子，价格也不便宜。

成源当时去了和平饭店，听了几个老人弹奏爵士乐，都是一些民国时期的流行音乐，令他特别新奇。几位近60岁的老人，拿着小号、萨克斯等乐器，缓缓走到乐谱前，女歌手昂首走向麦克风前，全团起立鞠躬后，响起了周璇的《何日君再来》……

2. 窗边的位置

几个月后，也是在和平饭店，海峡两岸关系协会会长汪道涵和台湾海峡交流基金会董事长辜振甫在和平厅举行"汪辜会谈"。

　　成源随即决定在上海创业。时间飞逝，转眼间离他初次来到上海已经20年了，公司也随着上海的发展突飞猛进。他回忆道：

　　"回想这20年的变化真的很多……刚到上海创业时，上海市政府不允许台湾人在上海成立贸易公司。直到2007年开放，并且鼓励投资……记得那时候取名字就头大，因为每个月约有5000家新公司注册，名字重复的机会太大了，取了六十几个名字才能注册一家新公司。可见当时投资的风潮。"

　　而在这期间，上海外、中环依次竣工通车；地铁从原本的一条，扩张成了现今近20条；上海虹桥高铁站建成投入使用……经济方面更是不用说，2018年的GDP，相较于2000年整整翻了6倍。

　　如果你有幸乘坐夜晚的飞机来上海，记得一定要选窗边的位置。飞机要开始下降时，从窗外望出去，你会看到夜晚的上海，是怎样的繁华。路灯照亮了一条条路，延绵曲折通向远方，继而在眼前掠过；道路上一个个白点红点画出一道道白色、红色的线，那是一辆辆汽车；横竖交织的路中，那七彩的颜色是各家百货公司；而那隐约可见高高的黑影，是一栋栋高楼无声地矗立在那。上海是如此之大，如此富丽，以至于飞机继续往前飞时，你会觉得这和一分钟前的光景几乎无异。

图1

第二部　旧梦

3. 一桶豆腐浆的故事

飞机杂志上有一篇很有趣的文章，叫作"一桶豆腐浆的故事"，讲的是 70 年前上海解放时的故事。

"豆腐浆"妹妹的爷爷当年在上海开了一家点心店，解放当晚，翻来覆去睡不着。解放后第二天一早准备开门做生意。开门一看门口上街沿睡着的都是解放军，这时一个解放军战士醒了，"豆腐浆"爷爷就请他进去休息。一个战士用北方话对"豆腐浆"爷爷说解放军是人民的子弟兵，上级有命令进上海不能惊吵老百姓，不能进民房。"豆腐浆"爷爷没有见过这么好的军队，昨天许多人睡在老百姓的屋檐下，却一点声音也没有。

"豆腐浆"爷爷回到屋里，马上生炉子烧豆浆，喊着请解放军战士们喝。一个貌似解放军干部的人叫他不用喊了，不会有战士来喝他豆浆的，这是规定，是命令，待会炊事班会从郊区把水和饭送过来，并谢谢"豆腐浆"爷爷的好意。过了一会，只看到气喘吁吁、汗流浃背的炊事班挑着馒头、热水来了。"豆腐浆"爷爷一问，原来是从徐家汇那边烧好早饭，挑担子走了将近 3 小时送到市区来的。他感动的眼泪流了下来。

感动的仅仅是解放军的军纪优良吗？非也。真正让他感动的，应该是战争终于结束了。这场打了数十年的仗，终于在这一天结束了。

在那之前，上海都经历了什么呢？

4. 畸形的繁荣

1937 年 8 月 13 日，"八·一三"淞沪抗战展开。日军动员 25 万人，国民党部队动员 75 万人，烽火燃烧了三个月。11 月 13 日，上海失守，国民党部队死伤近 20 万人，是日军伤亡的四倍多。战场变成了大熔炉，上阵的国民党部队就像是一个个往里面跳。

陈怀礼当时于税警总团任职，他至今对 1937 年 11 月 1 日的苏州河战斗记忆犹新。

"苏州河在两岸枪炮齐鸣中，50多米宽的河面被燃烧的烈火染红了！……一个又一个师投入战场，有的不到三小时就死了一半。"

淞沪抗战前，上海是中国的经济中心。沦陷后，日本人把上海四面都包围了，只剩下英租界和法租界，能够在上海生存下去的人都逃到租界里去了，"孤岛"便成为当时上海租界的代名词。

贺友直在接受《南方人物周刊》采访时说：

"有这许多人进来、消费，当然繁华，戏院、餐馆、舞厅、妓院，这些行当都兴起了。穷人、富人、外国人，混在一起避难，造成一种畸形的发展。"

上海《申报》曾刊登一位南洋侨胞的文章，这样写道：

"对于上海，感觉着无限失望和诅咒，酒店舞厅，触目皆是，其穷奢极侈之程度实为世界各大城市所仅见。"

沦陷区的民众在日伪统治下艰难生存，大批文化人外逃，重庆和香港是他们最初的选择。在1941年末，日军进占上海租界，上海全面沦陷，市民失去了最后的避难所。同时，香港沦陷，文人再度走向逃亡之路，留下了他们的欢乐，也留下了他们的辛酸。

5. 另一条街巷

1945年8月10日夜半，上海市民得知日本投降的消息，纷纷挂上了一张张庆祝抗战胜利的标语，整座城市充满的欢腾的气氛。

然而，当你走到另外一条街时，看到的会是两股势力在互相角力，身着不同服装的士兵们在街巷里对峙着，内战已濒临爆发。

在内战爆发前，中国已经打了十四年的仗了。内战爆发，又是一段颠沛流离，满是血泪的历史。

第三部　中国梦

6. 振兴中华

70多年前，1872年，六岁的孙帝象入翠亨村私塾读书，接受国学启蒙教育。在与乡关宿老谈话的过程中，一个信念在心中萌发。这位宿老，是太平天国中残败的老英雄。

在村塾读书时，孙帝象取名文，到日本后化名中山樵，后人称他为孙中山。

1894 年 11 月 24 日，孙在檀香山募款，成立了中国有史以来第一个现代革命团体兴中会，提出了"振兴中华"口号和"驱除鞑虏，恢复中国，创立合众政府"政纲。

103 年后，1997 年，中国共产党在中共十五大提出了"中华民族伟大复兴"的政治理念。2002 年中共十六大，胡锦涛就任中国共产党中央委员会总书记以后对其内容加以发展。2012 年中共十八大，习近平就任中共中央总书记以后在此基础时提出中国梦构想。

7. 被风所吹下来的叶子

忘记了，还是害怕想起来？

也许是年代过于久远，人们似乎已经忘记那些发生过的事情。他们把曾经的痛与恸放在内心深处，除非有人问津，否则从此闭口不言。那是一段许多人不愿提起的过去，血泪流的太多的历史，记忆犹新，带来一种说不出的沉重感，让人说不出声。

过去的一百多年，中华民族受到的欺压太多，在心中隐隐作痛。每个人都是被风所吹下来的叶子，没有人知道自己会被带往何方，落在何处。但是，正是因为他们所承受的那些痛与恸，我们才可以在这个年代，放心地筑梦、逐梦。所有人的梦放在一起，成为了中国梦。

浅浅的海峡，深深的中国梦

济南大学　外国语学院　法语　2018 级　台湾　邱柏勋

"春风一夜吹香梦，又逐春风到洛城"，在那个路远迢迢，一别即是一生的时代，远离故乡洛阳城千万里为官的武兴望着残春之景不禁感慨。此时此刻，在这些许闷热的初夏的午后，偶尔吹过的风带来丝丝凉意，我望着宿舍窗外早已郁郁葱葱的那片梧桐叶的绿，想起了远在台湾的我书桌窗前的那棵老梧桐。那棵静静陪伴我成长的树纹斑驳的梧桐树，同我的父母一样与我相隔千万里，如今长大的我独自在这座大城市中求学，以往与父母相处的点点滴滴忽然如潮水般涌现在我的脑海……我打开手机翻看老师刚刚发给我的关于台儿庄之旅的消息，心下暗暗地期待，我想也许这正是一次纾解忧虑的好机会吧。

步入台儿庄古城，迎面而来的是张灯结彩、门庭若市的场景，沿路经过的一幢幢古建筑仿佛带领我亲临台儿庄曾经的荣光。街上的一草一木，

图1

一砖一瓦，都勾勒出美好的河山无处不在的情怀，好似他一直都伴随身边，从未离开。熙来攘往的人群穿梭在阡陌有序的古街，我与同行的台湾朋友漫步在杨柳茵茵的运河河畔，暮光之色渲染了整个古城。

图 2

图 3

图4

图5

　　随着夜幕降临，台儿庄古城换上了它夜晚的容貌，我和朋友们一起去参观了台儿庄战役博物馆，台儿庄战役，那个抗战以来中国人民取得的最大胜利。

　　在纪念馆中，我们看到了那场战役中保存下来的一张张真实而又震撼的照片，身穿炸药勇赴敌营的敢死士兵，身中数弹依然不放下手中武器的营长，不顾自己安危留下投身抗敌的枣庄百姓，此时，一种强烈的民族情感油然而生。在国难面前，所有人一同肩负捍卫祖国和民族的责任，穿梭在枪林弹雨之间，为国家，为民族，为荣辱，背水一战。

这使我不禁想起了鲁迅先生的那句："我们从自古以来，就有埋头苦干的人，有拼命硬干的人，有为民请命的人，有舍身求法的人……这就是中国的脊梁。"少时，初读此句，并不能参透其中的意味，如今，站在台儿庄战役英雄纪念碑前的我，深深理解了这句话，深深地感受到我作为中华儿女的自豪。

2019 年，距那纸满载和平的《告台湾同胞书》已过去漫漫四十个春秋，和平或许会姗姗来迟，但永不会缺席。

"两岸同胞都是中国人，血浓于水、守望相助的天然情感和民族认同，是任何人任何势力都无法改变的。"习近平总书记在《告台湾同胞书》四十周年纪念会上如是说。是啊，这份《告台湾同胞书》是两岸同胞无数个日日夜夜的企盼，是绵延了多少岁月的相互思念。曾经"一湾浅浅的海峡"，阻隔着亲人的音讯，阻断着回家之路，但"打断骨头连着筋"的亲情中蕴含着两岸交流的磅礴动力，这力量坚韧强大如种子，不惧严寒酷暑，终究能冲破顽石坚冰。

我坚信，这份血浓于水的亲情不仅仅存在于我们的长辈之中，也深深扎根于所有新一代的台湾和大陆的年轻人身上。我们有一样的青春记忆、国家之魂，一样深深挚爱着我们的祖国，一样向往着有朝一日为国家的建设和两岸的交流尽一份自己的力量，我们，一样的心怀着这伟大的中国梦。

党的十九大报告提出了新时代、新使命、新思想，提倡我们应当做好分内之事，正所谓在其位谋其职，努力实现自己的梦想便是为祖国效力的方法，也是为自己与祖国的使命努力奋斗。选择远赴祖国大陆读书，就是我完成梦想和使命的第一步。

记得去年用台湾高考成绩申请学校，我毫不犹豫地选择了来到了这片在我幼时常常入梦的广阔的土地，我选择自己最擅长的外语专业，想透过学习小语种来提升自己的个人价值，再者，我也想透过所学的法语专业结合"一带一路"的发展，也为祖国的"一带一路"建设添砖加瓦。

而从台北来到山东的这一年的所见所闻，使我更加坚信了自己所做的决定。

在这对我来说注定不平凡的一年中，我看到了在改革开放的春风吹拂七十周年后祖国崭新的面貌，我目睹了周围人们发自内心的幸福笑容；"中国高铁，天眼建成，C919大型客机"我看到了随着国家科技水平迅速提高，如今崭新的中国科技名片；"一带一路、亚投行、和平共处五项原则"我为今时在国际社会上出现的越来越多的"中国声音"而感到骄傲；在中国特色社会主义新时代中，祖国的发展为我们个人的发展提供了契机，而我们的发展最终也将助力于国家的发展，助力于全体人民的幸福生活，助力于中华民族的伟大复兴，我们的梦将与中国梦一起蓬勃地发展。

把握现在，开创未来，共筑中国梦，作为两岸关系发展的主力军，需要我们两岸青年共同的努力。祖国必须统一，也必然统一。两岸的青年要加强交流，将心比心，以心相交，积累共识。在我生活的城市中，因为地域与教育的原因，许多台湾青年对大陆并不了解，我认为，应该扩大两岸青年的交流层面，丰富两岸青年的交流内容，让更多台湾的青年有机会了解大陆，参与大陆的活动，不断增进理解，加深信任，努力消弭隔阂，建立真实的友谊。如此一来，我们才能携手共同传承中华民族精神，共同开拓两岸关系前景，推动海峡两岸关系继续前进，实现中华民族伟大复兴的重任，共筑中国梦。

此时此刻，蝉鸣阵阵，我坐在窗前满怀激动地敲下这些文字，心情久久不能平复。今天的我双脚实实在在地踏在这片曾经与我隔海相望的土地上，我曾无数次午夜梦回的土地上，我的生命仿佛从此终于完整，我闻到了那泥土的芬芳，我看到了北国的雪花，我真真正正地感受到了这份不可分割的血脉亲情，此刻它从我的脚底蔓延，在我的血液中涌动。即便现在的我与家隔海相望，但却从老师和同学那里感到了犹如家一般的温暖，是的啊，因为我们本身就是不可分割的一家人啊。

《告台湾同胞书》经历了四十年的沉淀而愈发深沉，和平统一的民族大义经历了七十载的探索而愈发坚定，同根同源的两岸人民在越来越密切的交流中日益默契团结，"一国两制"的方针在不懈努力下获得了国际广泛认可，如今，浅浅的一湾海峡早已阻挡不了两岸同胞共圆中国梦的伟大征程，当和平统一愿望和中国之梦交织，当血脉深情与携手同行相结合，两岸同胞必将共绘新篇章。两岸的共同发展，未来可期。

图 6

图 7

两岸一家亲，共饮一江水

浙江大学　计算机学院　计算机科学与技术　2017 级　台湾　陈宗翰

　　"我住长江头，君住长江尾。日日思君不见君，共饮长江水。"出自宋代词人李之仪的《卜算子·我住长江头》。短短两句话，写出了双方相隔之远、情感之深。虽说整首词是在歌颂爱情的坚贞，我却对这首词有另一番看法。

　　我的家乡金门是由大金门、小金门、大担岛、二担岛等十二座岛屿组成，西对厦门，东望台湾，原隶属于福建省泉州市。距离厦门约 10 公里，是台湾离祖国大陆最近的地方。我的高中三年就是在这里度过的，对这里有了自己的理解，也对这里产生了感情。

　　金门是亚热带季风性气候，四五月下梅雨，七八月来台风，虽然有很长的时间是雨季，但由于金门是花岗岩丘陵地形，又因缺乏良好的储水措施，下的雨最终都到了海里，导致金门的河流大多都干涸了。水资源的匮

图1　车辆碾过高粱

乏，再加上金门的土壤以砂土为主，也就只能种植一些耐旱的植物，比如高粱、小麦、花生和地瓜。"塞翁失马，焉知非福"，作物的限制却让金门有了独特的高粱酒文化。

金门高粱酒与日月潭、阿里山合称"台湾三宝"。金门的高粱从四月播种，到九月抽穗，抽穗后一个月就是收获期，当地的农民会割下高粱，将其平铺在马路上，让来往的车辆碾过高粱，压出高粱粒。虽说现在科技比以前发达了，有许多机器可以取代，但是金门人民仍然继续使用这种方法，不仅仅是节省了成本，也形成了一道独特的金门农业景观。金门人始终相信只有金门种出来的高粱和当地的地下水才能酿出好喝的金门高粱酒，这种精神代代相传，金门岛虽小，却有着不输人的志气。

图 2　金门高粱酒厂

然而天公不作美，因温室效应，气候逐年变暖，降水量减少，金门原本就不多的储水量，蒸发得更多了。资料显示，金门人均水资源占有量只有 1000 立方米，远低于人均水资源警戒线 1700 立方米；在 2017 年，还因为 649 毫米的年降水量创下了 56 年来的纪录。淡水资源的严重匮乏，金门居民抽取了更多的地下水，导致现在出现了海水入侵、地下水盐化等现象。

在 2018 年 8 月 5 日，福建省正式向金门供水，从晋江市的龙湖到金门的田浦水库，经过 11.68 公里的陆地管道和 16 公里的海底管道，日供水量最多可以达到 4 万立方米，这才真正解决了金门民众的用水危机，两岸人

图3　金门当地水井

民共饮一江水。我曾和爸爸讨论过这个话题，他认为："两岸和平统一才能使金门富强"，在和厦门对比后，我也有了这样的感触。

几十年前，在金门曾发生过多场战役，其中以"八二三炮战"最为浩大。在这段时间里，金门修了许多防空洞与坑道以躲避炮击。战况最激烈的几天中，厦门每天会发射2万多枚炮弹。听过老一辈的人说，当时在金门有十万驻军，物资紧缺，只能吃从台湾运来的军粮，小孩穿包装军粮的麻袋。所幸，"单打双不打"的实施，使大规模的炮战没有继续爆发，更多的是小规模的射击或者发射宣传弹，这场炮战逐渐转为没有硝烟的炮战，两边互喊口号也成了爸爸小时候的回忆。

1979年元旦《告台湾同胞书》的发表，代表这场时长二十年的炮战的结束。2019年，《告台湾同胞书》已经发表四十周年，厦门和金门也因不同的际遇走上了不同的道路。

如此多的炮弹落在金门，由于弹壳的质量极佳，现在被当作菜刀的原材料；随处可见的碉堡和一些展示馆，战地文化成了吸引大陆、台湾游客的金门特色。保存较好的闽南建筑加上金门特有的战地文化，使得金门近年来都以旅游业为重心。

图4 《告台湾同胞书》的发表宣布炮战的停止

反观厦门，在1979年改革开放以后，作为经济特区经过了四十多年的高速发展，GDP的总量已经突破了4000亿，已经和金门形成了两种不同的景象。我大概去过厦门二十余次，在傍晚的海滩走过，到厦门大学参观过，与当地的人民交流过。虽然高速发展让厦门多了高楼大厦，少了闽南原本的红砖古厝，不像在金门四处都可以见到有燕尾与马背的三合院，但厦门和金门的根自始至终都是相同的。

图5 金门古厝

厦门和金门有着相同的民俗文化，正月初九拜天公、清明时要吃润饼、中秋佳节的博饼博状元；有着相同的饮食习惯，同样是傍水而居，蛤蜊、海蛎和沙虫都是餐桌上的常客；有着相同的方言，不仅仅都是说闽南语，两地的腔调、用词、甚至俚语都是一样的，厦门和金门其实就是一家人。

图6　厦门博饼

厦门和金门同根同源，极大程度地帮助了两岸的交流，从1987年大陆放宽探亲开始，到2001年"福建沿海与金门、马祖地区直接往来"的正式实施，从相互走访亲戚，到两岸的"通邮、通航、通商"，再到现在的两岸自由行，现在习以为常的事情，在过去却不是一件容易的事情。

因为爸爸工作的关系，我从小便在深圳长大。根据他的描述，在"福建沿海与金门、马祖地区直接往来"实施以前，从金门到深圳，需要先从金门到台北，随后转机到香港，再从香港过海关才能到深圳。这样的路线，既消耗精力，又消耗财力。但"福建沿海与金门、马祖地区直接往来"之后，只需坐船到厦门，便可坐车直接到达深圳。从最初的和平码头、东渡码头到五通码头，现在渡过那条海域只需要半个小时。由此可见，"福建沿海与金门、马祖地区直接往来"在交通上方便了两岸人民，促进了两岸经济发展，深化了两岸文化交流和推动两岸统一进程，海峡两岸人民保持交流沟通，是百利而无一害的。

图7 五通码头

2018 年，在发布了"惠台 31 条"，又颁布了台湾居民可以申领居住证后，我作为一个大二的学生就已经体会到这些政策的方便，特别是居住证在旅游和出行上提供的便利是以往没有的。《卜算子·我住长江头》的最后一句话，"只愿君心似我心，定不负相思意"，以一个金门人的角度来看，祖国大陆已经给足了诚意，祖国统一也只是时间的问题。

习近平总书记说："民族复兴、国家统一是大势所趋、大义所在、民心所向"，金门只有在统一之后才能更好地发展，人民才会拥有更好的生活，我由衷地希望那一天可以早日到来，两岸人民一起同心共筑中国梦。

图8 厦门岛标语

以我小小的梦想汇聚成大大的中国梦

北京师范大学　文学院　汉语言文学　2018级　澳门　甘坤霞

童年之始

一回望我的童年时光，就总会有一些画面在我的脑海中一直打转，刀光炮影，烟萧弥漫，断垣残壁，没错那些就是出现在抗战片子里的场景。

成长知痛

小时候的我不懂父亲为什么对这些壮烈血腥的片子情有独钟，不懂那些抛头颅洒热血的青春豪情所为何物。但长大后的我接触到了历史，了解到战争，知道了我们的祖国在那些年代所经历的血泪和痛楚，我有了更多的感悟。我想象了一下，如果有一天，我们平日上学上班时经过的街道变成了混战之地，曾经熟悉的街景下满是真枪实弹的军人，枪火敲破了旧日街道，剩下烧焦的味道，周围的建筑没有一扇窗户的玻璃是完好的，墙壁上布满弹孔，街道上不再出现那些熟悉的吵闹的路人们，有的只是那些在路旁还没有来得及清理的人的残肢断臂时，那些绝望和恐惧恐怕是生于和平年代的我们难以想象的。"山河破碎风飘絮，身世浮沉雨打萍。"谁不希望过太平日子，但国难当头何以谈个人性命安危。那些不管前路漫漫，生或是死只知勇往直前的画面，其实是极致的热血浪漫。那些战争中，无数的中国人跳动着的是一颗为民族冲前线无所惜的壮志雄心，他们以血肉之躯筑成保卫祖国保卫和平的新的未来。那个年代中，还有许许多多的中国人，他们呼应党和国家的召集，在建立社会主义制度、开展社会主义经济建设等各个方面倾倒心血，从自己做起，再汇集大家之力一齐推动国家起飞。那时的中国，一个经历了百年腥风血雨洗礼的国度，终于在我们中国同胞的努力之下破土而生。其实和平从来都不是易事，平凡平稳生活的背后，不管是以前还是现在都需要国家与人们的艰辛付出。

《义勇军进行曲》（国歌）

词：田汉　曲：聂耳

起来　不愿做奴隶的人们

把我们的血肉　筑成我们新的长城

中华民族到了　最危险的时候

每个人被迫着　发出最后的吼声

起来　起来起来

我们万众一心　冒着敌人的炮火

前进　冒着敌人的炮火

前进　前进前进进

时有迷茫

此时此刻，想起那些人，想起他们的那个时代，想起他们为之奋战的我的祖国，我的心里不仅仅有对他们的理解和尊重，还有了对自己的期望：我作为一名大学生，那么幸运地生于这个和平的国度，享受着家人的爱，优质的生活和教育，我希望自己能够继承他们的志向，像他们一样，做一个能够报效祖国的向上青年，而不是一个浪费社会资源的"废青"。祖国于每个人而言都是崇高的，伟大的，她是五千年历史的精神总和，现在她有十四亿个孩子，她是东方土地上腾飞的巨龙，是世界舞台上璀璨夺目的明星。当一个背后有家有国的孩子真的很幸福，但对于这样一个她，我曾经迷惘，曾经因弱小而灰心，不知道自己该做什么，能做什么，怎么做，才能真正地实现"报效祖国"的愿望。我相信，很多人也和我一样，在实现梦想以奉献国家的道路上努力奋斗却又时而迷茫灰心。

《中国少年》

词：玉镯儿

八年的战火烽烟

一寸山河一寸血

不忍翻开的黑白照片

凋谢多少如花少年

历史的车轮向前

无法跳过这一页

先烈以生命守护国土

我们以什么来祭奠

让我们纪念 让我们续延

那些不屈不折的信念

机遇与挑战并重

今天的中国，历经四十年的改革开放的风雨洗礼，沧桑巨变，成为了名副其实的大国。我也明白，大国并不等同于强国，强国必须依靠科技、文化、制度等变成全方位全能型的强者。但可怕的是，当今世代，霸权主义和强权政治依然存在，单边主义、贸易保护主义、逆全球化等思潮层出不穷，"中国威胁论"等论调不时沉渣泛起，还有波涛汹涌的中美贸易战，国际形势错综复杂。中国在面临着大好的发展机遇的同时，也受到了严峻的挑战。这时候正需要我们这些生于新世纪、长于新世纪的大学生去递交一份走心的答卷。

走心的答卷需要一片冰心，一片赤诚，那是奋力追梦，不为眼前的生活苟且，只为家国未来。我明白，从此我将把我小小的梦想和大大的中国梦相连，从脚踏实地开始。聚是一团火，散是满天星。我们别再纠结于理想和现实的非此即彼的选择题。的确，在这样一个不断发展改革的中国大地上，梦想会是一件回报期长，投资量大的挑战，所以我理解有的年轻人会望而却步，但是路就是人走出来的，每个人都要去尝试独立打拼的滋味，才能开启那筑梦之旅。

《希望之光》

词/曲：依邦维吉　曹登昌

有一道光　代表希望

在我心上　无限释放

有一道光　代表能量

在我心上　长出翅膀

我不怕别人阻挡　因为我知道方向

我不能妥协失望愈失败愈坚强

我们最亮　愈累愈发光

终点还漫长　尽管乘风破浪

我们最强愈累愈要战　绝对不退让

把梦扛在肩上　把爱握在手掌　用力去闯

始于足下·筑梦之旅

2019 年我第一次长期远离家人，独立在外地开启求学生活。尽管我对家人有太多的放不下，但是在自己内心深处的好奇、渴求还是促使我坚定了步伐，一步一步，会带着胆怯不安，但带有梦想的力量，支撑着我可以幼稚地幻想自己可以改变世界，可以幻想自己做出无所畏惧的尝试。对于教师这份职业或者是身份，我的内心一直存着一种崇高的敬意和莫名的向往。回顾自己之前短短十八年的经历，除了父母长辈之外，那三尺讲台上循循善诱的师长就是我生命中最重要的人生导师。不知道大家在求学阶段里，会不会有这样一种依赖感或期待感，就是我们会特别地等着或盼着某一个特定的时间或课堂，只为盼来那个唯一的，风趣幽默或儒雅博学的人，他会款款地走上讲台，点亮我们那些略为枯燥乏味的时光。韩愈说："师者，所以传道授业解惑也。"我一直坚信分享自己所知是幸福的，我也追求这种幸福感。那时，我能看到无数双眼睛里所闪耀的光芒，这种成就感我觉得不是其他职业可以比拟的。作育英才是我的梦想，所以我走出第一步，为了未来的千万步，以我小小的梦想推动大大的中国梦的实现。

我相信我们所有青年人都可以，有人可以从现在抓起手中的镬铲，开始炒第一碟菜，慢慢地烹饪出更多的菜式，为了让更多的人有机会品尝美食的滋味，为了大家露出那吃到美食的幸福笑容而努力，最后成为一名受大家爱戴的厨师；又可以从拿起手中的笔杆开始，记录周遭事物最真切的一面，再走遍中国大地各个角落，成为一名受人民追捧的良心记者或者是撰稿人；沉迷手机游戏的玩家也不怕，你们可以在游戏中杀出一条光明之路，投身于电竞运动，为国争光。我相信没有人甘愿做一条咸鱼，大家都想成为自己心目中最优秀的英雄，所以动起来，相信自己，相信梦想，相信这个也在追梦的国家。

《中国梦，我们的梦》

词：李幼容

为什么我们有两只眼睛

两只眼里藏着两个梦

右眼看着现在　追寻个人的小梦

左眼眺望未来　去实现中国大梦

亿万个小梦汇成美丽的大梦

给我蓝图的蓝·给你彩虹的虹

我相信不只我自己，我们每一个中国少年，都会愿意为国家再添一砖一瓦，用尽我们的微弱之力。"悠悠五千年，美梦正逢时，梦在我手中，给我蓝图的蓝，给你彩虹的虹。"古有《大学》写道："心正而后身修，身修而后家齐，家齐而后国治，国治而后天下平。"今更有习大大的一番谆谆教诲："青年兴则国家兴，青年强则国家强。青年一代有理想、有本领、有担当，国家就有前途，民族就有希望。"不知不觉，历史的接力棒已经传到了我们的手中，我们不再是襁褓中的婴儿，如今我们理应是独当一面的青年人，是新时代的追梦者，更是中国梦的圆梦人。这是一条注定漫长又艰难的路，但是千淘万漉虽辛苦，吹尽狂沙始到金。

我的梦，中国梦

华东政法大学　经济法学院　法学　2016 级　香港　罗虹

梦是什么？梦是生活的航标，梦是美好的憧憬，梦是理想的翅膀。我们每个人都有一个属于自己的梦想，每个人对生活的未来充满期盼，人生没有梦想就如同小鸟失去了飞行的方向，船舶失去灯塔的指引，万物归于寂静。

梦想是一种力量，梦想的美好让我们陶醉，这种精神是我们向往的，是多少人为之奋斗的。正是因为有梦的存在，我们才不断地去追求人生的意义，即使追梦的途中会遇到重重的困难与挫折，但是因为有梦想，使得我们有加倍前进的勇气和取胜的信心，因为梦，我们的世界更加多彩和美好。

梦在前方，路在脚下。习近平总书记提出中国梦的伟大构想，他说："中国梦，我以为，实现中华民族伟大复兴，就是中华民族近代以来最伟大的梦想。这个梦想，凝聚了几代中国人的夙愿，体现了中华民族和中国人民的整体利益，是每一个中华儿女的共同期盼。"习总书记提出的"中国梦"凝聚了中国各族人民对中华民族伟大复兴的憧憬和期盼，它是整个中华民族不断追求的梦想，是亿万人民世代相传的夙愿。56 个民族、港澳台所有的同胞都是中国梦的参与者、创造者，都是中华民族大家庭的平等一员。经过中国几千年的沧桑岁月，中华民族之魂，生生不息，代代相传，风雨前行，挥汗水洒热血，努力拼搏。一人梦，中国梦，各族人民共同创造美好的家园，共同反抗外来侵略者，共同建设社会主义，共同构成你中有我，我中有你，谁也无法离开谁的中华民族多元一体的命运共同体。

香港回归以来，中央政府坚定不移地贯彻执行"一国两制""港人治港"的方针，坚决按基本法办事，香港特别行政区政府团结香港市民，战胜亚洲金融风暴、2003年的"沙士危机"等一系列的危机，使经济得到稳定、快速的发展，民生得以改善。在中国共产党的领导下，坚持一个中国梦，坚守共同的理想信念，在实现中国梦的过程中，各民族人民、港澳台的同胞过上了更好的日子，正如习近平总书记强调的，"中国梦归根到底是人民的梦，必须紧紧依靠人民来实现，必须不断为人民造福。"

作为一名当代大学生，我们应该关心祖国和民族的命运，高举爱国主义的旗帜，继往开来，为中国沿着社会主义方向前进而作出自己应有的贡献。我们要多关心时事，了解当今世界的发展趋势，要能心怀祖国，不仅仅是纸上谈兵，更要付出实际行动。积极培养自己的创新意识和创新能力，投身到社会经济建设，为实现中华民族的伟大复兴而努力奋斗。同时，我要努力学习科学文化知识，提高自己的综合素质，踏踏实实地夯实基础，积极迎接挑战。顺应时代发展的潮流，敢于挑战时代，挑战自我，实事求是地工作和学习，一步一个脚印地前进。

我应该珍惜现在在大学的生活，明确大学生的使命，积极吸取大学的营养，充分利用时间充实自己，实现自己的梦想。虽然我们是平凡的，但是我们可以让平凡发光发亮，带着平凡追逐和超越梦想。如同马克思说的："青春的光辉，理想的钥匙，生命的意义，乃至人类的生存、发展全包含在这两个字之中，奋斗！只有奋斗，才能治愈过去的创伤；只有奋斗，才是我们民族的希望和光明所在。"

为实现中华民族伟大的复兴而奋斗，加油吧，少年！

我与神州的不解之缘

华侨大学　音乐舞蹈学院　音乐表演　2018 级　香港　李齐明

> 仰望苍穹，历史的星光依然在天空中闪烁！在世界的东方，古老
> 而又伟大的将如红日一般壮丽永生！
>
> ——题记

祖国，她在我心中是崇高而又美丽的，祖国像一颗闪耀的明珠屹立在世界的东方！我出生在广东，祖国母亲的爱从那一刻起就埋藏在了我的心中，后来，我在香港长大的过程中，父母亲经常带我回到广东探亲，并语重心长地告诉我说："孩子，我们是中国人，我们是中华儿女，内地是我们的家，要常回家里去看看啊！"因此，长大后回到内地，依偎在祖国母亲的怀抱里是我儿时就有的心愿！每一次的回家省亲让我见证了神州大地上日新月异的发展，而今，长大的我又一次回来了，我看到的，已然是一个繁荣富强的祖国！我为祖国的繁荣歌唱，我为祖国的富强祝福！祖国母亲，您，永远在我心中！

从 1949 年到 2019 年，日月如梭，祖国母亲迎来了她的 70 华诞。70年前中国百废待兴，如今 70 年后，神州大地上是一片生机勃勃、繁荣昌盛的盛景！中国，已然从一个贫穷落后的国家发展成为了如今的世界第二大经济强国，东方雄狮，正在苏醒！

2019 年，我们迎来了新中国成立 70 周年、澳门特别行政区回归祖国怀抱 20 周年的神圣时刻。作为中国香港特别行政区的一位居民，我非常感谢祖国"一国两制"的伟大创举，这一创举给我们的发展带来了更多的机遇。如今，我国已步入了新的历史时期，加入 WTO 使我国与世界各国的

交流往来更加密切，让我们的祖国在机遇与挑战并存的发展背景下，深化改革开放，取得了突飞猛进的进步！但我们不能骄傲，此时此刻，我们更加需要努力地弘扬爱国主义的优良品质，携起手来，共同为祖国挥洒热血！只有这样，中华民族才能重振雄风，华夏大地才能更加繁荣昌盛！

翻开历史的画卷，百余年前，中国内忧外患、贫穷落后，两次鸦片战争让中国人民饱经沧桑；英法联军、八国联军的入侵，中日甲午战争，我们被迫签订《南京条约》《北京条约》《马关条约》等一系列不平等条约。尤其是《马关条约》，活生生把内地和香港人民分割开，人民思念家乡、想念亲人，却无法团聚在一起。虽然清政府腐朽落后，但中华人民没有屈服！抗日战争，他们英勇奋战，用勇敢、坚毅以及家国情怀赶走了侵略者！这是中华民族生生不息的发展史上无比重要的里程碑！直至 1949 年开国大典的顺利举行，中国人民从此完全站起来了！结束了被侵略、被奴役的屈辱历史，中国人民真正地当家作主，成立了独立自主的新中国！建国初期，国内经济萧条，中国还没有自主研发飞机、坦克等重型机械的能力，大量依赖他国进口。而如今的中国，发生了翻天覆地的变化——看！"复兴号"动车组在神州大地上风驰电掣；"辽宁舰"的航迹横跨海洋；海上钻井平台"蓝鲸 2 号"——全球最大、钻井深度最深的海上钻井平台；中国自主设计研制的"远望 7 号"测量船；人类历史上最大的天文望远镜FAST，综合性能是美国著名望远镜"阿雷西博"的 10 倍；世界上最大的视频监控网"中国天网"；以及把港澳与内地紧密联系在一起的中国跨海大桥——港珠澳大桥，等等。这些令世界惊讶的"中国标志"不胜枚举！作为香港同胞的一员，我为祖国的伟大感到无比自豪；在祖国母亲 70 华诞、澳门回归 20 周年之际，我的内心更是充满了祝福与喜悦！

与此同时，我们非常感谢当时复杂的社会历史条件下，中央政府出于对国家发展及民族团结的考虑，本着尊重历史、尊重现实、实事求是、重视发展的原则、提出了"和平统一、一国两制"的方针，让内地与港澳同胞以及海外侨胞、海外华人，都感受到了祖国的繁荣美好，内心更加充满携手振兴中华的决心与力量！

我作为一名大学生，很荣幸"中国梦"已经深深地埋藏在我心中。热爱艺术追求艺术的学子比比皆是，但能成为音乐家、舞蹈家的人却寥寥无几。然而，谁的心中没有过美丽的梦？谁不曾有过欢乐的童年？当你在窗明几净的教室里学习时，你是否觉得，那是一种幸福？梦想是石，敲出星星之火；梦想是火，照亮前行的路；梦想是路，带你走向黎明。梦想成真，是我内心深处最美的期望，因此内心的梦想也就成为了我不懈奋斗的动力与精神支撑。人生，因为有梦才能有"一览众山小"的豪迈；人性，因为有梦想而变得深邃伟大。梦想犹如一双隐形的翅膀，带我们展翅高飞，遨游万里。无论我们的梦想是大还是小，我们都坚信梦想的力量定可如"星星之火"之势，足以燎原！而我们需要做的，就是为"中国梦""充电"——提升爱国主义意识，将个人利益、个人梦想与祖国的发展相结合，认真学好专业知识，树立远大抱负，全面发展，提升自己的综合素养，携手实现中华民族的伟大复兴！这就是我们的"中国梦"，一个属于中国人自己，让中华民族、华夏儿女团结一心、携手共进、为之自豪的"中国梦"！然而，每个人心中看似简单的梦，都饱含着一曲又一曲动人的旋律，经历了一段又一段的酸甜苦辣。今天，在我们喜庆祖国母亲70华诞之际，请允许我捧出心中那珍藏已久的中国心，大声地喊出我们的心声：祖国母亲，我爱你！

我们定将以鲁迅先生的一声《呐喊》，以杨靖宇腹中的草根，以刘志丹胸前的那块补丁，唱响您的坚韧与顽强！唱响您的灵魂与品质！唱响台湾回归祖国的期盼！

想到这里，我情不自禁地唱起一首经久不衰的老歌："五星红旗迎风飘扬，胜利歌声多么嘹亮，歌唱我们亲爱的祖国，从今走向繁荣富强……"

蓝天下，同一时代的中国梦

华侨大学　新闻与传播学院　新闻传播　2018 级　澳门　蔡诗琪

人悄悄，月依依，翠帘垂。

——题记

"起来，不愿做奴隶的人们，把我们的血肉，筑成我们新的长城。"每当我听到国歌的时候，心中情不自禁感到自豪。啊，在 1978 年改革开放后，我们的祖国母亲，在英明的中国共产党的领导下，一年比一年繁荣富强，在电视上，新闻播放着蓝天白云下，天安门迎风飘扬五星红旗，我热泪盈眶，面对五星红旗时，我肃然起敬，毕竟它是战士们用抗战鲜血和生命换来的，也因此才有我们今天安居乐业的生活。我们能幸福，都离不开祖国母亲的怀抱，尤其是澳门、香港的回归，更是历史上最值得铭记的荣耀时刻，我有幸福的家庭，我有一个强大的国家为我们保驾护航。

有一种东西，它承载人们的希望，它看不见摸不到，却能在心中产生一股巨大的力量，它叫作"中国梦"，它赋予了我们一双"隐形的翅膀"。让我们飞跃山脉，飞过无边无际的大海及田野，翱翔于浩瀚星空，奔向希望的明天。啊，感谢你，我的母亲，是你伴着我一生，一路带领我们乘风破浪，翻山越岭，人生路上有喜有忧，愿意与你分担左右，难免曾经跌倒，但也要勇敢地抬起头。就是这样，一路上，我们抱着对未来的憧憬，愿意携手构建出新时代美好的祖国，为母亲那份慈祥的笑容奉献力量。

在新世纪的快速发展下，我们的祖国正在逐步实现伟大的复兴之梦，然而在数百年前我们的国家却遭受了一场空前的灾难。但如今，我们国家的发展远远超过了其他的国家。

"少年强，则国强；少年智，则国智；少年进步，则国进步。"这句出自梁启超先生所著的《少年中国说》，激励着无数的青少年，其中也包括着我。因为有梦想，人生才有目标。因为有了梦，断臂天使刘伟，用脚趾代替了手指，成为了用心灵去感知音乐神奇魅力的成功者；因为有了梦，马云凭借不言放弃的执着，不懈地努力奋斗，最终成功了。他说："梦想，要脚踏实地，和眼泪是息息相关的。"因为梦，让我们拥有一份生命的欢乐与希望，没有梦，那我们注定会是一位失败者、平凡者，那么和井底之蛙又有什么分别呢？今天，我们每个人未必会像马云那样尽情绽放梦想，未必会像残疾人那样坚持，但我们都应该要有自己的梦。"为中华之崛起而读书。"在如今日新月异的社会变化下，我们应该包容尊重不同的文化，吸取历史的教训，全国各地人民统一团结，为了实现心中的梦，我们学习，我们读书，我们努力奋斗，掌握一技之长，成为国家的人才，为国家的富强尽自己的绵薄之力。

梦醒时分，你的微笑常常出现在梦里，我想靠近，却始终有一个屏障挡住在你我之间。然而这一天的梦想终于实现了，中国共产党功不可没，在党英明的领导下，收复了澳门和香港，实现了"一国两制"，众望所归。如今，在澳门生活多年的我，看着自己的家乡回归到祖国母亲的怀抱，我心中有说不出的感激，谢谢你，让我认识了一个全新的你，谢谢你，支持我去追求自己的梦想。这种爱，是无私的。

如今，我漫步在华侨大学，纵观"玉垒浮云变古今"，风起云涌，鲜花盛开，在温柔地阳光下，我惬意地品味咖啡，聆听悠扬的古典音乐，或许我只是为明天的未来打气，只想让自己在众多学业压力下仍然乐观，我要为了理想和梦想努力奋斗，我的梦，其实很简单，很平凡，只是想为中国建设发展贡献自己的力量。

夜来清梦好，应是发南枝，一切安好！

切切故乡情　共筑中国梦

山东大学　管理学院　国际商务　2016级　台湾　陈雅欣

　　蝉鸣阵阵，转眼间又到端午，今年八月便是我在济求学的第九年了。

　　前几日，我与母亲一同在珍珠泉散步，济南的六月是难得多雨的季节，雨滴落在平静的泉面上，引起了圈圈涟漪，与泉水里珍珠似的泉眼交相成趣，烟雨中的济水之南，颇有江南韵味。

　　步行到大明湖，雨停了，从超然楼眺望济南，夕阳的余晖将鳞次栉比的高楼染成金黄色，雨后的天空仿佛一首朦胧诗，给人以新的希望和力量，我看着眼前这座城市，充满了现代化建筑的同时又保留了"老济南"的韵味，不禁感叹道："这九年，济南变了很多，我也一样。"

　　回忆九年前，懵懂的我随着爸爸妈妈一同来到这个城市，于妈妈而言，是终于重返故乡，虽然小时候曾在济南住过几年，但于我而言，更像是开启了新的篇章，踏上充满未知而又满怀希望的旅途。

　　这九年来，我与这座城市都在不断成长着，我们一同经历困难与挑战，我们一同见证变化与发展。

　　初一的我是害羞又青涩的，初来乍到，对一切还并不熟悉，求学的路上也困难重重，书写方式从繁体字转换成简体字，我可以说是付出了惨痛的教训，犹记初一第一次期中考，还认不全简体字的我，作文写的是"繁简混合"，这一下让我的作文仅仅得了十八分，因为每一个繁体字都被老师当作错别字圈了出来，拿到试卷时，我完全被打击到了，但我知道，老师是为了我好，从此以后我便更努力地学习简体字与拼音，付出更多的努力追赶与同学们的差距，老师们也一直给予我帮助，终于在期末考试，取得了年级三十七名的好成绩。

那时的我，在陌生的环境中仍不知如何自处，害羞又寡言，就如同那时的济南，像伫立在北方内敛而文静的姑娘。

　　后来的我，在老师和同学们热情的鼓励下，加入了学生会和学生社团，我变得外向又开朗，不再畏惧未知，直面挑战，对未来充满希望。就这样，我一路跌跌撞撞也越挫越勇，考入了理想的高中，又进一步考入了我理想的大学，也就是山大。身边人对我的印象也从文静、内敛、害羞，变成了热情、开朗、落落大方。

　　与此同时，济南也悄悄地在茁壮成长着，新建起了一栋栋综合性商场，原本古朴的大明湖也新添了绚烂的灯光，曲水亭街、百花洲早已不是九年前落寞的模样，重新复原的小街小巷，居民和游客熙熙攘攘，天空不再是灰蒙蒙的雾霾，甚至在冬天，我一样能看到晴空万里，如同那老舍笔下"响晴的济南的冬天"，车水马龙之中，我看见了更生动、更立体的济南。

　　而这些，不仅仅是我一个人的变化，也不仅仅是济南的变化，更是全中国的变化，从《告台湾同胞书》到出台居住证政策与"惠台三十一条"，从出口"三来一补"到如今科技领域占据世界前列，从我国原产地形象的不断提高到向世界展示文化自信与文化软实力，从向世界递出代表我国的"高铁"名片到"一带一路"促进周边国家的合作与发展，谋求世界范围内的共同繁荣。新中国成立的这70年，祖国的强大，世界可见。

　　宝岛台湾是我的故乡，济水之南是我的第二家乡，这里承载着我太多的回忆和情感。我常常和新朋友们自我介绍道："我是出生在台湾的老济南呀！"在济南生活、成长的这九年，是我生命中非常宝贵且重要的一部分。每当回到台湾，和家乡的亲戚朋友们分享我不凡的经历与喜悦，分享这几年来城市的飞速发展与进步，在我心里，都油然而生一种使命感，我想我们这一代人便是两岸之间新的桥梁，要踏破误会与隔阂，牵起两岸人民的手，搭建中国梦的桥梁！因为我们是至亲的家人，因为两岸同根同源、同血同脉，更会携手并进，同心共筑中国梦！

廿年千里，筑梦神州

上海财经大学　金融学院　金融学　2017级　澳门　陈汉华

"白花排骨"挚友：

本该说一句"很久不见"以作问候，可你我之间从来不需要什么客套话，然而写信予你确使我有种"千里咫尺"的感觉。相信你刚读到开头，便已猜出了我是谁。我们是后天培养而成的双子星，往往话出半句、一个眼神，彼此已心意相通。大抵是因为我们小时候已经认识了，"总角之交"恰如其词。经过了这么多年，也自然变成"莫逆之交"了。

本想于你生辰之际，亲口送上一句祝福，然而期末考试的复习阻挡了我俩的见面。其实我是想找你一起吃顿饭，围炉夜话，促膝长谈，就像失散多年的兄弟一样。直至我俩都困得不行了，尽兴之际再各自睡去。事实上，我们也不止一次通宵长聊了，有一次是坐在南湾湖旁，那时我们还未高中毕业，我们聊澳门的发展，谈未来，谈志向，谈现实，谈社会，谈住屋……一切在未毕业的我俩眼中是如此简单，尽管我们知道现实不是那么容易的，但真正具体受到的挫折是我当时想象不到的——想得太肤浅了。

最近聚在一起的时间，是刚过去的春节，我们见面时帮对方打气，也吐了吐苦水。多了的是，对毕业后的想法、发展方向。毕竟不是孩子了，大家都知道面对社会，要多做一些准备。幸运的是，在寒暑二假中，我们总能在澳门相聚。按理君子之交淡如水，我不必对见面有什么特别的期待。而事实是，在高中的几年，我俩已习惯于一起交流生活中的小事。相同的是，我俩对于未来都很迷惘。

我常常想，澳门、上海、北京三地连成了一个三角形，每两地均相隔超过一千公里。三角形是平面几何中最牢固的结构，这让我想起了奥林匹克数学小组。小时候练奥数前后，买小吃时总是你一口我一口，无分彼此。我们也经常一起放学，无论是新校舍，还是旧校舍，一方面的原因自然是由于我们的家离得很近。自我们初中起，搬到了新口岸的新校舍，离家十分钟的行路时间，变成了愈十倍的路程，通常我们都会乘公交车往返学校，但不变的是，我们依旧会经常一起走，只是变成了一起走到公交站。于我感觉实在没有什么不一样，而变化就在其中。

我俩的家都与大三巴牌坊离得很近。身处澳门总是容易忽视中西文化交融的名胜古迹，旅游业的风土人情于我们只是日常。如今，它可用于建设世界旅游休闲中心。

去年的台风"天鸽"刚过去，我便把你叫出来见了一面，得知你没有事我才离开，很多时候也很安心把一些事情托付给你。在高二的时候，我们还一起通过了澳门数学教育研究学会的选拔，到美国参加他们的全美高中数学竞赛，到访了洛杉矶的环球影城，至今仍历历在目。

我们一众挚友为这个小团体起了一个"清洁公司"的绰号，说起来，还是因为学问和见识而聚在一起的。澳门得到了祖国的支持，有了很多机会，最终我们一起保送到内地高校，没有一人缺席。

来到内地高校这么好的机会，小时候我是不敢多想的。我们那届是内地高校扩招的第一年，更是给了我们一个绝好的机会。第一年扩招，大家都不清楚情况，但我俩敢做敢拼，做好面试和笔试的准备，成功把握住机会，保送进了各自心仪的大学。撇开自己的努力，又何尝不是因为祖国大力支持我们的原因？我们与内地紧密联系，我们于内地升学的一众学子正是最好例子。

高中时，"一中心（世界旅游休闲中心）、一平台（中国与葡语国家经贸合作服务平台）"听得多了。近期澳门又多了一个"一基地（以中华文化为主流、多元文化共存的交流合作基地）"的发展方向。我们开设一个公司的戏言，谁知道未来能否成真呢？有了对葡语国家的优势，开拓葡语系国家的市场，或许将来真的能有所作为，但首先我们身处内地高校要好好学习，不要浪费优厚的条件，学有所成，是我们之后发展的基础。这是硬功夫，省不得的。其次，我们可以好好把握澳门的一些机遇，尽管在内地这边同学们都是卧虎藏龙，但我们也不应妄自菲薄，做好自己本分，脚踏实地，增强自身竞争力，总有一次能把握住机会向上的。

澳门愈来愈多的建设成就，都是你我有目共睹的，澳门的轻轨，澳门的新马路，我们的校舍，由旧的变成了新的，毕业后，再回到旧校舍的一些区域探险，大家的印象都似乎有些模糊了呢。

澳门的发展是快速的，是一日千里的，是我们都没有注意到的。我俩生活在澳门，对澳门的改变习以为常。还记得我们一众"清洁公司"成员到键仔家"吃火锅"的情形吗？我很怀念呢。乘车到键仔家，必然会经过澳门正在建造的轻轨，每次总谈笑道让它从造价中分出一人高的预算给我，我就可以改变这个世界——至少能改变自己这样的生活。这何尝又不是对未来彷徨的一种表现呢？

我们上天下地无所不谈，年少轻狂时，谈及澳门经济，均觉澳门不能永远依赖博彩业，尽管澳门的博彩业带动了澳门经济的高速发展，但趋势已经表明澳门进入了深度调整期。

澳门近代经历了三次经济转型。晚清时，由于澳门独特的地理位置，加工为主的制造业，发展了起来，促使了澳门第一次转型。改革开放，带动了澳门纺织制造业的兴起和部分高附加值服务业的转型。1999 年，是我们出生之年，也是回归年，此后澳门开放赌权，旅游博彩业将澳门经济带上高峰，是为第三次转型，却也使澳门的经济结构趋向单一化。

我曾有过这样的幻想，当百年以后，回顾这段时期，原来我们正身处于澳门历史的十字路口。要是把握住了一带一路的机缘，澳门将从单一走向多元的道路，也许这是澳门近年来最好的机遇，我们是否能把握住这千载难逢之机呢——只看今朝。

在"一国两制"下，澳门快速发展着。北望神州，祖国就如一条腾飞的巨龙。万里雄伟的长城上，巨龙一跃而过，飞向天空的最高点。而我们已搭上了快车。廿年之功，千里之隔。共创辉煌，指日可待。以功为木，筑梦神州。共勉之！

同心共筑中国梦

上海交通大学　安泰经济与管理学院　金融学　2018 级　台湾　林容生

三岁那年，我第一次跟着妈妈回了大陆。那时，我并不了解台湾跟大陆之间的关系；不了解台湾和大陆间的风土人情；不了解这短短 400 公里的台湾海峡背后，蕴藏了多少波涛汹涌的历史记忆。

小时候对大陆的印象，是福建炎热的七月，是每天骑车经过家门前的麻糬小贩，是我慈祥和蔼的外婆。那时经常跟着弟弟牵着家里的狗，带着颗篮球，到外婆家附近的学校去打一下午，回家路上再从舅舅的小卖部拿两支棒冰，好不惬意。就是这些，陪我度过了童年的每个暑假。上了初中之后，由于日益繁重的课业压力，使得我不得不将宝贵的暑假用来补习，因此，曾有几年的时间，对于大陆的记忆在我脑海中不曾被唤起，就这样一直被压在内心深处。

直到高三那年，一切突然有了变化。

时值一月，本应是一元复始，展望新年的时机，我的心情却有些复杂。台湾的高中生每年有两次升大学考试，一次在一月底，一次在七月初，一月这次考试没达到自己目标的同学，可以考虑再拼半年，追逐自己想要的大学。而我的成绩却刚好落在高不成低不就的尴尬位置。我开始思考该不该用这个成绩试着报报看中意的学校，还是该义无反顾地准备七月份的考试。在这进退两难之际，恰逢农历新年，父母决定带我回福建外婆家过年，顺道散散心，再为将来做打算。

谁也没有想到，这趟旅途后来影响了我整个人生。

因为将近六年没来大陆，来之前，很期待再溜着狗到附近的池塘打水漂；很期待再与阔别许久的儿时玩伴们见面。谁知道，外婆家已与记忆中有着天壤之别。门外的农田已经不复存在，取之代之的是许多高楼大厦，以前常游玩的池塘也被平填了挪作他用，外婆的房子从一个两层楼的老式建筑摇身成了七层楼的透天厝。短短的六年间，这里与记忆中的大陆已经大不相同。我被眼前的景象震慑，倒不是感叹童年已不复存在，而是被这高速发展的环境深深吸引。外婆家只是二线城市，便已有如此快速的发展，那大陆的一线城市会是什么样子呢？出于这样的好奇心，回到台湾后我便开始搜集位于上海、北京等重点大学对台湾招生的资料，随后，我发现了大陆许多大学正允许台湾学生用台湾高考成绩申请就读。

经过一个多月的申请、面试，以及半个月的等待，也许是冥冥之中自有安排，我的分数刚好压线被心仪的上海交通大学录取。得知结果之后，一方面松了一口气，但同时也多了一些顾虑。喜的是自己被世界一流大学录取，同时也担心自己是否能跟上顶尖的同学们的脚步。

带着忐忑的心情，我在九月初来到了上海。上海给我的第一印象，是繁华的夜景，是方便的地铁网络，是便利的支付系统，但，也夹杂了一个人的孤寂。初来乍到，人生地不熟，在去往闵行校区的出租车上，我看着窗外，心里担忧着会不会交不到朋友，会不会因为成长背景的不同而无法融入同侪，会不会因为跟不上同学们的脚步而遭遇挫折。

好在，上海交通大学用来迎接我的，是无比亲切的宿舍阿姨。抵达宿舍的那天，阿姨站在门口迎接每个新生，替我们接过行李，办理入住手续。在接过我的证件时，阿姨说到"你也姓林啊，我妈妈也姓林，以前大家是老本家，以后生活上遇到问题，尽管来找阿姨，阿姨特别喜欢台湾小朋友。"听到这席话，我原本对于大学生活的忐忑瞬间一扫而空。接下来的四年，阿姨知道我可能会适应不好，一直待我像亲儿子一般，时不时来关心我的学业状况，给我送小零食，在备战考研那段天昏地暗的日子里，也常常煲汤给我，担心我的身体状况。也正是阿姨的出现，使我在这数千里外的地方，感受到了家的温暖。另一个让我感觉到归属感的地方，是上海交通大学棒球队。棒球是我从小的兴趣爱好，作为一项团体运动，除了能让我在繁忙的课业中锻炼身体，也能培养自己的团队合作精神，在这里，我认识了许多优秀的学长，在为上海交通大学努力拼搏的同时，也给了我学业及人生规划上很大的帮助，有一群人和你一起，为了目标努力奋斗的感觉，好的无法言喻。

图1

在上海学习的日子，我每天都战战兢兢，尽自己最大的能力，尝试跟上同学们的步伐，虽然一开始不免有些不适应，但后来也算是渐入佳境。在大学的四年学习生活当中，我遇到了很多贵人，无论是替我指点迷津的老师，与我探讨科研的师兄，帮我融入环境的同学，都是我会铭记在心的人。2018年7月，我顺利成为上海交通大学物理与天文学院18届的毕业生，并幸运地考研成功，成为安泰经济与管理学院的一名研一新生。

图2

时至今日，由于两岸的共同努力，大陆和台湾之间的关系已经越来越紧密。对我来说，大陆是母亲的故乡，也是我的故乡。两岸本是同根同源，唯有双方共同合作，致力于民族复兴，才能顺应时代潮流，造福彼此。作为一个同时具备两边背景的研究生，我也期待自己在学成之后，能投身相关产业，为台湾与大陆间的交流尽一份微薄之力。两岸同胞若能推己及人、将心比心，增进理解和认同，必能化解隔阂，共创双赢。我们无法选择历史，但我们可以把握当下，同心同德，携手共进，努力创造一个更美好的未来。

我心所属之乡

四川大学　文学与新闻学院　新闻专业　2018级　台湾　蔡亚纯

春风拂面，杨柳依依。谁能想到，我们如今所站在的翠绿土地上，曾经只是纷飞的黄沙与满目的疮痍。摩挲着粗糙的树干，鼻腔中充斥着海水的气息，我站立于此，中国——我心所属之乡。

谁可知，我们从战火的硝烟中走来，于列强的炮火中寻找光明，在万里长征的草地里俯仰明天；走过黄河、长江、泰山、昆仑，不曾屈服，不曾倒下；最后发出"五四"的呐喊，"一·二九"的震啸。

我听见，沙漠中驼铃阵阵，从远古传来，愈发清脆动人；我触摸，一个个方块字炽热的温度，带着黄土的粘稠，轻吟《诗经》，哀叹《离骚》，谱一曲岳飞的《满江红》，酌一壶热酒与李白对饮，架一根鱼竿，看天地白雪苍茫；以一腔《正气歌》，处风雨飘渺，使一根笔杆子，在白纸上从戎；以鲁迅的《呐喊》，以曹禺的《雷雨》，以闻一多的《红烛》，唱响永久的悲歌与骨气；我看见，月宫里的嫦娥不再吟苦清唱，载人飞船点火发射的那一刻，我就知道，先辈眼中熠熠生辉的，不再是月亮，而是神圣的中国。中国，这个有着血红般的光芒，有着破晓般的力量的国家，承载着我原本漂泊徘徊的心。

有人说，中国是统计学的噩梦，眨眼之间，便有翻天覆地的变化。高铁里程窜上世界之首；国产电子品牌突然席卷全球；移动支付飞速普及；"双十一"成交额瞬间突破千亿……走到今天，中国用了七十年，整整七十年，仅仅七十年，高楼拔地而起，神舟飞向太空。我们在风雨中踽踽独行，踩过泥泞的沼泽，走过悬崖边的窄路，越过压城黑云，寻到了拂面春风。俯瞰大地，夜幕下那一盏盏为归人亮起的灯，汇成星河点点；仰望天空，飞机划过云层，一道道白色尾线编织着绮罗的梦。月光朦胧，云雾缭绕，酣睡的梦中人喃喃自语："我的乡，我的乡……"

七十年前，毛主席在隆隆的礼炮声中，庄严地向全世界宣告："中华人民共和国中央人民政府今天成立了！"于是，五千年的文明再次燃起熊熊火光，照亮了革命战士回家的路与千万青年眼前的希望。于是，五十六个民族如神州大地开满的花朵，河水山海，草原丘陵，黄土高坡，高原青峰，在雄鸡的血液里滚滚流淌。于是，中国的大门再次打开，缕缕茶香漂洋过海，送去中华民族特有的儒雅与情操，孔夫子的谆谆教诲架起东西两岸的桥梁，繁荣的商贸交往随着崛起的神龙，蒸蒸日上。乘一叶扁舟，循江而上，七十个春秋，镌刻在华夏大地的每个角落，戈壁滩腾起的蘑菇云，鸟巢上演的开幕式，蓝天上翱翔的"歼-20"，大海中震慑一方的航母……但中国不止于强大。穷则独善其身，达则兼济天下，筚路蓝缕，春华秋实，中国提出"一带一路，合作共赢"的倡议，不断在国际得到认同。我们，送去了和平相处的理念，收获了不尽的友谊。我们推陈出新，引进技术，自力更生，打造东方不朽的黎明。如今，人人都能挺直腰板，昂首挺胸，自豪地说出自己的国家。连"Made in China"也成为潮流的指标，质量的保障。

改革开放前，吃要靠粮票，吃什么、怎么吃，都要精打细算；改革开放后，吃的品种数不胜数，往往因为吃什么而烦恼。改革开放前，穿要靠布票，什么花色、什么材质，都要仔细斟酌；改革开放后，穿的样式千变万化，常常因为买哪件而苦恼。改革开放前，走亲戚、出远门都是件大事；而改革开放后，拎着包，坐上高铁、坐上飞机，千里之行，就在眨眼之间。

古老的丝绸路之上的驼铃声再次响起，穿越了千年的时光。七十春晖，七十秋映，如歌岁月，如梦中华，多少翻天覆地的变化，多少日新月异的佳话，写不尽，道不完。

中国一直以来坚守初心，不忘使命。这个东方的巨人终于站起来了，富起来了，强起来了，这是最美好的时代，也是，中国的时代！我心中的最坚实的后盾，我内心最坚固的牢靠，我心所属之乡，如同火山迸发，源源不断地迸溅、爆发能量。

高铁、航母、嫦娥五号，彰显中国科技硬基础；公正、廉洁、平等、包容，这是中华民族骨子里的精神与情怀；文学、中医、孔子学院，声名远扬，在中华传统文化的滋养下，我们的文化软实力从未如此生机勃勃；G20、博览会、高峰论坛，中国已然屹立于东方之巅。历史总是真理的检验者，事实证明，我们走上了一条前所未有的，极具特色的正确的道路，这是一个延续千年的文化的最正确的选择与民族精神最融洽的体现。

在祖国诞辰七十周年之际，作为新一代的青年，先秦古人的热血温暖着我的身体；脉搏里跳动着的是革命者的不朽信念。七十年的峥嵘岁月，阳光与风雨并行，伤痕和勋章同存。国家之于我们，就像幼鱼和清水，巨树与阳光。鱼儿被水拥抱，树被阳光浸润，而我们被祖国庇护。每当我奔跑时，我总仿佛回到了"五四"的那一天，目睹了社会各界人士为了祖国呐喊的声嘶力竭；每当我眺望远方时，我似乎看见了祖国无尽的疆域与富饶的土壤，看见了边防战士坚定的目光和笔直的身姿。

阳光倾洒，眼眸微张。我晓悟：我站立之地，便是我心所属之乡。

三代同心，共圆中国梦

浙江师范大学　地理与环境科学学院　地理科学　2017 级　台湾　金华

> 眼底流转着泪花，桌前泛黄的三代合照依旧，手中紧握的却是一份归属与自豪。
>
> ——题记

2018 年 10 月 17 日，一个难以忘怀的日子。我欣喜若狂地拿到了"中华人民共和国台湾居民居住证"，这一刻，仿佛水融于海、叶归于根，来自海峡彼岸那颗悬着的心，真真正正涌入祖国母亲的怀抱，与十四亿大陆同胞不分彼此。

回到寝室，将居住证放在胸前，手中摩挲的是一张泛黄的老照片，而泪水情不自禁地落入其上，滴在心头。此刻，万籁俱寂，只有一段坚定的话语从尘封的心底显现——"孩子，两岸永远一家"，并在祖国的上空愈加宏大，串联起时光长河中祖孙三代的梦想与期待。

一、掉头一去风吹黑发，回首再来雪封白头

我的祖父是个国民党部队老兵，抗日后，因不愿手足相残，他选择了驻守后方。或许是命运弄人，在祖父的后半辈子，他竟再也无法回到故里。我尤记得，祖父每天做得最多的一件事，便是满含着泪水，在海峡的这头，一动不动地望着海峡的那头。祖父深知回家已无法实现，但或许这样，至少能看到家的方向。

我清楚地记得祖父在轮椅上听到祖国经济飞速发展的喜悦，也感伤于他

在病床上望着海峡那头的寞落。每每探望祖父，他总反反复复地跟我说他的梦想，"孩子，两岸永远一家。我想回大陆看看，想到处走走，想感受下祖国的新面貌……"然而，碍于病情，祖父的这个梦想终归还是没能实现。

"掉头一去是风吹黑发，回首再来已雪封白头"。浅浅一道海峡，60多年回首，若说"雪封白头"也还幸运，而我的祖父掉头一去，此生再无相见之期。"葬我于高山之上兮，望我大陆；大陆不可见兮，惟有痛哭……"这句话深深地烙印在我的脑海，因为这是我的祖父在临走前反复念叨的。

二、梦路海西来眼底，骨肉情浓一家亲

与祖父不同，得益于1979年《告台湾同胞书》的发布，我的父母在通航后的第二年于祖国大陆奇妙邂逅，并前往宝岛一起生活。在我于台湾出生的第三年，由于种种原因，父母便将我送回祖国大陆的亲戚家养育。

然而，由于"台独"势力为一己私欲，竟否认两岸人民血浓于水的手足亲情，更在一段时间内将来大陆人民严加管制排查。整整一年半，我的父母竟只能暗自流泪，无法来大陆抱抱幼小懵懂的我。每每回忆起那段岁月，我的母亲就反复告诉我"孩子，不是不爱你，妈就连在梦里都想跨过海峡，亲亲你的脸颊……"

自我懂事起，父亲便带我一起观看海峡两岸的节目，并总是语重心长地对我说"孩子，两岸永远一家，你可要牢记给你取名"金华"的意义，是希望你在实现梦想的过程中，能心怀国家、壮我中华！"

三、强中固本中兴业，两岸齐心圆梦航

"我生长在宝岛台湾，我以身为台湾的女儿为荣，我更以身为中国人为傲。我爱台湾、也爱大陆，就像爱自己的爸爸妈妈。"这是十九大台湾籍党代表卢丽安的心里话，也是我和大多数台湾民众的真实想法。

我在大陆求学十载，感受到的不是无形的排挤，反而是浓浓的好奇与深深的关切。每当与大陆同学坦诚交流后，我的心头都会升起一种温暖，

一股强烈的自豪与归属感。每每细想，海峡那头的台湾同胞心中又何尝没有对大陆山河的向往呢？在此，我诚挚地希望祖父的不幸、父母的忧虑不会出现在每一个两岸人民的身上，两岸本是一家，也将永远是一家。

而今的我有幸在大陆求学，投入浙江师范大学的怀抱，与地理与环境科学学院地理师范专业结缘，我立志成为一名优秀的地理教师。我希望，当我站上海峡那头的讲台，我不用让我的学生再继续忍受这缺少台湾的不完整中国版图；我梦想，有一天我能走遍祖国大好河山，将壮阔俊美的大陆风光展现在台湾同胞面前，又能将台湾的宝岛文化弘扬至祖国大陆，使两岸同胞的心更紧密地相连；我期待着，自己能不负祖辈重托，用双脚丈量海峡的距离，以双手描绘最温馨的两岸画卷。

习总书记在纪念《告台湾同胞书》发表40周年大会上发表重要讲话，明确指出"台湾问题因民族弱乱而产生，必将随着民族复兴而终结"。作为新一代青年大学生，我始终坚信两岸齐心的这一天并不遥远，立志将以自己的青春才干，为中华民族的伟大复兴贡献一份力量。

梦

中山大学　药学院　药学　2016 级　澳门　林珈企

　　"妈妈",一位天真活泼的小男孩对母亲说,"我长大之后要当拯救地球的超人!"

　　"不不不,当超人要在天上飞,多可怕呀,我惧高,我以后要像爸爸一样,拿着相机到处拍,拍可爱的蜜蜂,拍忙碌的蚂蚁,拍各种各样的东西。"在一旁的小女孩说。

　　小男孩的梦想伟大英勇,小女孩的梦童稚而浪漫。每个人心中都有一个属于自己的梦,从小孩,到青少年、成人及老年人,有天真烂漫的梦,有梦想成真的梦,有一生都完成不了梦。而伴我成长的梦,支撑我一步一步实现心中所想的梦,不仅诞生于麻雀虽小,五脏俱全的中国澳门,更孕育在这片辽阔的土地——中国。

梦的起源

　　我生于斯长于斯的澳门,以前是一个盛产蚝的小渔村。19 世纪末中葡签订不平等条约后,澳门被永租给葡萄牙,在葡萄牙统治时期,澳门的经济并没有太大的发展,但在此期间,澳门特准设赌博,为澳门博彩之路奠定基础。几经波折,澳门终于回归祖国的怀抱,从殖民统治下的社会跨入"一国两制""澳人治澳"、高度自治的特区社会。改革开放四十年,百业兴盛,百花齐放,中国的经济急速发展,中国开放自由行,开放澳门赌权,大大带动了澳门的经济发展。

　　教育是人和社会发展的基石。得益于澳门的经济发展,澳门特区政府开始实施十五年义务教育，包括幼儿、小学、初中、高中，极大地保障了孩童接受教育的机会。我亦是义务教育的受惠者之一，通过在校学习，我接触到多个领域的知识——音乐、舞蹈、插花、语文、英文、数学等，参与了各种不同的比赛——机械人小组、纸飞机大赛、趣味科学竞赛等，也参加了丰富多彩的知识讲座，如莫言先生的"汉语文学的成就与前途"，以及各类安全知识、澳门社会发展方面的讲座。多姿多彩的课余活动，极大地拓宽了我的知识面，使自己不论在科学知识还是思想认识上都渐渐丰富起来。教育部每年都会赴澳门定期举办内地高校交流活动，正是因为某一次的高校交流活动，在深入了解祖国内地后，我对自然科学产生了浓厚的兴趣。这些一点一滴编织成了我的梦，我的梦很小，我想成为一名药学相关的专业人士，在自己感兴趣的科学领域里自由探索；我的梦很大，我希望未来的自己有着专业的科学知识储备，为祖国的科学事业发展贡献自己的光和热。

梦想是每一个人前进路上抵御荆棘的铠甲，有了梦想，才有目标，才有希冀，才会奋斗，遇到挫折亦能逆流而上，坚韧不拔。如今的我已是一名在祖国内地接受高等教育的大学生，作为大学生，我希望自己能像海绵那样，借助内地高校为我们搭建的广阔的学习平台，不断吸收基础和专业知识。把握好各种实验培训的机会，锻炼自己思考和解决问题的能力，为日后个人发展打下扎实的基础。在发展个人的同时，还要学会运用自身专业知识，回馈社会。星星之火可以燎原，我的梦想，便是成为助力祖国医药行业前行发展的一分子。

梦的壮大

2018年，一项"新世界七大奇迹"超级工程——港珠澳大桥正式开通。它是世界最长的跨海大桥，是建筑师和专家们的心血结晶。这条大桥将香港、珠海、澳门紧密地联系在一起，更把三地的人心联系在一起。三地人们来往更方便快捷，利用香港作为国际金融中心的优势，香港多条国际航线，能有效带动澳门旅游业、博彩业及会展业的发展，同时加深与内地的合作，加强创新科技、医药学交流等方面的交流，为千禧一代的年轻人创造不少机会，包括创业、学习、人才培养等方方面面。澳门政府也举办"创见机遇——创业参访团"等系列活动，年轻的我们要把自己的梦变为现实，并非遥不可及的事情。

身处中国新时代，随着国家改革开放，越来越多政策出台，当中不少惠及港澳台同胞，如港澳台居民居住证的申领和发放。持有港澳台居住证的人，可享有与内地同胞一样的基本公共卫生服务、法律援助等公共服务，同时在内地乘坐交通运输工具、住宿旅馆等方面都与内地居民无异，大大增加了港澳台同胞对自身国民身份的认同，便于港澳台同胞赴内地学习、工作、生活，与内地同胞一起成为实现中华民族伟大复兴的中国梦的强大后盾。

2019是具历史意义的一年，适逢新中国成立70周年、澳门回归祖国20周年，亦是中国与葡萄牙建交40周年。在澳门，人们使用各不种不同的语言，普通话、粤语、英语、葡语等，包容不同的宗教文化，天主教、基督教、佛教、道教。在西方建筑的转角，是一个充满中国特色的建筑，澳门是中西文化交融之地，市内的文化多姿多彩。澳门独特的历史和文化背景，是推动中国与葡萄牙及葡语国家之间合作的平台，随着葡萄牙总统德索萨来访澳门，有助进一步加强澳门的角色。但目前人们对澳门的认识更多是"赌城"，因此需要澳门的每一位居民与政府共同努力，利用澳门独特多元的文化风格，丰富除赌城外的形象，使澳门多元化发展，逐步实现"让澳门成为通向中国之大门"的梦想。

2021年即将到来，是国家实现全面小康的伟大年份，需要每一位中华儿女共同努力。中国梦是国家梦、民族梦，也是每个中华儿女的梦，同心共建中国梦，凝聚中国力量，弘扬中国精神，使中国富强起来，人民生活幸福快乐，并与全球共同进步。实现梦想是一条艰辛的道路，有甜有苦，有笑有泪，就让光芒折射泪湿的瞳孔，映出心中最美丽的彩虹。

因为梦想的照耀，我的追梦旅途并不孤独；因为共同怀着中国梦，我们的征途是星辰大海。

三等奖

心若在，梦就在

——同心共筑中国梦　中华子女鼎力同行

广东财经大学　外国语学院　商务英语　2017级　香港　杨嘉嫒

今年是2019年，在新中国成立已经70周年的今年，我们拥有着国土和平、茁壮生长及愈加成熟稳重的祖国；在澳门特别行政区回归祖国20周年的今年，我们拥有了愈发团结一致的力量去实现深刻的使命——"中国梦"；在《告台湾同胞书》发表40周年的今年，我们依旧怀抱同心共筑中国梦、携手同行新征程的美好希冀。

图1

2019年5月2日，国歌在香港金紫荆广场香港回归祖国纪念碑下唱响，国旗冉冉升起，朝气蓬勃的学生，年近九旬的"东江纵队"老战士，学界、政界、商界、演艺界等知名人士以及被吸引的不知国籍的过路人都共同参与了这一场人心澎湃的祖国庆生活动。无论何时何地何种方式，国歌响起，我们昂首挺胸，我们自豪：我们是中华儿女！为了庆祝新中国成立70周年，各大高校更是齐齐示爱祖国。5月31日，广东财经大学"我和我的祖国"快闪音乐会在图书馆举行，在平日脚步放慢，小心翼翼生怕惊扰他人学习的环境中，广东财经大学学生为祖国献上了最温暖澎湃的心声：《我爱你中国》，以及对祖国真诚的敬仰：《大中国》！

表达爱的方式虽异，但真诚的情却不谋而合：无论身在何处，中华子女都保持着爱国之心爱国之情的浓厚情怀。

宇宙之大，世界则渺。世界之大，中国则小。中国之壮，于人心也。在这场全球发展竞技赛中，中国不忘初心，鼎力前行；与世界各国和谐相处，用时代的最强音呼唤和平；与世界对手竞争，用强大的综合国力守护炎黄子孙；与自己赛跑，坚持中国特色社会主义道路，扬长补短；正是因为如此，中国取得令世界惊艳的硕果，用实际行动证明了：无论你在世界的哪个角落，身处多大的危难，祖国会带你回家。正是因为如此，今天我们才能在"ipanda熊猫频道"这个微博平台上远程观看国宝大熊猫，不仅让中国人民了解大熊猫繁育与成长，同时也为各国人民了解中国提供平台。

在中国特色社会主义理论的指导下，中国对外升值提高竞争力的同时也对内升级为中国梦铺下稳固的垫脚石。"粤港澳大湾区"的建设从学术界的讨论到地方政策的考量，再到国家战略的提出，历时20余年。珠三角9个城市携手港澳，共同打造粤港澳大湾区，建设世界级城市群。推进建设粤港澳大湾区，深化了内地和港澳交流合作，对港澳参与国家发展战略，提升竞争力，保持长期繁荣稳定具有重要意义。广深港高铁——香港段"动感号"于2018年9月23日正式开通，并实行"一地两检"的模式。很多人民于开通当日便去体验"动感号"，在此之后我也体验了一次从家返校的"动感之旅"，这次体验非常煽动我的心：祖国强大，人心鲜活。祖国的每一次重大事件都牵动着我们的心。中国实现了广深港高铁2018年通车的目标，未来香港高铁也将连通北上广等16城，为"一国两制"的建设提供强有力的支撑！

2009年12月15日，港珠澳大桥正式开工建设。2019年10月24日，港珠澳大桥公路及各口岸正式通车。历时十年的精心设计与打造，港珠澳大桥，终于显世！"港珠澳大桥全线贯通，一座桥改写世界经济格局。"文字表达也许会减轻打造的艰辛历程，但当港珠澳大桥的纪录片播出，国家与民族自豪感也随之迸发，国人一片留言都在为国家感动、骄傲、自豪。

图2

尽管未来中国仍需面临许多挑战，但是祖国与人心一线，共同进退。中国！请你坚定信念，昂首挺胸，大步向前！撸起袖子加油干！14亿膝下儿女与你共同成长、共同筑梦、共同期待你容光焕发的未来！

习近平主席说："我将无我，不负人民！"

人民：我将无我，心系祖国！纵然只能效绵薄之力，也会热血沸腾；愿你守得云开见月明。祝福你，我亲爱的祖国，七十岁生日快乐！我和我的祖国，一刻都不能分割！

自中大启程，迈步实践中国梦

中山大学　光华口腔医学院　口腔医学　2017 级　台湾　古威丽

一、我所理解的中国梦

当你有梦，说明你还年轻，至少证明你的双足还有前行的动力，目光依旧清明，至少证明你的心正热血跳动着，灵魂精神依旧燃烧着。我们的国家正是这样一个热血青年，在面对充满挑战的经济转型、国际关系、环境保护众多难题时，不畏艰难，反倒在每一道困境难题中找到中国式解法，走出不同于世界各国的道路，并且越战越强。中国人民站起来、富起来，象征着属于中华人民新时代的来临，今日的我们迈开向前的步伐，全国人民向往更美好的未来，追求的是国家富强、民族振兴，是实现中华民族伟大复兴的中国梦。

二、我的中国梦——健康中国梦

来到广州，我有中国梦，我的梦想是投入医学，是成为让更多人能幸福的贡献者。

医院，是痛苦与离别聚集之地。今日，医疗资源依旧供不应求，病痛顽疾仍然无情走入生命，但在医院，人人都是需要被关照的病人，都是身心俱疲、精神脆弱的受累者，又有谁有余力去付出关怀，谁能去理解他人的处境？每当我迷惘于现实的困境与压力，就会回忆起当时进入中山大学学医的初衷。我在高中时因病一度住进加护病房，学业停摆、家人亲友也无法相伴，当时医生无法明确病因，面对生死未知的彷徨与绝望，我感到很无助，而孤独困在医院的生活，让我反思生命的意义。我的运气不错，顺利走出了病魔阴霾，找回健康，在失而复得的欣喜之余，我立下了未来生涯的奋斗目标，自此，我决定踏上医学之路。

大学面试考核的时候，教授们提问，对中国的医疗前景有什么样的想象？这个问题可以说是对于健康中国的未来构想，更是即将踏入医学领域服务的我们应该深刻去思考的命题。在我的想象里，未来的中国将迈向全民健康的美丽风景，医院不再仅是人满为患、病痛苦难的聚集之地，而是能让人们找回健康的救援之处；医生不再是冰冷无情的问题解决者，而是与病患一同重建幸福生活的奋斗伙伴。自改革开放以来，经济建设的茁壮、医疗人才的增质增量，都是走向实现美梦的关键，建设这样的未来并不容易，在医患关系恶化、医疗资源不足、城乡分配不均等问题依旧充斥，在接触义诊以后，更深刻体会到了卫生知识普及的远远不足；导诊服务时，也感同身受着大医院的拥挤和力不从心的无奈，中国各地面临着不同的医疗困境，若想改变现状，需要一个强大的领导核心，凝聚力量，朝向梦的方向，逐步实现。

没有全民健康，就没有全面小康，十八大以来，全面深化了医药卫生的体制改革。全面普及、升级医疗是人民生活的保障，也是使人民幸福的关键所在。健康中国的建设，浩大且艰辛，然而幸有中华民族自古以来的优良传统与精神——刻苦、勤奋、团结，在危难面前从不放弃，传承下来的千年精神，用以集结力量办大事，建设无数宏伟的奇迹，这是全球各地都难以达到的成就。在未来，有了改革开放后逐渐积累的基础、有了我们的民族精神和团结力量，用中国式的办法解决医改这道世界性难题，开辟出一条属于我们的，符合中国国情的卫生与健康发展之路。

财富散尽可以卷土重新奋斗，然而健康一旦失去却是无法逆转。未来的健康中国，将是所有在这片土地生活着的人民、所有留着华夏民族血脉的子孙，共享着的丰硕成果，也是我们最宝贵的财富。

三、筑梦之旅，从中山大学启程

有了中国梦，我开启了属于自己的实践道路，何其有幸，我的起点是踏入中山大学。背井离乡，广州是我的第一个异乡，来到祖国大陆，远离了熟悉的家园，面临陌生的人和事物，即便先前做过心理建设，但依旧有一丝胆怯彷徨，尤其是两岸的基层人民交流尚不全面的情况下，更使我保持着时刻谨慎的心。

但，在这两年光阴间，我逐渐爱上了这个异乡。

来自五湖四海的同学们，虽有不同的成长经历，却能在相会时同样有着对于未来梦想实践的热情，在这里，我与室友在大大小小的生活经历中建立了奋斗情谊，虽然我们各自怀有不同的小目标，但终究是为了共同的梦想前进着，那就是我们的中国梦。为了全民族未来更好的前景，培养自身，也是对于国家最实质的贡献；在丰富的社团经历中，每一次与伙伴举办活动总是筋疲力尽，而这些辛劳汗水都是宝贵的经验与回忆，也让我在大学生涯中学习如何与人合作，更结识了一帮有革命情感的挚友；在师长们的关照教导下，我很快适应了这里的生活，在学校的用心与特别设置的港澳台实践活动中，也深受大国风范、家国情怀的氛围感召。在中山大学的滴滴点点是我成长的积累，我如同根植沃土的一株树苗，渐渐茁壮深根，慢慢地我终于理解到，何谓校长所说的：德才兼备、领袖气质、家国情怀的学子，也期许自己能成为这样的人才。

进入中山大学实属我幸，而筑梦之路，我在这些珍贵经历中逐渐踏实，也因为有了志同道合的伙伴，才能够笃行。

四、筑梦之路，携手共筑

我们这一代青年的成长十分幸运，继承先人的革命血泪、前人辛勤的劳动，身为新时代的青年，面向前方新征途，我们的奋斗不仅是为自己的前景负责，更是为了在国家民族复兴的关键时刻，能尽一分心力的光荣。响应新时代的呼唤，实现中国梦需要全民致力，团结一心，担起民族发展的使命，扛起建设祖国的责任，不畏前路艰难险阻，携手共创美好明天。不久的将来，我们将是这个时代奇迹的见证者。

琉璃罐

重庆大学　新闻学院　广播电视　2018 级　台湾　黄梓桐

幼时的我曾做了个梦，梦里我拿着火焰一般鲜红的琉璃罐，里面放着一颗糖，形状怪异。

一

"你干嘛呀！"

我抬起头，是个穿着中山装的男孩，他皱着眉，拉着我匆匆往巷子里钻。

手心热热的，还有些黏糊糊，我小心翼翼地打开握成拳头的手，上面可怜兮兮地躺着一块糖，糖纸蓝绿相间，被手中热气烘的软糯糯的摊了开来。

我记不得这是哪，也记不得自己为什么在这，不过我依稀记得，这颗糖，应该待在糖罐里。一个，像鲜血般艳红，又似火焰般耀眼的玻璃罐，形状像只雄鸡，又似乎像是凤凰。不对，应该是琉璃罐，红艳艳的半透明罐，安全地将这蓝绿相间的糖果收入其中。

为什么不见了呢，我皱着眉，挣脱开男孩握着我的手。

"我要去找我的琉璃罐。"

"为什么呢？糖果一定要放在罐子里吗？不能把罐子丢掉吗？再说了，那只不过是一个在普通不过的玻璃罐。"

将手中的糖果再一次握紧，我直视着男孩的眼睛，一字一句道，"那不是玻璃罐，是琉璃罐！再说了，糖果本就属于罐子。"

说完，我头也不回地跑了。一路上不停地翻找着，把路边的草丛几乎翻了个底朝天后，不死心的我又开始抓着人问，只要是从我面前经过的人，我便拉着对方，急切地询问，是否曾看过那红艳艳的琉璃罐。可惜路过的人们，只要是穿着中山装的，都冷冷地甩开了我的手。

"小妹妹！"有人轻唤。

我随着出声处寻去，是个男人。只有脑袋微微探出，身子隐没在红墙后。

"你在找什么？"

带着警戒的眼神望着出声的男人，他脸上挂着笑，下巴的痣格外显眼。

"糖……糖果罐。"我声如蚊呐。

男人偏着头笑了，指着我紧握的手心示意他想看看。我犹豫了会，才缓缓张开双手。刚才被热化的糖果一改前态，像是发生国家大事时，英勇的士兵般，雄赳赳地在我掌心驻扎。

蓝绿相间的糖果似乎让男人很惊喜，他爱不释手地轻轻拿起糖果，左看看右看看，最后才小心翼翼地放回我手里。

"你朝着光走，就会找到你的糖果罐了。隐匿在云朵之下，扎根在心。"他留下一句话后，便消失了。

不知为何，我的胸腔因他最后的话而微微颤动，血管里的血液似乎也跟着加快流动的速度。我相信着那个男人，我知道，并且是一点怀疑也没有。转过了身，我朝着不知何时出现的光束，毅然跑去。我能感受到光附在皮肤的触感，毛孔贪婪地吸食着，发丝随着身体对光的叫嚣肆意飞舞。

二

"亲爱的旅客，飞机将在半小时后抵达江北机场，请确保您的安全带……"

广播里甜美的女声将我一下惊醒，我睁开眼，身体还在因刚刚做的梦微微颤抖。

我揉揉眉心，想摆脱刚才诡异的梦。

我幼时也曾做过这个梦的，不过没有那个男人，穿着灰衣，下巴长痣的和蔼男人。

太阳穴突突地跳着，我艰难地咽了口口水，怀着转换心情的念头往窗外望去。

被傍晚拥抱过后的白云透着粉，像是害羞的少女般，片片粉红夹杂其中，隐隐约约还能从缝隙中窥见连绵的绿山。

——隐匿在云朵之下，扎根在心

梦里的话突然涌入脑中，身子猛地颤抖了下，我双眼紧盯着窗外，试图从那少女怀春的景象中看出些什么。看了半晌，才失望地眨了眨干巴巴的眼睛。什么都没有啊⋯⋯

我悻悻地收回视线，百无聊赖地看着头顶的荧幕，上面正放映着从台湾到重庆的路线图。

突然，比刚刚还要猛烈的颤栗感涌了上来，顺着血管，突破心瓣膜，直抵心脏。我捂着胸口，直直地看着荧幕。

在放映完了两个地点的路线图后，荧幕的景象切换成了世界地图后，正慢慢拉近，而我也是在这慢慢拉近的过程中，嗅出了端倪。幼时的我曾做了个梦，梦里我拿着火焰一般鲜红的琉璃罐，里面放着颗糖，形状怪异。那糖果蓝绿相间，上下窄，中间宽。而那红艳艳的琉璃罐，似雄鸡又似凤凰。

我恍然大悟，一股难以言状的情绪涌上心头，我又一次地转过头看向窗外，外头的云渐渐散去，露出了嫩绿的山。高考填志愿时，我义无反顾地选择来到大陆读书，只为看看从小学就出现在课本中的令君王折腰的，大好江山。而今天，正是我从台湾离开，踏上祖辈呼吸过，扎根发芽的土地的，第一天。

梦里的景象似乎又一次清晰起来，我手紧握，似乎能感受到那糖纸抵在掌心的瘙痒感。

三

"你找到糖果罐了吗?"

我抬头看向声源处,还是梦里曾出现过的那个男人,不过脸上多了岁月的痕迹,两侧的鬓发藏着雪白。

轻手轻脚地将糖果放进罐子,我一边扭紧盖子,一边略带不服气地说,"是琉璃罐啦!"才不是简单的糖果罐,是似火一般的,琉璃罐。

我将罐子高高举起,透着光,眯着眼,轻轻晃动罐身。糖果纸与罐子相碰发出细小的声响,糖纸里包覆的糖球更是在撞击时发出咚咚咚的脆响。

幼时的我终于找到遗失已久的琉璃罐,而我,也终于找到一直渴望的归属感。

梦将至成，心向往之

北京师范大学　历史学院　历史学　2018级　澳门　李子杰

如果乡愁只有纯粹的距离而没有沧桑，这种乡愁是单薄的。

余光中如是说。

因为记得，所以动容；因为了解，所以感同身受。

在余光中说出这些话的半个多世纪之前，在中国，另外一位年轻人，面对山河破碎，愤然执笔，写下了一组动人的诗篇。

"你可知Macau，不是我真姓，我离开你太久了母亲。可是他们掳去的，是我的肉体，你依然保管我内心的灵魂……"

这是那组诗篇中的其中一章，闻一多给其名为《七子之歌·澳门》。

一句句，一篇篇，都是血与泪写就的历史。几多耻辱，几多悲愤，几多无可奈何。

"四万万人齐下泪，天涯何处是神州？"

实现民族复兴，这是谭嗣同的梦，这是无数背井离乡的中国人的梦，这是中华民族的梦，这也是，澳门岛上，每一户普通人家的梦。

时光流转，窗外掠过风景万千，仿佛霎时，这一场梦，便已经持续了百年。

梦开始的地方……唔，那就在澳门吧，他这样想着，"那我开始讲了。"

一、梦魇

1887年，秋。

已经不知道是第几次从这种噩梦中惊醒了。

他揉了揉眼睛，天色还很早，窗外一片漆黑，什么也看不见。大脑很乱，他一遍遍回忆着刚刚梦中的情景，是那么的不真实。

他生活的地方，广东省香山县的澳门。它曾经有一个很好听的名字，叫"濠镜"。这里是他的家，是他祖祖辈辈生活了几百年的地方，小而宁静。

他想尽力忘记刚刚的梦魇，但不知为何，它可能太真实了，以至于他闭上眼睛，就会在脑海中浮现出那样的情境。

"群夷濠镜宅，千里火轮船。"

拍拍胸脯，不过是梦而已，他这样告诉自己，再次沉沉睡去。

清晨，走出房间，他便看到了放在桌上热气腾腾的早餐，母亲的唠叨伴随着饭菜的香味传进耳中。匆匆吃完早餐，他便出门做工了。作为一名码头上的运货工，他希望在天气好的季节多运几趟，这样便能更多地补贴家用，让家人过上好日子。

晚上，忙了一天的他来不及褪去身上的衣服，便沉沉进入梦乡。这一次没有梦魇，梦中是妻儿的如花笑靥。

日子一天天这样过去，虽然平淡甚至艰辛，却也充满希望。

直到那一天的到来。

也是到那时，他才明白，这一切都不是梦。

当他得知葡萄牙宣布将永据澳门的时候，是在 1887 年的冬天，这个冬天似乎比往常要更冷。他紧了紧衣领，朝手心哈了一口气，慢慢走回了家。这一路显得十分漫长，他想了很多，也走了很久。

推开家门，母亲抬首朝他微笑，"回来了。""嗯。"他答道，看似平静，心里却似如刀割。

终究是要被放弃了啊……那个他曾经引以为豪的祖国，如今却因为一纸条约，将澳门彻底拱手让与他人。

不可能，不可能的。在他心中，中国仍旧是那个国富民强、万国来朝的天朝上国，是能给他庇护、予他安宁的国家啊。

可是他不知道，现在的中国，正在列强的夹缝中苦苦求生。

不是没想过反抗，但帆船终究抵不过那蒸汽动力，不断东来的西洋船只和军队仿佛在宣示着中国的必然失败。

无耻，无情，却也无奈。

他走在昔日的码头上，周围多了很多新来的葡萄牙船只，人们脸上堆着满满笑意，却再无往常的希望与憧憬，他也是。

"群夷濠镜宅，千里火轮船。"

原来，这不是梦呵。

二、梦呓

1925 年，春。

他回来了。踏上祖国土地的一刹那，他方明白"血浓于水"的真正内涵。无论走多远，"中国"二字，从未忘记。不敢忘，也不能忘。

可是不知怎的，他感觉最近总是睡不好。

白天起床询问家人，被告知晚上的他总是在喃喃地说着什么，却又听不太分明。

他回到房间，抬眼看到了墙上挂着的日历。

时间过得真快啊。今年，距离 1887 年，已经将近四十年了。

四十年，历史翻天覆地，车轮滚滚向前，毫不停留。发生了很多，变化了很多，却更多的是一成不变。他最痛恨的便是这种一成不变的安宁。

澳门，已经被葡萄牙正式占据了将近四十年。这四十年，澳门人民沉默过，反抗过，到最后，成了如今的光景。

"起床了就来吃饭吧，你刚回国，来尝尝家里的味道。"母亲在门外喊道。

"来了。"他应和着。

回国，那……祖国？

脑袋中突然闪过的这两个词让他一惊。

是啊，回国之后，竟是满目疮痍，家已非家，国亦非国。一切都如一记重拳，敲打在他胸口。

他乍然想起了昨晚的喃喃梦呓，原来，那不是梦。

灵感如泉水般涌现，梦呓被他用笔抒写了出来。

"你可知 Macao，不是我真姓，我离开你太久了母亲……"

母亲……

他看了看在厨房中忙碌的身影，又望了望窗外的苍茫大地。

她们，都是我的母亲啊。

写毕，仍意犹未尽，短短数行，岂能表达出他内心的复杂情绪？于是，他再次拿笔，写下了心中的愤懑与无奈。

"吾国自《尼布楚条约》迄旅大之租让，先后丧失之土地，失养于祖国，受虐于异类，臆其悲哀之情，盖有甚于《凯风》之七子，因择其中与中华关系最亲切者七地，为作歌各一章，以抒其孤苦亡告，眷怀祖国之哀忧，亦以励国人之奋斗云尔。"

他轻轻放下笔，推了推眼镜，打开门，"来了。"他微笑着对母亲说。母亲却也不急，眯着眼看着他，脸上却尽数是掩不住的欢喜和欣然。"瘦了瘦了"，母亲摸着他的脸，喃喃道。

吃饭间隙，他抬起头，不经意看向窗外，有风声，有鸟啼，还有那一树的阳光。

一朝别却西江水，且向沧波悟镜缘。

三、梦醒

1999 年，冬。

一道阳光照进窗户，他揉了揉眼睛，从床上坐了起来。

"好长的一个梦啊！"他自言自语着。头还有些疼，他扶额下床，在出门的时候看了一眼日历。

1999 年 12 月 19 日。

这几日，澳门街上都在谈论着一件大事，回归。

回归？是真的吗？或者这又是另一个梦？他摇晃着头，想努力想起点什么。

可都是徒劳，他能想起的，只有梦中的那些或悲哀或无助或苍白的镜头。

"快起床了，下午总督府降旗仪式，你不去看了吗？"母亲嗓门很大，即使隔着门，他也听得一清二楚。

"去去，我马上就起来。"他应和着。

原来，这不是梦啊。

走出家门，街上很热闹，人头攒动，笑容洋溢在每个人的脸上。他也被这种气氛感染，脸上露出了自己都没察觉的微笑。他在街道上慢慢踱步，两旁飘出了面包的香气，是下午茶的时间到了呢。

时针指向了四点三十分。

他跟其他澳门人一样，踮起脚尖，想要见证这注定载入史册的一刻。

五点整。

在葡国国歌声中，葡国国旗从楼顶旗杆缓缓降下。

看着这面国旗，一刹那，他竟有点失神。恍然间，时空倒转，他仿佛又入了那个梦，梦中硝烟弥漫，接二连三的夷船来到澳门，踏碎了原本安静而美好的时光。

1999 年 12 月 20 日零时，澳门正式回归。

那时他坐在家中，平时不喜喝酒的他竟也呷了两口。抬望眼，夜空中烟火璀璨。

九州举杯兮，百年耻雪。

梦，终于醒了。

四、梦成

2019 年，夏。

他还记得，小时候的梦想，就是能够在一望无际的伶仃洋上，架起一座桥。

"爸爸，海的那边，是什么呀？"

"等你长大了，爸爸就带你过去好不好？"

一晃十年。

今天的他，起得格外早。他想要去看看传说中的港珠澳大桥。按捺不住的激动，让他脸微微发红。

这一项世纪工程，不仅圆了他的梦，也圆了所有中国人的梦。

黑白镜头下的百年前，西方列强正是经过这一片海域，来到澳门。由于造船技术的先进，中国人对此毫无回击之力，只能眼睁睁看着夷人在澳门横行。

汽车在桥上飞驰，窗外风景迅速倒退，仿佛一帧帧电影画面，鸿蒙汽迷了他的眼，眼眶不禁变得湿润起来。

这一切，都是祖国强大的结果啊。"一国两制"创造性的实践，方才造就了如今充满奇迹与神话的澳门。

他闭上眼，努力让自己平静下来。

廿年发展兮，胜过百年。

梦，终于实现了。

五、终

有人也许会问，"他"到底是谁？

"他"，是你，是我，是我们每一个生活在这片热土上的澳门人。

"什么是中国梦呀？"耳边传来了甜甜的童声。"中国梦啊，那是一个很长很美的梦。这个梦开始的地方，嗯…那就从澳门开始讲吧。"

"精诚所至，金石能开。诚如斯，中华'七子'之归来其在旦夕乎……"

青年同心圆·共圆中国梦

广州中医药大学 第二临床医学院 中医学 2014级 香港 伍玉匡

我来自一个小城市，香港。那里是一个典型的资源匮乏型城市，虽然背靠大陆、三面环海，但因河流和地下水稀少，长年存在着旱涝不均、冬夏不均的问题，老百姓只能"看天喝水"，水荒时常发生。历史上，香港曾发生严重水荒，造成了较大损失，长辈们制水期的辛酸回忆，都使我不禁慨叹，幸好我们有祖国的东江水。

图1　昔日香港市民挑水的场景

安全感是所有幸福的基石

当我还是小孩子的时候，我就发现了一个小秘密。那就是不管玩什么，妈妈在身后才重要。远远看着我的妈妈似乎不会影响我玩耍，但却是我玩得尽兴的根源。因为，要是我发现妈妈不在了，我会立马放下玩具，内心慌乱，再好玩的玩具，再有趣的小伙伴，皆不如身后的妈妈重要。而对香港而言，祖国就像妈妈一样，不单哺之以生命之水，还在远方静静看护着，为我们提供安全保护之余，也提供了自由的成长环境。我们感受到的不单是细润无声的民族爱，更重要的是一份妈妈一样的安全保障，使我们在香港安居乐业，自由健康地成长。能专注发展前进的方向，不时回头又能看到母亲在守护。在我们心目中，北方的内地就是我们香港人的安全感泉源，一座靠山，宝贵而无形的精神支柱。

香港——这个不太一样的孩子

在"一国两制"的政策下，安全感和自由双重支持及养育了我们。造就了我们既拥有不一样的国际视野，同时又富有家国情怀。既与中国的经济贸易发展息息相关，又与中华社会文化一脉相承。因此，我们可以以自身独特的视野，作为最接近又最客观的见证人，感受中国改革开放的非凡成就。40年来，我们见证着祖国的改革坚持，不断深化优化改革方案，摸着石头过河，由浅及深，各方面推进了农村、国企、科技、财税、金融等多领域改革，造就了无数改革商机红利，激活了中国的生产潜力，适应了浩荡的新世代潮流。肯定的是，这40年的改革成就，绝对是人类历史上无出其右的高度，可以用脱胎换骨来形容，要是有人能像电视剧一样穿越时空，把40年前的人带到今天，无论是谁都不能想象中国能创造出这样的奇迹。在世界的见证下，中国自1978年改革开放以后，不断迅速增长，甚至不知不觉地带领着世界的发展。不论在经济上，贸易上，文化上，民生上，还在国际政治、外交等领域的影响力和执行力都取得了其他国家望尘莫及的进步。而改革开放的大量前所未有的崭新政策，更是开启了创新的贸易体制的新章程，设立经济特区等新颖的发展政策，也是人类文明中重要的、举世无双的贸易管理模式，成为众多发展中国家的楷模。

香港——改革开放的参与人，贡献人，收益人

1992年邓小平南方谈话时，在深圳关岸久久凝视着香港，炯炯目光中

闪烁着一份无法言喻的爱惜之情。当时深圳正处于发展期，香港这个个性独特的孩子，当时也饰演着重要且无法取代的角色。当时的领头人得不断实践，不断学习，必须一边落实大胆的政策，一边修正改革道路的方向。

图2　1992年邓小平南方谈话留影

我们必须向改革开放的开创人和实践人致上最崇高的敬意，大胆地要"深圳学香港"，而"全国学深圳"，合理运用香港的经验，大大加快了改革开放的速度。直到今天，香港仍在文化交流上担当桥梁的角色，并作为中国最重要的人民币离岸中心，展现了其独特的经济及税制优势，为人民币对外开放走向国际服务，起着无法取代的作用。同时香港的经济也因此而互惠互利，创造了更多协同利益及新的机遇，为国家及人民带来了更好的生活。身为香港人，在改革开放的道路上，我们不但是参与人，也是贡献人，更是受益人。

图3　代表时代进步的港珠澳大桥

港人绝不能忘却初心

展望未来，站在世界的舞台上，虽然香港还是昔日的小城市，还是那个缺乏淡水的"弹丸之地"，虽然祖国的支持和守护依旧不可或缺，但我们有的是刻苦耐劳的实干天性，并以自己中国香港的身份为荣。作为国家的一部分，改革的任务责无旁贷。正因为香港过去独特的经验及角色，我们应该积极参与改革项目，主动提供技术示范，协助开展公益活动，扶助弱势群体，以更全面服务当地，推动企业承担社会责任标榜。要总结改革40年经验，承前人古训而不拘泥古方，明白自身优势及定位目标。在新时代的浪潮中抓住每一个迎面拍打的巨浪，化为前进的动力，勇涉改革的深水区，乘上机遇的巨轮。在中国改革发展的带领及经济推动下，携手迎向未来的最佳时机，与周边城市及地区发挥更好的协同效益。

走好当下的每一步，一步一步踏出复兴路

40年的岁月沧桑，40年的风雨同行，40年的信念如铁，40年的目光如炬，就是这样，一步一步，走了40年，再回望改革路上的每一步，哪一步不是波澜壮阔，哪一步不是战战兢兢。

就是这样，一步一步，走到今天，在落实改革路上的每一步，哪一步不需忠实勇为，哪一步不需满怀激情。

就是这样，一步一步，走向明天，在复兴中华的路上的每一步，哪一步都得稳打实扎，哪一步都得信念坚定。

改革绝非一朝一夕的事，也不是一小群人的事，需要的是全国上下一起奋勇向前的力量，需要的是全国上下坚定一致的改革信仰，需要的是全国上下永不停滞，永不自满，永不言败的决心。

全世界都在看着我们的脚步，未来是共筑奇迹中国梦的延续，未来是中国改革开放的表演舞台，未来是中国人民更加自豪的一片天地。

中国梦，复兴情

华南师范大学　教育信息技术学院　传播学　2018 级　台湾　陈怡蒨

回望中国上下五千年，神舟纵跨数十载。唐虞三代，若何之郅治；秦皇汉武，若何之雄杰；汉唐来之文学，若何之隆盛；康干间之武功，若何之煊赫。磅礴盛世谈笑间，但人们也不曾忘记过风雨飘摇的时代，历史总是在风雨兼程中一步一步走来，长河古迹，安康盛世也有冻死饿殍，动荡乱世也有荣华富贵，世道不平，所以鸟栖于枝头即使有巢穴也要振翅高飞，人活于世上也要展开双臂支起人生。

我们常会问，什么样的时代是一个好的时代呢，是一个民族富强、兴国安邦的时代吗？还是一个平等自由、匡扶正义的时代？或许都是，也或许都算不上，至少我认为在一个好的时代里生活的人民一定是敢做梦、能做梦、会做梦的。就是即使在一脚凉水一脚淤泥的世道下举步维艰，却还能有颗会往外淌热血的心，坚持一条明知不可为而为之的路，造一个人心所向的梦。所谓人心所向便关乎于一个人民、一个民族、一个国家。

一个心系家国的人民会做什么样的梦？脑海中一闪而过周恩来总理"为中华之崛起而读书"的名句。大概读书人所想便是"横渠四句"那"为天地立心，为生民立命，为往圣继绝学，为万世开太平"的壮志，想自己有一天成无双国士，能力扛江山万万年。似乎能够求得河清海晏，时和岁丰，江山永固，天下升平的盛况便是我们伟大的宏愿，然而自己若是能为安康盛世做些什么，在历史的丰碑上添上一笔，那便更好了。

一个谋求复兴的民族会做什么样的梦？中华民族是一个有着强烈的民族责任心的民族，许许多多的仁人志士屡仆屡起，他们不但把人心所向的梦想扛在肩上，更是"铁肩膀担道义"将国家的荣耀、民族的复兴举过头顶。这样的人们便不再是抱着希望"无字碑头镌满刻，墓志铭前颂功德"而作为。一个民族，一个国家生生不息的缘由，既有浴血沙场的战士精神，也有笔下生情的豪情壮志，他们都是民族之光，是国家的荣耀。前有文天祥"不指南方不肯休"的决意，后有鲁迅"我以我血荐轩辕"的热血。倘若盛世将倾，深渊在侧，我辈当万死以赴。倘若天下安乐，盛世太平，我等愿复兴中华。

一个繁荣富强的国家会做什么样的梦？我们的国家有着灿烂辉煌的文明，她在经历了铁蹄践踏，风雨飘摇，硝烟弥漫后又能够浴火重生得昂首挺胸，追求梦想，谋求复兴。那是一种即使岁岁枯荣也不曾被磨灭的中国精神，是代代相传而不朽的中国形象，是斗转星移也不会动摇的中国梦想。是悬在我们每一个人头顶，扛在我们每一个人肩上，刻在我们每一个人心中，那从未放弃过去实现的民族复兴的伟大梦想。

是什么在未来？是惶惶而不可终的恐慌，还是盛世安康下的太平？我们总要去想未来，既然只是想，为何不大胆一些，为何不把它想得好一些，大胆地编织一个绚丽多彩的梦。百年之前就有一个名为陆士谔的小说家，为迷茫的国人书写了一个美好的生活，许下了一个被称作是"痴心妄想"的宏愿。他想：未来的上海，将是一座繁华的大都市，修建了地铁和大桥。上海浦东，万商云集，正在举办万国博览会。外国的治外法权已经全部收回，昔日趾高气扬的洋人见了中国人也会毕恭毕敬，汉语甚至成为了世界上最普遍的语言。小说的结尾，陆士谔让"中国梦"回到了现实，主人公被门槛绊倒后醒来，原来自己是在做梦。可将这些百年前的梦想放到今天，那时候的愿景在百年后的今天已经全部都实现了。然而十年过去，还有下一个十年，百年过去，还有下一个百年。

亟拯斯民于水火，切扶大厦之将倾。我们的祖国经历过无数个风雨飘摇的时刻，就算风雨飘摇中的大厦将倾，然而只要那唤为梦想的磐石梁柱犹未倒，就总还有千千万万的人将那四方的天地给撑起来，即使历史的重担压弯他们的脊椎，但那坚挺的铮铮铁骨却不曾动摇过，千秋万代，将我们的祖国扛在肩上，把复兴中华的梦想放在心里。无数的造梦人穷尽一生描述美好的将来，数以万计的逐梦者将祖国历代的河山扛在肩头。

长安街东起建国门，西至复兴门，以盛唐古都命名，寓意长治久安。当嘉兴南湖的微波终于汇成滔天巨浪，井冈山头的星火终于燃成熊熊烈火席卷过整个神州。第一面五星红旗在东方的神州大地上缓缓升起，天安门上传来深入人心的"中华人民共和国中央人民政府今天成立了"的呼告。我们用了三年的时间恢复了国民经济，我们用五年的努力实现了初步工业化；我们在1997年时迎来了紫荆花的清香，我们在1999年时增添了水莲花的芬芳；我们的神州在广阔的星河上熠熠生辉，我们的铁路在蜿蜒的土地上屹立不倒；我们迈开了改革开放的历史性脚步，我们掀起了科教兴国的全民性浪潮；"一带一路"的伟大构想使我们眼界开阔，快捷支付的便利形式丰富了我们的生活……我们坚持走出了中国特色社会主义道路，我们的科学技术以突飞猛进的速度加速发展着。我们实现了物尽其用、人尽其才、地尽其力、货畅其流的社会主义现代化社会。历史的无数细节告诉我们，我们的民族无比渴望着复兴。而我们现在的国家比任何一个节点都要更接近复兴，更敢于做梦，我们用心血灌溉的梦想永远不会枯竭，并一点一滴地实现。

岁月以往者不可负，见在者不可失，未来者犹可期。梁启超在《少年中国说》写道："天戴其苍，地履其黄，纵有千古，横有八荒，前途似海，来日方长。"我们头上顶着青天白云，脚下踏着黄土大地，我们的国家纵看的时间上有着千年万载的历史，横跨的空间可通达四面八方，前途就像大海一样宽广，未来的峥嵘岁月正长。相信唤做"中国梦"的梦想，让更多的人做梦，让更多的人追寻，无数满怀希望以及理想的人拧成一股麻绳，无数我们知道或者不知道的名字倒下或者蓬勃，我们放眼自己身处的时代用心血浇灌复兴中华的中国梦，更加相信自己能够触碰到崭新的未来。无负今日，不惑、不忧、不惧，真正去实现中华民族的伟大复兴，勇敢去展望未来，同心共筑一个使国家富强、民族振兴、人民幸福的中国梦。

最后我也做了个梦，关于复兴中华的美好愿景，为千千万万共筑梦想的国人们许下美好的愿景：愿风雨兼程，再达彼方。愿同心同力，锐不可当。愿心怀梦想，毕露锋芒。愿复兴之路，共创辉煌。

中国梦，共同的梦

——为之共同的梦，一起奋斗

西南财经大学　金融学院　金融学　2017级　香港　薛文建

> 每个人都有理想和追求，都有自己的梦想。现在，大家都在讨论中国梦，我以为，实现中华民族伟大复兴，就是中华民族近代以来最伟大的梦想。
>
> ——习近平

梦想，是一股动力，源源不断地激励着我们前进。因为有梦，在追梦的征程上，我们不惧艰难险阻，不畏前方路途坎坷遥远。"中国梦"，一个跨时代的词语，一块引导全中国人民行进方向的指示牌，更是一股源源不断给予人们力量的源泉。以走中国特色社会主义道路、坚持中国特色社会主义理论体系、弘扬民族精神、凝聚中国力量为实施途径，以政治、经济、文化、社会、生态文明五位一体建设为实施手段，表现为国家富强、民族振兴、人民幸福，并最终顺利实现中华民族的伟大复兴。中国梦，为我国的未来刻画了一幅宏伟的江山社稷图。中国梦，也是我不变的信念，我始终坚信，它会引导内地（大陆）同胞，港澳台同胞，以及海外侨胞为建立一个更加美好，更加强大的祖国而共同奋斗。

身处香港的我，在"中国梦"这一概念提出，甚至是多年之后，我还未有一个较为全面的认识，只是时不时会通过电视新闻联播了解到些许有关中国梦的描述。尽管只是借助新闻了解到中国梦内容的冰山一角，但是仅从这冰山一角我也能感受到它的伟大以及引领作用。"中国梦"，潜移默化地成为我心中挥之不去的念想。对祖国内地的向往也因此愈发强烈。终于在 2017 年 9 月，我如愿地来到了四川省成都市西南财经大学学习。对中国梦的了解，也从此刻开始清晰明了。无须刻意地去探索或研究中国梦的内涵，从身边同学的口中以及相比身处香港时关注到的更多的媒体新闻，我已在不知不觉中感受到中国梦的真谛。不时向身边的同学聊起中国梦，聊聊这些年以来他们心中的中国梦。他们说，国家富强，社会安稳，人民福利以及社会保障的不断提高，个人学习机会以及就业机会的增加，这些就是他们所追求的中国梦。身为中国的一分子，我也有我心中的中国梦。中国是具有五千年历史的国家，在以往多数古代历史回忆中，中国始终处于世界之巅，只是后来因为一些因素，我国开始走下坡路。因此，我诚挚地希望，我国的发展相比此时此刻能不断地更上一层楼，国家的综合国力能不断增强，社会发展愈加稳定，人们的生活更加幸福。站在香港同胞的角度，我还希望祖国内地和香港的联系能越来越密切，让更多的香港市民能感受到祖国的好和回归祖国怀抱的那份归属感。这就是我的中国梦。

中国梦，一个海内外中国人民共同的梦，一个由许许多多人民的梦汇总起来的梦。个人的梦依托于国家，国家的梦由千万人民来共同实现。中国梦归根到底还是我们广大人民群众心中的梦。为此，我们应当以自己的微薄之力，为伟大中华民族的复兴梦，献上属于我们的力量。

以个人的角度来说，为了更好地为实现中国梦献上一份力量，我们应当做到以下几点。第一，作为新一代的青年人，我们应该勤奋刻苦，坚持不懈地提高我们的综合素质和能力，好好利用国家给予的学习机会，提升我们的专业素养。习近平主席曾说过"中国梦是历史的、现实的，也是未来的；是我们这一代的，更是青年一代的。中华民族伟大复兴的中国梦终将在一代代青年的接力奋斗中变为现实。"生在这个时代，我们青年人是任重而道远的，为了祖国伟大的中国梦，为了我们自己的个人梦，我们应当懂得刻苦，懂得坚持，取之于国家，回馈于国家，以自己微薄的力量，尽可能地为国家做贡献，造福于这个社会。作为一名在西南财经大学学习金融专业的学生，我主要学习与金融经济方面有关的知识。我认为，学习不仅是为了自己，更是应该为了国家，是国家给我们提供了这样的一个学习机会与学习环境。还记得在 2019 年 5 月 26 号那天，在学校的安排下，校内港澳台同学很荣幸地参观了成都市规划馆和成都市政协大楼，并且得到了政协主席十分亲切的接见。整个过程气氛十分轻松融洽，主席为人十分和蔼可亲。他不断询问我们在成都学习的情况，并且让我们反馈生活中所遇到的问题，以便日后提出解决办法并加以改善。吃水不忘挖井人，我在学习期间，自当勉励，学有所成之时，亦必当回馈社会，回报国家。第二，作为中国人，我们应该坚持在中国共产党的领导之下，为实现中国梦而奋斗。中国梦给了我们前进的方向与目标，但是生活中我们总是容易在不知不觉中迷失了前进的方向，而此时正需要中国共产党的领导，引领我们朝着正确的方向前进，不在追梦途中迷失。第三，为实现我们伟大的中国梦，应当坚持走中国特色社会主义道路、坚持中国特色社会主义理论体系。中国特色社会主义道路是我国特有的社会主义道路，是中国共产党和人民在长期实践中开辟出来的正确道路。改革开放之后，我国综合国力大幅度提升、人民生活水平显著改善、国际地位大幅度提高，其根本原因是我国始终坚持走中国特色社会主义道路。要实现中国梦，必须要坚持不懈地走中国特色社会主义道路、坚持中国特色社会主义理论体系。

从中国所有公民的角度来说，团结的力量是无穷大的，一滴水只有放进大海里才永远不会干涸，一个人只有把自己和集体事业融合在一起的时候才能最有力量。众人拾柴火焰高，中国是由五十六个民族组成的大家庭，更是由近乎14亿人口组成的大国。正在中国这片广阔的土地上生活的人，包括港澳台居民以及海外侨胞，应当共同为了中华民族复兴这一伟大的中国梦而一起努力奋斗。中国是一个不可分割的大家庭，香港、澳门、台湾都属于中国这个大家庭的一部分，作为这个家庭的一部分，我们不仅仅身为港澳台居民，更是同样作为中国公民的这一身份活着。"北疆的雪，南国的花，一轮明月映照我们共有的家，东海的浪，西域的霞，不同乡音道出我们心里的话"。香港的紫荆花、香港浅水湾前的滔滔浪花，以及新疆的冬日下起的鹅毛大雪，都是中国不可缺少的一部分。同样的作为中国人，不论我们来自祖国何处，我们都应该同心协力，为了同一个梦想而努力。我认为，同心就是坚决拥护一个中国，坚持中国共产党的领导，毅然拒绝任何团体、任何形式上的分裂以及独立主义。在国家大事面前，众志成城，个人利益在后，以国家利益优先。国有中国梦，我们应该团结在一起，共同为祖国梦想而奋斗。正如习近平主席所说的那样"团结统一的中华民族是海内外中华儿女共同的根，博大精深的中华文化是海内外中华儿女共同的魂，实现中华民族伟大复兴是海内外中华儿女共同的梦。共同的根让我们情深意长，共同的魂让我们心心相印，共同的梦让我们同心同德，我们一定能够共同书写中华民族发展的时代新篇章"。香港需要祖国，中国的任何一个人、任何一个地区都需要祖国。同样的，中国也需要我们。中国梦，是一个同心同德的梦，是我们每一个地区每一个中国人共同的梦，为此，我们必须携手并进，摒弃地区间的文化差异，为中国梦，为祖国的未来一起奋斗。

中国梦，是必将实现的梦，亦是我们大家共同的梦，只因我们生在中国，身为中国人。我们为中国梦奋斗，祖国助我们圆我们的梦。让我们，为了共同的梦，一起奋斗吧！

追梦路上　接力有我

浙江工商大学　人文与传播学院　新闻与传播学　2018级　台湾　谢媛戎

　　大陆，似近似远。这是小时候的我，对她的第一感觉。虽然能从触手可及的地图、课本上找到她的轮廓，幻想她的美丽，但我总觉得这不够真切。每每站在海峡远眺祖国，她如同似有似无的微风，只是在我的面前轻轻拂过。我常想："那里会是什么样的地方呢？"长久以来我对大陆充满了好奇与向往，盼望有一天越过海峡，饱览她的秀丽风光，感受她的风俗乡情。

　　一切竟如愿。我因父亲工作原因，随他来大陆求学。飞机穿过萦绕在海峡间的云雾，降落在这片熟悉又陌生的大地上。终于，我真真切切地踏上了对岸的这片土地，站在了我从小熟稔的在古诗词中被千遍万遍吟咏过的土地！起初，我对这儿的一切，有些陌生，有些悸动，但很快都成了安心。那时的我，认为自己如同季风吹来的时雨，带着大海里的丝丝凉意漫游过碧海云天，撒向了大地的怀抱。又如同树梢最末的那片叶，迎着阵阵秋的呼唤，随其陶醉于泥土的芳香。

　　我曾询问母亲："任何地方都能创业，父亲为何选择了大陆呢？"母亲却只说："等你长大了，就会知道的。"

　　忙碌的学业逐渐覆盖了我的问题。在一次偶然的机会，我回想起疑问，再一次激起我对父亲来大陆创业的好奇。那天白云朵朵，清风徐徐，早出晚归的父亲坐在院子里，一边吃着早饭，一边还不忘翻阅公司的文件。我默默地坐在他旁边，抬起头准备开口时，突然发现成群结队的细纹不知何时爬满了父亲的脸颊，三三两两的白丝也已偷偷驻扎在父亲的黑发里。呵，那一瞬间含在嘴里的疑问又回到了心中。不忍心打扰父亲的我，决定还是静静地待在他旁边吃早饭。或许是因为父亲瞥到了我奇怪的眼神，也或许是父亲知道我想问什么。他收起了手边的文件，和我聊起他的创业历程。

我们还住在台湾时，父亲每天认真工作，坚守岗位，靠着努力和能力在工作上取得了不错的业绩。尽管他不爱表达，但靠着产品质量保证、服务优质高效和处事诚实守信，赢得了顾客的信赖。可人生终不只是一帆风顺，几年后父亲与合作者发生了些许误会与矛盾，不得不选择了退出。父亲说在接下来的几年如堕云雾，尝试了很多工作后都走不出困境。后来逐渐意识到，台湾的市场太小了，竞争对手越来越多，各种限制让初创业者难以出头。就在那时，一些在大陆做生意的朋友来看望父亲，向他谈起了在大陆创业的事情。寥寥几句，让迷茫的父亲发现了更适合他发展的新天地。于是，在与家人商量后，做出了一个重大决定，携家带口从台湾赴浙江嘉兴，开辟自己事业的新起点。

初来大陆时的他，常怀念台湾的美味、气息，温暖……但开弓没有回头箭，父亲集中所有的精力、利用浙江丰富的商业资源和大陆广阔开放的市场，在这人生地不熟的城市闯出了一片新天地。平日的他常说："感激浙江给予他的一切。"这片自古就有经商传统的土地，让他学习了浙商"苦干、巧干"的精神，他也逐渐融入了"浙商"大集体。

生活中的父亲，表情严肃、事事认真。他用言语行动教育我做人，用勤快踏实教育我做事。他在祖国大陆的怀抱里，找到了自己和家庭发展的机会。

听完父亲的故事，我恍然大悟，"泰山不让土壤，故能成其大；海河不择细流，故能成其深"。父亲的生意成功，少不了勤奋努力和机运巧合，其实更离不开整个国家的发展和壮大。

随着时间的迁移，浙江也融入了我的童年。跟随着父亲的脚步，我带着梦想和他的嘱咐来到杭州，成了一名"台籍陆生追梦人"。

如同初来大陆，第一次来到杭州，来到美丽的大学校园时，陌生、激动又新奇。与台湾不同，我在入学后所见、所闻、所遇的人和事上，都多了一种熟悉的勤奋。

作为一名台籍生，最初我以一个旁观者身份穿梭于学校各个角落。图书馆的学习气氛总是吸引着我，那儿是一个安静的地方，也是一个汇集了无数求学者渴望知识的热闹去处。还记得第一次与朋友相约图书馆找书，未入馆，透过一扇扇玻璃门映入眼帘的竟是座无虚席的自习室。一张张桌子、一台台电脑、一堆堆成山的书籍、随意摆放的各种文具，或是埋头读书学习，或是电脑前制作作业。这么多的人突然让我有种大音希声的感觉，或许是因为沉迷于知识的海洋，翻书声、键盘声、脚步声、私语声，丝毫不影响每个人。更让我惊讶的是楼梯和走廊上读书的学生们，他们坐在一张又一张的小凳子上背诵记忆。此起彼伏的中外文阅读，像极了交响曲演播厅。从中我听到了努力，听到了自信，更是听到了追梦人的坚定。坐在自习室埋头苦干的人，在楼梯、走廊上大声朗读的人，或许已小有所成，但他们仍坚定地朝着更大的梦想努力前行。

渐渐地我明白父亲的嘱咐："大学提供你这么好的一个平台，你要努力！"往后的三年大学生活，我会找寻人生新目标，登上更高、更远的地方，实现我的梦想。

雄九集团董事局主席张启明曾说："一个人即便能力很强，但若在一个不理想的平台，或者根本没有平台，那么还是不能一展抱负。平台对于一个人很重要，如果恰巧在一个好的平台，那就好好珍惜，并借助平台的作用把自己的价值最大化地发挥出来。"

父亲作为一名从台赴大陆的追梦人，跑完了第一棒，我作为一名新时代的大学生，应该接过父亲手中的接力棒，努力跑出更好的成绩。"谁言鱼水欢，水竭鱼枯麟。"一个人的成功，离不开国家发展的大平台。中国梦的实现，离不开两岸人民的共同努力。我，在追梦路上不缺席！

国·家

南开大学　药学院　药学　2017 级　澳门　张洁莹

澳门的日子，是忙碌的。日暮升起，当第一丝晨光打破宁静时便是齿轮转动的一刻，各任其能，各司其职。小城上，每一丝灯光都有着一个故事，每一个故事背后都有着梦想、希望和爱，当它们融合在一起，是澳门的味道。沿途路人谈笑风生，马路上车水马龙的生气，是小城的色彩。大街的霓虹灯，小巷的一砖一瓦，是年代的风霜。一朵粉色的小花从裂缝中破土而出，顽强过人，好比小城的精神。澳门的日，川流不息地奔腾着，只有钢浇铁铸方能孕育出这在世界舞台上耀眼的花。澳门的夜，是平静的。没有一点声音但也不是全然死寂，宜于沉思，宜于沉淀，万籁俱寂。大街上街灯孤映，两旁的建筑沉默起来，夜行动物轻声低语，车辆变得柔和，谁都知道规矩，谁也不想划破长空。那般繁华的不夜城是活力之都，像和宁谧相斥，现实却不是，他们之间共存像盘古与恒光。小城的夜，是舒适的，一切烦嚣也放置于脑后，只是沉醉在夜的安魂曲。

日的热情，夜的安宁，都是这二十年的功劳。澳门回归祖国二十年了，回首一望，寂寞冷清，是刚回归的澳门。这二十年来经济腾飞，早已被日新月异的精彩繁华所取代。澳门居民的生活水平与日俱进，在求同存异、共同发展下，小城之所以能够蒸蒸日上，全赖于"一国两制"的政策，赖于中央人民政府始终不渝的鼎力支持，赖于澳门行政长官的励精图治。祖国的扶持，令澳门从小渔村到大城市，从黯淡无光到五光十色，从寂寂无闻到鼎鼎大名，现在更被誉为繁华的世界旅游休闲中心，能坐上祖国安排的特快列车，是荣幸的。尽管小城繁荣蓬勃却依旧安宁和平，能生长于如斯的小城，是幸福的。小城的多姿多彩，虽然有时变幻莫测，但，它的色彩丰富了我的生活，点缀了我的未来，是幸运的。

新中国成立七十周年，是高速发展、瞬息万变的时代。作为学生，在国家腾飞发展的同时，不仅要跟随爱国、进步、民主和科学的思想，牢记"一个国家"的原则，还要紧贴着国家的发展方向。坚持以客观、和平与创新的理念，主动融入国家的发展大局，积极参与粤港澳大湾区建设，把握粤港澳合作的机遇，同时配合党中央的指导，发挥大学生应有的创新理念，挑战自我。香港、澳门与祖国内地应坚持优势互补，同心协力，互利共赢，使爱国爱港爱澳的光荣传统薪火相传，发扬同心共筑中国梦之精神。习近平总书记指出："'一国'是根，根深才能叶茂；'一国'是本，本固才能枝荣。"澳门回归后，在背靠祖国、立足本地下，实现了澳门经济实力增强的历史性跨越，社会和谐，发展大局稳定，没有祖国，就没有澳门，因此我们更应该维护国家主权，树立"一国"意识，坚守"一国"原则。

国家，有国才有家。家是人一生中寻找的归属，有人奋斗，有人苦干，在时代的发展下，每一个人默默地为家贡献就如一颗螺丝。家平国安宁，维持一个家的因素有孝。孝，是中华民族最美的品德，作为中华儿女，除了港澳同胞与内地人民要坚持守望相助，也不要忘了尽孝。五千年来，古人重孝，今人颂孝，这都说明了，孝，会随着时间而给赞颂，流芳百世。尽孝，能传承中华传统文化，能团结中华人民，上下齐心，梦想成真。在时代大巨轮中，四时交替，晨暮轮换，唯独"一国两制"50年不变。不变的是始终以宪法和基本法为中心，以国家坚持实行社会主义制度，为香港、澳门继续实行资本主义制度打下基础和保障，以祖国统一、聚焦发展为永恒。不变的，还有那份人情，那朴素的品格，铸成澳门的"家"。

二十年的土生土长，澳门这座小城，带给我许多的人事，也教会了我："家"，就只有一个。每天清晨，卖报纸的最早起，像是黎明的开始，那布满褶皱的微笑宣告着努力和对小城的热爱，有时候最不平凡的爱，会从最平凡的事体现出来。走过门前，住在楼下的邮差回来了，他需要的是睡眠，可是，脸上依然挂着笑容，默默地耕耘。在这小城中，每天上演着不同的故事，有喜有悲。不论如何，澳门，永远是我的家。"生于斯，长于斯"，在这个小城中，呼吸，总感觉空气中有种甜味，好像有人撒了一把糖，继而深淀到每条街巷每个角落。那份甜，是"家"的甜味。在未来，定然有不少风雨，但，只要拿出勇气和坚毅，配合中央政府、特区政府，与广大人民齐心努力，发挥澳门的特殊地位和际遇，成为中西文化交流的桥梁和窗口，一同迎难而上，那时我相信，前方再没有值得畏惧的，只有团结，努力谱写更感人的新时代，方能踏出一道康庄大道。

展　望

华中科技大学　软件学院　软件工程　2018级　澳门　吴湘杰

　　"捧一曲流觞月，流一脉思古情。"——当自身仿佛置身于七十年前，那炯炯有神的眼眸锁不住那泪水，一滴一滴地落在了这片属于自己的家园里，正如一颗颗种子，铺满了整片生机勃勃的大地，暗示着绿油油的春天即将到来。那手里紧紧攥着的希望，似乎已经无法控制自己的力度，任凭肌肉的拉缩收紧，没有一丝动摇，牢牢地伫立在每一个角落。那微微颤动的双腿，已不像平日站在干枯裂痕的土地上的无力感，恨不得早有如此富有的归属之情及安全感。放眼望去，尽是捧着对未来的盼望，人山人海，人声鼎沸，我也如此。伴随着雄壮的音乐在远处渐次响起，五星红旗正宛如一颗新星冉冉升起，所有人屏着呼吸，来迎接这历史性的一刻。注望着、期盼着、感慨着、希望着——全场人民欢呼了起来，欢呼着胜利的到来，欢呼着新中国的成立！这是如此令人兴奋不已，感慨万千的场面啊！即使我身处于七十年外的时空，似乎也能听到那从远方传来的喝彩，从身边传来的难忘之情。

　　而当我抽身于此，流淌于四十年后的长河里——身为游子的我，穿梭于雪虐风饕的渔村中，白色的笔寥寥几下就把季节带进了银装素裹的世界，一个纷纷扬扬的世界。而当最后一瓣雪花缓缓飘逸时，我知道，那也是游子们该回家的时刻。啊！母亲，我那归心似箭之情，又何曾在心中有一丝的保留。回归的游子们，用泪眼，交织成了一曲余音绕梁的歌篇——《七子之歌》。如今，再度回响耳畔之时，二十个春夏秋冬，七千三百个日夜，只为一声："母亲！我终于回来了！"

　　如今，已是二零一九年了。中国特色社会主义也进入了一个崭新的时代，推开新时代的大门，一条条康庄大道正呼唤着新的使命，新的征途。字里行间的文本与符码，是立足新起点，是举旗定向的奋斗纲领，是凝神聚力的行动纲领。而对于我自己，作为中国的一代新青年，接力棒传到我们手中，唯有奋力奔跑，勇往直前，为这片大地注入一股新鲜的活力。不要认为个人的力量是薄弱且无力的，人与人之间存在共鸣之声，举手投足都在时时刻刻影响着周围的人们。

面对正朝着自己的新时代，新使命与新征程，固然随着这一泓潺潺的细流一齐起伏——去年，高三的暑期期间，我曾走访偏远山区进行支教，那里的小孩子多么的淳朴，多么的天真无邪，看着他们的笑容，再摸了摸自己原本戴着疲惫的脸庞，眉头紧锁，大口喘气，霎那间也因那些悦耳的嬉笑声而舒展起来。上课的时候，我给他们讲了一个故事，一个英雄模范的故事——《雷锋的故事》。将这些崇高的人格魅力放入平常的课堂中，小朋友们都显得格外认真。不知是被这人格所吸引，还是在默默立志着成为下一位人民英雄。这种全心全意为人民服务的高尚情怀，当年如同溪水一般流淌过我的热血，至今已成为了我身体的一部分。我相信，我的一举一动，也会让这份心意流淌进他们的心底。

我们不能因为害怕犯错而裹足不前，更不应该自我感觉良好而故步自封，以自身微薄的力量，来推动历史的城墙。接力棒传到了我们的手中，唯有奋力狂奔，才能无愧于历史，无愧于这个崭新的时代。作为年轻新生代的我们，要不忘初心，牢记自身的信念，永葆蓬勃朝气，提升自身的素养。为共同实现中国梦的伟大实践，而努力放飞青春之梦。扬起帆，踏上船，让我们揽腕谐肩，聚合同心共筑中国梦的磅礴之力，共同实现这一伟大梦想！

中国，加油！

同心共筑中国梦

山东大学　生命科学学院　生物科学　2017级　台湾　李虹

《告台湾同胞书》发表40周年纪念会于2019年1月2日在北京举行。纪念会上，习总书记特别强调，祖国必须统一，也必然统一。作为一名台湾同胞，对习总书记这番话深表认同并且有幸通过本次征文活动记录下10年来在祖国大陆的所见、所闻、所想。

对于我而言，由于父母工作原因来到祖国大陆学习已有10年之久，可以说人生一半时光都是在祖国大陆度过的。10年来，对祖国的情况了解，包括生活环境、社会人文、惠台政策等已是了如指掌。正是由于长时间的接触和充分的了解，"一个中国"的理念能够很深刻地印记在我的心中。

首先，浅聊教育。教育方面的政策带给在祖国大陆就读的台湾同胞的惠利，大家都是有目共睹的。可以说若是没有祖国在教育政策上对广大台胞的扶持，就不会成就今天的我们。何出此言？中考凡是在祖国大陆读书的港澳台孩子都能够享受20分的加分政策，而我这种在分级线徘徊的学生便是这项政策最大的受惠者，正由于这宝贵的20分，我才有机会进入当地最好的高中，接受当地最高质量的教育。再说说高考，想必大家都听说过"港澳台联考"，这是针对港澳台以及海外华侨生的一场特殊考试。每所大学都会为港澳台的学生留出固定的名额，使港澳台学生不必和祖国内地（大陆）百万名的考生进行激烈的竞争。政府出台这样的政策无疑为台湾同胞们谋求了巨大的福利。而我也从来不认为这样的政策是理所应当。相反，我正是因为有这样的政策而心存感激，将来飞黄腾达之际也不忘挖井人，才是我们最好的思想状态。

图 1　2017 年港澳台联考模拟考试

其次，泛论民生。近几年来，也许受到惠台政策的影响，又或者不满民进党的迂腐作风，许多年轻人陆陆续续都前往祖国大陆发展。据 2017 年数据统计显示，台湾地区人民赴大陆学习、工作等长期定居者高达 100 万人次。为方便越来越多台湾同胞在祖国大陆生活，2018 年底政府出台一张标有"台湾居民居住证"字样的身份证件，与大陆人士所持中国居民身份证功能可谓并无二致。台湾民众在大陆同样可以享受大陆居民一般的待遇，这是多少年才能换来的福分。也许大家无法体会每当用居住证刷进车站安检通道的那份喜悦，每当和朋友外出旅行普通旅店接受台湾同胞入住的那份感动……短短的 10 年时间，我就成为了这项政策从无到有见证者，期盼在未来的第某个 10 年，更能有幸，成为祖国统一的见证者。

再者，畅谈人文。一次偶然的机会，在苏州昆山我结识了一位来自福建泉州的姑娘，当时是无意间听到她和朋友们的对话，那正是伴随着我整个童年的方言——闽南语。我想大概正是这种亲切的感觉将我们一步步拉近，使我们卸下重重伪装，慢慢走近对方的内心，最终成了无话不说的闺蜜。平时我们总是说着"海峡两岸"，但其实两岸人民都明白，除去地理因素，我们的心是紧紧联系在一起的。

图 2　使用台湾居民居住证过安检乘飞机

习近平总书记在《告台湾同胞书》发表 40 周年纪念会上的讲话中强调要实现同胞心灵契合，增进和平统一认同。国家之魂，文以化之，文以铸之。两岸同胞同根同源、同文同种，中华文化是两岸同胞心灵的根脉和归属。人之相交，贵在知心。我想，两岸走向统一是大势所趋。我们骨肉相连，不管前方有多少艰难险阻，只要同心协力共渡难关，没有什么是克服不了的。中华民族的伟大复兴离不开两岸人民的共同努力，经历过百年屈辱的中华民族，终将站立起来。

又携书剑路茫茫

南开大学　化学学院　化学类　2018 级　台湾　刘丞军

"鹏北海，凤朝阳，又携书剑路茫茫"源自辛弃疾的一首词。在天津学习了近一年的我，此刻觉得这句词最能代表我的心境。这一年的时间里，我受到的震撼真的很多，不论是天津便捷的移动支付、共享单车，还是海军节阅舰式威武雄壮的钢铁舰队；不论是内容丰富积极向上的媒体环境，还是风气正直素质过硬的政府领导，都让我感受到这片古老土地所拥有的生机和活力，让我对自己在这边的生活充满了期待。学校教育我们总谈"新时代、新使命、新征程"，这里我也想讲一讲我看到的新时代，我觉得我肩负的新使命，我走上的新征程。

一、新时代

新时代首先是团结的时代。团结是这边给我的最大的震撼，政治上都在中国共产党的领导下，没有了复杂的政党斗争自然可以把精力都用在服务老百姓上；经济上市场是被政府严谨并且细致调控的，就不会有那些"寡头"用手中的技术和资源来敛财；文化上都紧密贴合着社会主义核心价值观，就不会有一群只为政党斗争服务的媒体喋喋不休，有价值的内容就更多了。我觉得团结也体现在中国共产党执行对外开放的政策和对历史的态度上，祖国的对外开放让港澳台同胞的企业与内地（大陆）的企业公平的竞争，甚至政府还给一些补贴，对我们台湾同胞的态度也不受台湾地区一些政客的影响。同时我发现大陆这边的历史课本对国民党在国民革命和抗日战争中的积极贡献是不掩饰的并且评价非常高，这让我非常震撼！

中国共产党在党的纲领中讲共产党是先进的，这种先进性我还在学习和理解，但我觉得中国共产党人以及中国共产党人领导下民众的这种大国胸怀就是先进性的有力保障。胸怀造就了团结，团结就产生了一种大国社会的气场和气质，这是大陆与台湾一个巨大的不同。

新时代更是自强的时代。对西方的态度是两岸一个很大的不同，台湾地区特别是民进党的一些政客总是看着美国和日本的脸色，却在一些事情上不敢出声。正赶上中美贸易战的大背景，中国共产党领导人毫不退让让我印象深刻。我认为这才是中国人该有的骨气和品性。

二、新使命

首先要谈的是我自己的一份使命。其实"使命"这个词在台湾不太被提，因为这里的许多青年对自己的使命也很迷茫，不可能附和那些政客不切实际的目标，但又身在台湾，于是迷茫的做一个教授或者商人。而我来了大学之后对当前的现状有了一些了解，我觉得我最应该做的就是把我看到的一些事讲给他们，特别是让我感动的"华为"。我还想邀请他们到这边交流和学习，把自己融入一个格局更高实力更强大的地方，让我的朋友们都能燃起那份中国人的斗志，有一种超出个人层次的目标，一起做事，而不是做一个个孤独和迷茫的个体。习近平主席讲的"把小我融入大我"，我想就可以理解和实现。而今后，我不管在哪里，我都想从事科学研究事业，因为科学是最为强大的力量而我又乐在其中。我也会促进年轻人们的交流往来，让他们不断感受祖国的"大时代"，去找到一种超出个人层次的目标。

我还想谈我们台湾的青年特别是我们来大陆的台湾青年有的一种使命。这方面我也还在思考和寻找，但我觉得处在这样一个"大时代"，我们有义务促进两岸的交流，增强台湾同胞对这个民族的归属感，不能"唯西方论"，我们或许做不了什么惊天动地的事，但我们想努力地让两岸互相理解彼此的特点难处，做到一直说的"同心同德"。

三、新征程

2019 年是中华人民共和国成立 70 周年，大陆的城市、学校、军队、企业做事情都感觉非常卖力，想在国庆节之前做出更好的成绩。我感觉到这里的人们把自己的喜悦和国家的庆典放在了一起，每个人的身上都有一种热情，他们想把手头的事做到最好，过了这个庆典之后就要开始做崭新的更重要的事了，我想这就是 70 周年国庆开启了"新征程"的含义。这是一个期盼、是一个总结、是一个起点，所以，我理解这个"新征程"，它首要是团结自强和奋进，是人们把自己的喜悦、生活与节奏都与国家结合在了一起，所讲的"新征程"，既是每个人的，也是这个国家的，就是将现在的事做得更好，然后抖擞精神，热情饱满，去做下一阶段的事，"新征程"这个讲法让我们更加团结，热情也更饱满，做什么也都会做得更好，这就是我的理解。

而谈到两岸关系，我觉得也可以说进入了"新征程"。四十年前发表的《告台湾同胞书》，最早一批成规模的促进两岸交流的人士走到了一起，在他们的努力下有了"九二共识"，许许多多台湾的同胞来这边探亲上学做生意，40 年过去了，台湾的同胞们对这片故土的归属感，对同一个民族的兄弟情谊逐渐加深。

而两岸进入"新征程"的关键我觉得就是"中国梦"。这是一个期盼，共同的理想让我们有了共同的热情；这是一个总结，让台湾同胞看清了近代屈辱的历史和西方国家的本性，在民族的大是大非上和大陆同胞团结在一起；这也是一个起点，台湾同胞正逐渐走到大陆发展很多方面，在学术、经商、科技和交流等方面做出努力，这是我们共同的"新征程"。

在这边生活我很愉快也很温暖，我了解到很多也学到很多，我觉得我有一种比以往更饱满的热情。我觉得我开头讲的那首词："白苎新袍入嫩凉。春蚕食叶响回廊。禹门已准桃花浪，月殿先收桂子香。鹏北海，凤朝阳。又携书剑路茫茫。明年此日青云去，却笑人间举子忙。"讲的就是我们走在"新征程"的这种心情，我觉得我一定能越走越有热情，把我讲到的我应该做的事都做得更好！

图 1　2018 年参访北京天安门广场

图 2　2018 年参访北京故宫博物院

图 3　2018 年参加南开大学军训

图 4　2018 年 9 月在南开大学就读

图 5   2019 年参访天津小站练兵团

图 6   2019 年 2 月在天津解放桥和海河

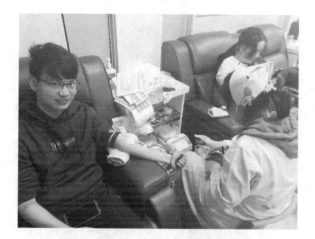

图7　2019年3月在滨江道献血站献血

振兴中华，扭转乾坤

——新中国成立 70 周年风雨见证

武汉大学　法学院　法学　2015 级　台湾　李奕恺

新中国成立前，神州大地战火纷飞，国已不国。出生在这个时代的人们纵然有满腔热血与大志也无法舒展。新中国成立后，祖国大陆迎来了近代以来最好的时光，举国上下无不为着建设社会主义奋斗着。进入新的千禧年，经过几十年韬光养晦，国力逐渐增强，步步迈上世界强国的道路。

从因为战争颠沛流离，与家乡分离半世纪的爷爷，到为了求取新知，主动踏上大陆学习的我，李家三代人充分见证了新中国从成立到七十华诞、从凋敝到复兴的过程。

二十世纪上半叶——家国沦丧，流离失所

1840 年鸦片战争以后，中国陷入百年的战乱之中，民不聊生、风雨飘摇，实为三千年未有之变局。1911 年伟大的革命先行者孙中山先生起义推翻清政府，终结压迫人民数千年的帝制，开启共和，为人民创万世之功。然而，积贫积弱的中国并未因此走向富强：内有军阀割据，国家分崩离析；外有帝国主义，其亡我之心不死，大半江山依然掌握在列强手中。时局难矣！

经过几十年的分裂，终于在 1928 年东北易帜、北伐成功，天下归一。其后一年，也就是 1929 年的时候，我的爷爷在河北省宁河县芦台（现为天津市宁河区）出生。他是家里的老二，出生后就随着身为铁路工人的父亲在铁道沿线搬过数次家，从关内到关外，从河北到辽宁。在那个年代，

东北曾几度"易手"。沈阳车站的旗杆上轮流挂过北洋政府的"五色旗"、国民政府的"青天白日旗"与日本侵略者的旗帜。

爷爷中学前几乎都在东北生活，他曾亲身经历"九一八事变"。日本人悍然侵占东北以后，总有一些日本兵在城里游荡。发现他们的时候，爷爷就迅猛地跑过去连连啐几口唾沫表达憎恶。对这些穷凶极恶的侵略者，还在上小学的爷爷非但不害怕，还要用自己的方法对侵略者"亮剑"。

二十世纪四十年代，十来岁的爷爷回到关内上中学。那个时候抗战已经持续了十年之久，战事依旧很激烈。上中学的爷爷已经从勇敢的小男孩成为了一名正义的热血青年，怀揣着救国救民的理想，想要当兵报效国家，抗击侵略者。奈何总是没有机会，因为那时候整个华北依然属于沦陷区，还在日本人的掌控中。虽然是在中国人的土地上，中国人的迁徙自由权却被剥夺，人们受到严厉的管制。到了1945年日本投降后，17岁的爷爷才终于找到机会离开了沦陷区，前往长江中游的重镇武汉参军。在战事频仍的二十世纪上半叶，只要加入军队就一定有报国的机会，所以就算日本侵略者已经溃败，爷爷依然坚持理想参军报国。

"一寸山河一寸血，十万青年十万军"，青年远征军的呼号吸引全国的知识青年投笔从戎，以身报国。跨过一千多公里，从祖国大地的东北一隅到达了中心腹地武汉，爷爷总算圆了从军的理想，加入了青年远征军。就在抗战结束的那一年，第二次国共内战爆发，还没有从黄埔军校结业的爷爷随着部队紧急开拔，加入到兄弟阋墙的内战中去了。

本来应当远征日本侵略者的青年远征军现在编入了内战的队伍。军令如山，从武汉出发没多久，爷爷突发伤寒，因身体虚弱险些掉队。但坚强的他硬撑着与部队行军到南京。谁知道这里竟成了他命运的转折点。就是在这里，这支部队兵分两路：其中一支南下到达了海南岛，并在接下来发生的海南战役中遭到歼灭，消失在了历史长河中。爷爷隶属的另一支部队从南京开拔后直接到了厦门，尔后是金门，最后是台湾。这时候，部队官兵还不知道他们的命运是什么。如果他们知道未来四十年都要待在祖国大陆东南的一个陌生岛屿上，而无法回到家乡，战争将无法进行下去。当然，1949年的时候不论是将军或是新兵，谁也不会知道几年后就会爆发朝鲜战争，美国第七舰队介入台海，硬生生割裂了台湾与祖国大陆的联系。到了台湾的爷爷在半世纪的时光里与东北老家完全断了联系，他的家人也不知道他是生是死。

在那个风雨飘摇的年代，残酷的战争之下没有人能够安生。与祖国大陆分离的台湾人民是何等悲痛！但这种悲伤却只有在半世纪后才找得到宣泄的出口。这既是时代的悲歌，也是中华民族要永远记住的教训。如果没有强大统一的祖国；没有奉自立自强为的理想为圭臬的执政者，人民就会受苦受难且报国之心无法舒展；国家就会无法自立自强以至于沦为列强的傀儡。

二十世纪下半叶——旧邦新造，落叶归根

幸好，1949 年新中国成立了。天安门城楼上振聋发聩的声音为五千年文明古国的历史命运翻开了崭新的一页，也为受苦受难一百年的中国人民指明了自立自强的道路。新中国成立后，经历过百年战乱的神州大地终于迎来了相对稳定的发展期，广大人民终于不用担心被侵略者随意凌辱，被资产阶级的政府随意践踏了。

二十世纪五十年代，一直在锦州生活的三爷决定入党。作为二哥的爷爷去武汉参军报国时，三爷才 4 岁，老家的人也已经十几年没有收到关于爷爷的任何消息了。尽管如此，入党时三爷还是将自己的二哥曾加入国民党军的事实汇报给了组织。经过从东北到海南，从极北到极南的调查，组织最终发现二哥所隶部队已在海南岛全军覆没，其证据就是清理战场时发现的，二哥的手书与一把小钥匙。消息传回老家，大家有些扼腕，"人没了吧"！大家都是这么认为的。

就这样沉寂到了 1987 年。1978 年，党中央决定改革开放；1979 年全国人大发表《告台湾同胞书》，祖国大陆率先对台湾释出善意，晓以统一中国的大义。尽管台湾当局依然坚持"三不政策"，但两岸人民对祖国统一的盼望与台湾人民对大陆的思念之情是无法被拒止的！1986 年，台当局解除长达三十八年的"戒严"，开放党禁报禁，但这远远不能满足思乡情

切的台湾人民。于是，震惊中外的"华航事件"爆发了，这是那个时代思念之情的溃堤！出身四川的华航机长王锡爵，因为无法克制内心对祖国大陆与亲人的念想，驾机飞往大陆，要求见到家人。岛内人民再也无法忍受与祖国大陆家人分离的痛苦，开始抗争"三不政策"，这才终于使得台湾当局于1987年全面允许老兵回大陆探亲。

爷爷这时已在台湾有自己的家庭。开放探亲时，他早已不在前线部队，转而进入了高中校园成为军训教官，并娶了我的奶奶，养育了我的父亲与姑姑。那时台湾被称为"亚洲四小龙"，爷爷的家庭美满、生活幸福。然而，心中割舍不下的是对祖国大陆与对父母至亲的思念，所以一得到开放探亲的消息便急不可待地开始了寻亲的旅途。

这是一个艰难的过程。爷爷只记得他的祖籍是河北省宁河县芦台镇。起初尝试寄了几封信都石沉大海。事已至此，只好千方百计找到了当地台湾事务办公室请求帮助。祖国大陆特别重视爷爷的请求，为了让分别半世纪的家人再度团聚而尽到了最大的努力。台湾事务办公室挨家挨户探访，希望找到线索，最后找到了铁道部门。太爷从二十世纪三十年代就在那里工作，当政者换了又换：从奉系军阀到国民政府，再到日本关东军，直到新中国建立了才安定下来，成为了沈阳铁路局旗下车站的劳动者。到了知命之年，组织看他劳动了这么些年，为了照顾老人家，把他调离了铁路主线，去了京沈铁路某支线沿线的一个县。最终找到了这个县，正巧一位老同志认识在锦州当公安的三爷。

到了确认虚实的时候，又再次展现了祖国大陆对人民情感的重视。不光宁河台办，连锦州台办和公安局的人还有其他领导都来了，参与和三爷的座谈。三爷一方面半信半疑，另一方面也不敢承认。从前有这样的亲戚是严重的政治问题，但到了二十世纪八十年代已经斗转星移。三爷就班也不上了，马上回家去禀告了尚健在的母亲。老人家一开始也不敢信，直到他们拿出了爷爷和父亲的信件。

那时要寄信到大陆也不是件容易的事情。1986年台湾"解严"之前，严格奉行"三不政策"，两岸不能直接通邮。幸亏祖国大陆对台湾同胞思乡心切的支持，对于寻亲的信件采取支持态度；也幸亏我的父亲那时正在美国留学，爷爷得以托他从美国给大陆老家去信。正是这样的层层挂念和坚持才终于让家人们最后能取得联系。

1989年，找到老家的爷爷带着奶奶回到了东北老家，这是他阔别了近半世纪的地方。到了家门口的爷爷无法掩饰激动便劲直开门进去了，见到母亲坐在炕上，他扑通一声就跪下了，就算在战场上、离家50年未曾掉过泪的爷爷也止不住号啕大哭。坐在炕上的太奶虽年事已高，神志却依然清楚坚强，只听她说道"回来就好！大家伙都高兴着呢！"。半个世纪前东北还曾几度易手，幸好最终又回到了祖国的怀抱，一直到那会儿也搭上了改革开放的快车。爷爷回家时发现条件已经大有改善，老家扩建成了一座四合院，大家庭正好一家一户。不过，第一次上大陆时爷爷还是准备了全自动洗衣机、洗衣粉等日用品，那时候老家的条件虽然大大进步，却依然有些艰苦。此后老家与爷爷的信件在两岸来回不辍。到了二十世纪九十年代，在美国留学的父亲又给大陆老家去了信，附上了照片。照片中穿着绿色高领毛衣的父亲看着特别精致，使大陆老家的人有些羡慕。

新中国成立后到改革开放这十几年是祖国大陆韬光养晦的年代，也是两岸最缺少交流的时代。贯穿这个时代的是人民的"思念"。随着共和国建设与开放的加速，人民生活水准得到飞速提高，在温饱基本不成问题后，人们开始想念海峡对岸的家人；随着与祖国大陆分别的时间增加，台湾人民的情感终于也达到临界。就是这样，在两岸人民共同血浓于水的亲情与翘首的期盼下，才使得老兵落叶归根。

二十一世纪——巍然屹立，国泰民安

时光荏苒，第二个千禧年到来，祖国已经迎来了翻天覆地的变化。到目前为止，新世纪发生了3件让我记忆深刻的事。

其一是北京奥运会的成功举办。还在读小学的我正在海外度过暑假，打开电视忽然看到铺天盖地的奥运转播，这勾起了我的兴趣，连看了好几天的比赛。在台湾小学生的印象中，世界体育强国应该是以美国为首的西方国家。那个时候，网络还不特别普及，两岸也没有开放"全面三通"，台湾对大陆的新闻报道也较少，祖国大陆对我来说是一个只在课本上出现过的，有着十三亿同胞与大美河山的地理名词。结果连看了几天转播的我惊喜发现，中国队表现神勇，以绝对优势取得了最多的金牌！心中萌发了对祖国与民族的自豪感。

其二是两岸互通。直到2008年，两岸人民才可以正常交流，互相往来而不受限制。正是因为祖国大陆的开放与台湾人民的期盼，才促成了这样的机会。现在，我在大陆的亲戚们随时都可以来到宝岛台湾探寻别有趣味的风土人情。他们也的确这样做了。东北的亲戚们来到台湾，受到我们热情的接待，经过亲密的交流后大家发现祖国大陆不但发展迅速且藏富于民。尽管锦州不属于直辖市或省会那样的大城市，但她的进步依然让人欣喜。亲戚们为我们介绍了欣欣向荣的生活：国家建设的快速，许多新的基础设施拔地而起；让人垂涎三尺的食物量足而价不高。最使尚未去过祖国大陆的我印象深刻的是他们眼中充满的希望，那是一种积极进取、信心满满的自信，是一种看到自己国家飞速前进的朝气。东北的姑姑再也不用像二十年前那样羡慕穿着精致的父亲了，随着祖国的发展，人人奔向小康。对比台湾近二十年的内斗与停顿，这样有朝气、有盼头的地方怎么能不吸引人呢？

其三是祖国大陆的大学2010年开始招收台湾免试生。2015年时我参加了台湾地区的高考，这个政策正好吸引了我。本来的计划只是在台湾继续本科学业，看到这个能够前往祖国大陆的机会我毫不犹豫就报名了。这个难得的机会让我得以前往梦寐以求的祖国大陆打拼，使我真真正正参与到祖国的发展中。来到祖国大陆前我就已经非常反感弥漫于台湾社会的小确幸及不求发展只求内斗的风气，既压抑又看不到希望。从高中开始我就在课本外了解了新中国成立以来大陆取得的种种成就，不论是二十世纪五十年代壮烈的抗美援朝；亦或是二十世纪六十年代的"两弹一星"都让我感佩万分，让我看到了在台湾社会中慢慢消亡的、中华文化自古传承的风骨与刚强正直。尤其当我看到2015年"抗战胜利与台湾光复70周年"的庆祝活动在岛内如此不受重视，不免觉得世风日下，人心不古。直到瞧见了祖国大陆庄重盛大的庆祝活动，才感叹道华夏风骨犹存！

今年是我前往祖国大陆学习的第四年，即将完成本科学业。仅仅是 4 年，我生活的城市武汉就发生了翻天覆地的变化：轨道交通一年开通两条线路，出行愈发方便；环境治理成效大，近一年没有遇到过严重空气污染，而且校园旁的世界级东湖绿道也开通了，使得我与同学能够悠游其中享受自然风景。在这 4 年里我也尽力探索祖国的每个角落，从西南的山城重庆到西北的西域新疆；从东北的山海关、长城到东南的世界大城上海，还有许多美妙壮丽的地点，族繁不及备载。不论是沿海一线城市或是边疆的雪山，除了壮丽的河山外，每每还能看到人们在辛勤劳动，为了建设新中国而努力奋斗；他们任劳任怨，不惧风雨。尽管口中操着不一样的方言，有着不一样的民族习惯，他们心中的愿望都只有一个：努力让祖国跻身世界强国行列，让祖国人民丰衣足食，享受最先进的科技。就是这种 70 年来贫贱不能移、威武不能屈的意志，让国家度过了最困难的岁月，使伟大的祖国在成立 70 周年的时候是如此欣欣向荣，比近代史上任何一个时刻都接近中华民族伟大复兴的理想。祖国的强大让我与有荣焉！由衷希望能为建设伟大祖国贡献力量，参与到祖国走向复兴、走向富强的事业中来！

成都，就是我的香港啊

西南财经大学　会计学院　财务管理　2018 级　香港　吴敏

一、初来乍到

还记得那是 2018 年的 8 月 26 号，那天我第一次来到成都，这片位于西南地区的土地，成都西北部的岷江，江水丰饶，滚滚向前。2000 多年前，李冰父子在此兴建都江堰水利工程，将丰富的岷江水引入成都平原。从此，成都平原告别洪荒，"水旱从人，不知饥馑"，泽被千秋，得"天府之国"美誉。直到今天，"天府"之名仍是成都重要的城市符号。对于成都，自古以来便得到了众多千古名人的赞美，不管是诗仙太白的"九天开出一成都，万户千门入画图"还是著名导演张艺谋说的，"成都那座你来了就不想走的城市"。在没有来到内地之前，妈妈就很认真地跟我说，现在内地发展越来越快，在内地读书和生活是一个非常不错的选择。我一个人提着厚厚的行囊，带着对知识渴望和对未来四年生活的向往，离开了被大家称为"购物天堂"的香港。当我踏进学校，映入眼帘的是一大块欢迎新生的板子，当我感觉自己迷路的时候，我惊喜地看到了一个港澳台报到处。我走到报到处，老师们微笑而热情的跟我讲解着学校，指导着报到手续，让刚刚来到这里的我，感受到了家的温暖。为了欢迎我们港澳台新生的到来以及了解到我们对成都并不是很熟悉，特意为我们安排了港澳台新生巴蜀文化研习营。我们参观了著名的金沙博物馆，了解了 3000 多年前的古蜀国的社会生活，也了解了金沙遗址的来源和去向。之后我们也去参观了成都博物馆，更了解到成都的近世风云，了解到了成都市民耳熟能详的成都民俗，和老成都的人民的生活。让我这个早已习惯快节奏生活的外省人，开始羡慕成都这座城市的人们，大家悠闲地做着自己喜欢的事情。当然我们也不是单单了解成都，我们也需要去了解自己的母校，这所已经有94年历史的高等学府。我们参观了校史馆，不管从1925年6月3日才开始建校的"光华大学"还是到现在的"西南财经大学"在每个时期，它都在发挥着独特的作用。我们作为新一代的西财人也会牢记"经世致民，孜孜以求"的西财精神。之后参观了位于西财内部著名的货币博物馆，里面藏品高达2万件，件件都是珍奇的宝贝，这些宝贝更是我校金融科研的有力支撑。让我们萌发出了强烈的自豪感。我们学校优秀的老师也给我们上了书法课并讲解了我国的传统文化，我们感叹着中华民族历史文化的长远和悠久。

二、回望历史仰望未来

我们也去到了对于港澳发展起至关重要的历史伟人邓小平爷爷的故乡——广安，在那里，我们了解了邓小平爷爷生前的伟大事迹，令我记忆犹新的是邓小平爷爷的那句"我是中国人民的儿子，我深情地爱着我的祖国和人民。"邓小平爷爷提出伟大的"一国两制"构想和他对祖国对人民的无私的贡献更值得我们去学习和发扬。"一国两制"政策也是保持港澳长期发展的根本保障。而近期召开的中国共产党第十九次全国代表大会报告把"一国两制"与实现"两个一百年"奋斗目标结合在一起，为港澳发展和港澳工作指明了方向。而且十九大报告中提出，支持港澳融入国家的

图1

发展大局。十九大涉及香港的内容，凸显了中央对香港的支持和寄望。说明了在实现中华民族伟大复兴过程中，国家也不会漏下香港，香港的命运同祖国的命运紧紧相连。我们也要不负众望，在内地接受优质教育的同时，也要肩负起时代的责任。

图 2

随着内地（大陆）与港澳台往来日益密切，无论是内地（大陆）高等教育水平还是生活水平快速提高，港澳台学生前往内地（大陆）求学与工作也逐年攀升，香港学生在内地升学途径多而且政策好，香港学生在内地享受跟本地生同等的医保福利，教育部更专门设有四千至三万元人民币不等的奖学金，并为毕业香港学生提供就业报到证，香港学生可凭此顺利在内地就业、落户。记得以前在内地（大陆）的港澳台居民从日常生活租住旅馆到寻找工作的尴尬，现在国家为了便利我们的生活为我们提供居住证。港澳台居住证持有人可以享受国家规定的劳动就业、参加社会保险、依法缴存提取和使用住房公积金等各项权利，以及义务教育公共就业服务、基本公共卫生服务等各项公共服务。这真的是极大程度上便利了我们在内地（大陆）学习或者工作。其次香港与祖国内地一直保持密切的关系，在内地的很多城市设立了办事处或者经贸办，不仅致力于加强香港与内地的各种联系而且为在内地的香港人服务。那时候我一个人来到成都，政协、经贸办还有台商协会为刚刚来到成都还不熟悉成都的港澳台新学生准备了一系列"了解成都"的活动。我们去了成都著名的"熊猫基地"，看着我们的国宝熊猫懒洋洋地惬意地晒着太阳，著名的清朝古街道"宽窄巷子"，还有唐朝大诗人杜甫流寓成都的草堂等一些著名的景点。在这期间香港驻成都经贸办还会为我们举办一系统的就业实习讲座与培训，提升就业技能的同时也鼓励我们在内地就业实习。

图 3

图 4

来这里才一年，我爱上了这里的一切。成都就是我的心中的"小香港"。之前习惯了快节奏生活的我，也开始慢慢地喜欢了慢节奏。在繁华，车水马龙的太古里，转一会儿累了，随意找一个庭院茶馆坐下，悠闲地半卧在躺椅上，要一杯盖碗茶，慢慢地品，静静地喝。还可以眯起眼睛小憩一会儿，或是在午后的阳光下，在树荫下，闲看人来人往，享受休闲成都人的慢生活。这一年中，也去过内地的不少地方，包括十三朝古都西安，政治中心北京，经济中心上海。但我独爱成都，来了成都便不想走——"仅我腐朽的一面，就够你享用一生"，成都诗人万夏的名句点出真味三分。感叹道内地的发展速度突飞猛进，祖国也不是以前的模样，现在的祖国在国际上也有着重要的地位。其实正是因为祖国的强大，才使得这一切都变得便利起来，正所谓"少年强，则国强"，新时代的我们也要挑起时代的重担，共筑属于我们的中国梦，引用我喜欢的摇滚歌手汪峰的歌词表达我心中的感情，"我爱你中国，亲爱的母亲，我为你流泪也为你自豪"。祖国，真的愿你永远繁荣昌盛，越来越强大。

图 5

图 6

图 7

两岸柔情一家亲　统一大业中国梦

南开大学　周恩来政府管理学院　行政管理　2017 级　台湾　詹佳昌

　　近年，"中国梦"已成为一个热门的话题，"中国梦"，把个人的前途命运与国家和民族的前途命运紧密相连，国家发展好，民族团结好，人民生活才会好。当前，中国特色社会主义进入新时代，对台工作也站在新的历史起点上。随着决胜全面建成小康社会、全面建设社会主义现代化强国征程的推进，中国的政治经济综合实力和国际影响力将持续提升，只有坚持和发展好中国特色社会主义，"中国梦"才能变为现实。实现"中国梦"是祖国最终核心价值的目标，更是为中华民族伟大复兴而奋斗的梦想。

　　"对文明交流的渴望、对和平安宁的期盼、对共同发展的追求、对美好生活的向往"，习近平主席的讲话，再次向世界传递了实现文明复兴、建设和谐世界的中国理念。坚持和平发展，是实现"中国梦"的根本保证，是祖国始终不变的战略抉择。在与各国的交流合作中，施行"一带一路"倡议提出 6 年多来，我国同周边国家立足于共同利益和经济发展需要，开放竞合市场、引进科学技术、吸引资金投资，顺应新时代潮流，追求良性互动、互利共赢。

　　实现新中国成立 70 周年以来的跨越式发展，积极参与全球经济治理，把世界的机遇转变为中国的机遇，把中国的机遇转变为世界的机遇，倡导不同文明开展对话、彼此包容，推动不同社会制度和经济发展模式，坚持双边对话协商、共建共享、合作共赢、交流互鉴，未来的道路上，"中国梦"必将进一步焕发出中华文明的独特魅力。

　　2019 年，我最敬爱的习近平主席强调，2019 年是新中国成立 70 周年是关键一年，也是贯彻落实中共十九大精神发展之年，是共产党和国家事业发展体系上最伟大的一年。按照中共十九大作出的战略部署，我们要以新时代中国特色社会主义思想为指导，全面贯彻落实中共十九大精神，坚持"稳中求进"工作总基调，保持经济持续健康发展，我们要支持香港、澳门地区融入国家发展大局，维护香港、澳门地区长期繁荣稳定发展，积极推动两岸关系和平发展，深化两岸各领域交流与合作，增进两岸同胞亲情。我们一定要认真学习，更加紧密地团结在以习近平主席为核心的中共中央周围，高举"习近平新时代中国特色社会主义思想"伟大旗帜，以优异成绩迎接新中国成立70周年。

回顾国务院台湾事务办公室、国家发展改革委联合发布了《关于促进两岸经济文化交流合作的若干措施》，共计26条的惠台措施及习近平主席于2019年1月纪念《告台湾同胞书》发表40周年重要讲话。这是贯彻落实党的十九大精神和习近平主席对台工作重要思想的具体举措，体现了率先同台湾同胞分享大陆发展机遇的真诚善意。其开放力度之大、范围之广、涉及部门之多，可谓前所未有。

"时代是思想之母，实践是理论之源。"习近平主席对台工作重要思想来源于丰富的对台工作实践。习近平主席对台湾问题历史经纬和岛内社情民意有深入体察研究，也对港澳回归以来的"一国两制"实践有全面深刻总结。我深切地体会到作为一名当代的博士研究生更应该紧随时代潮流与中国梦息息相关，密切联系社会和国家所需，以建设好自己的国家、奉献社会为己任，一路向前。

前不久，"十九大台籍代表卢丽安被台湾当局注销户籍"一事，国务院台湾事务办公室发言人马晓光同志表示，"台湾方面无论采取什么措施，都无损卢丽安爱家乡、爱祖国大陆的高度情怀。无论她在台湾是否有户籍，大陆和台湾都是她的家。"每读至此，我心中无比激昂澎湃，我认定幸福是奋斗出来的，因为我知道，我的身后有一个强而有力的政府和一个帮助人民实现中国梦的中国共产党。

十九大上，我最敬爱的习近平主席提出"两岸一家亲"理念，体现了以人民为中心的发展思想，我心中无比的激动，对于一些受思想毒害的台湾居民，总爱把台湾和大陆对立起来，敌视大陆对于台湾地区人民友好的政策，我认为那是一种荒诞可笑的逻辑，非常嗤之以鼻，读过习近平主席的报告，让我有坚强的意志、充分的信心、足够的能力挫败任何形式的分裂图谋。在涉及国家主权和领土完整性、涉及中华民族根本利益的原则问题上，我不会有任何动摇和妥协。

我认为"学习"和"观察"的过程也是不断深化理解中国共产党的信仰、理念、行动和目标的过程，充分认识到这个执政党的魄力和先进性，我渴望为党的事业奋斗终生，向台湾同胞分享大陆发展机遇，架起两岸沟通的桥梁，力争两岸同胞的心灵契合。我相信有强大祖国做依靠，台湾同胞的民生福祉会更好，发展空间会更大，在国际上腰杆会更硬挺更直、底气会更足，生活更加安全、更有尊严未来。

过去我没法选择，我能做的是把握当下，继往开来。我十分希望港澳台同胞都能学习"习近平新时代中国特色社会主义思想"，把当代青年的历史责任感和奋斗精神激发出来，把青年中蕴藏的巨大创新潜能和创造活力激发出来，用青春建功新时代、同心共筑中国梦的实际行动放飞青春梦想、实现个人价值，我会始终勤于学习、善于学习，在实践中不断提高做好新时代党的青年群众工作的本领。

在灿烂阳光下

北京中医药大学　台港澳中医学部　中医学　2018 级　香港　钟曼婷

图1

　　光阴似箭，日月如梭。我们国家从改革开放走到北京奥运会，完成了"天宫一号"首次太空授课，接近完成了公路"村村通"计划，推动了"精准扶贫"，实现了互联网普及率超全球平均水平，到如今奔着 2020 年的全面建成小康社会，展望着 2035 年的基本实现社会主义现代化。我作为香港籍的"世纪宝宝"，能够在祖国这灿烂阳光下长大成人，感到无比的幸福与自豪。

　　李白言："国耻未雪，何由成名。"香港在第一次鸦片战争时开始被英国殖民统治，那时的香港便如同没有妈妈的孩子，在历史中颠沛流离。1997 年 7 月 1 日 0 点整，中华人民共和国国旗和香港特区行政区区旗在香港升起，几千双眼睛向鲜艳的五星红旗和紫荆花区旗行注目礼，经历了百年沧桑的香港终于回到祖国的怀抱。这是中华民族长久期盼的一个瞬间，这是永载世界史册的一个瞬间，标志着香港同胞从此成为祖国这块土地上的真正主人。祖国的逐渐强大与国际地位的提高为香港的发展保驾护航，香港由此进入了一个崭新的发展阶段，从而成为当今举世瞩目的金融中心。正因如此，我才更能有机会来到祖国内地学习与生活，沐浴着祖国的灿烂阳光，充分感受祖国的别样风采。

图2

"一九七九年，那是一个春天，有一位老人在中国的南海边画了一个圈……"中国的大门彻底敞开，一个改革开放的时代如壮丽画卷徐徐铺开。从粮票到外卖到家，从绿皮火车到高铁飞驰，从依靠人力到全面自动化，都见证了金华的成长。改革开放四十年来，中国的发展从未止步，在习近平总书记的领导下，全面深化改革，着眼全局性重大问题设计，狠抓改革落实，促成了一番新景象。依据网络数据，当今的中国一分钟可创GDP1.57亿元，货物进出口可达5288万元，移动互联网接入流量46804G，移动支付金额3.79亿元，骑行共享单车减少碳排放量13.2吨，"蛟龙号"最大能下潜50米，生产粮食1176吨……这庞大的数据无不证明处于新时代的中国不仅经济实力雄厚，而且生产力创造力潜能无限。我们的祖国在这四十年里给大家播种了一颗温暖的太阳，照亮了我们的民族自信心，人民的自豪感与幸福感油然而生。中国改革开放的新气象、中国经济的那束光芒闪耀在我内心深处。

"一定的文化是一定社会政治和经济的反映，又给予伟大影响和作用于一定社会的政治和经济。"中国地大物博，文化绚丽多彩。不论是"四大发明"还是"文房四宝"，不论是京戏还是各种传统乐器，不论是万里长城还是秦兵马俑，不论是唐诗宋词还是明清小说，都让我的学习生活瞬间变得诗意盎然，开阔了我狭窄的视野，不再局限于对某个地方的认识，而是心怀大国。在中国古代封建社会中产生的丰富灿烂文化，渗入着现代科技的创新，温煦着中国人的心田，滋养着中国人的每一个细胞，让我们得以在灿烂阳光下茁壮成长。因而，我不仅惊叹于中国的经济发展，更敬重中国的传统文化。更重要的是，处在当下的青年人有责任更有义务将中国的传统文化传递下去，并让它闻名于五湖四海。

俗话说："赠人玫瑰，手留余香。"我们的社会在中国灿烂阳光下愈加充满温情与感动。还记得如果不是中国人民解放军前往澳门助力，水灾可能不会望而生畏就此隐退；还记得如果不是科技人员的默默付出，就不会有高铁直通香港；还记得如果不是工程师们的呕心沥血，就不会有宏伟的港珠澳大桥联系起这一片大湾区；还记得如果不是扶贫工作人员的尽心尽力，就不会有这么多的落后小乡村也走上了新时代；还记得如果不是丝绸之路的迅速发展，沿线的许多国家可能未必有如此多的辉煌……我们如今能有诗情画意的生活，是因为有人在替我们负重前行，是因为我们这个社会懂得"己所不欲，勿施于人"从而"每有患急，先人后己"，是因为我们有强大的祖国作为后盾时时刻刻保护着大家。

图3

"常思奋不顾身，而殉国家之危急。"来到祖国内地，我还被许多新青年吃苦耐奋发向上的精神渲染。他们不驰于空想，不骛于空声，牢记"天下兴亡，匹夫有责"的远大使命，自主承担一份责任，努力探索不断进取，为中国梦的构筑贡献着自己的一份力量，希望在未来有能力为中国的发展添上一笔。因此，我更加坚定了自己"百舸争流新时代，健康奋斗新青年"的目标，争做新时代新青年。我们每一个人都是国家的一分子，都应该有"先天下之忧而忧，后天下之乐而乐"的精神，心中有阳光，脚下有力量，为中国特色社会主义新时代添砖加瓦，在这灿烂阳光下共筑一个美好的中国梦。

鲁迅先生曾说过："愿中国青年都摆脱冷气，只是向上走，不必听自暴自弃者流的话。能做事的做事，能发声的发声。有一份热发一份光，就令萤火一般，也可以在黑暗里发一点光，不必等候炬火。此后若没有炬火，我便是唯一的光。"我们这一代被时代寄予厚望，我们这一代人的成长与国家的发展有着与生俱来的紧密联系，国家与时代给了我们"龙宝宝""千禧宝宝"的使命与责任。因此，在改革开放四十周年这灿烂阳光下，希望我们不忘初心、发光发热、砥砺前行，挥洒我们的激情，燃烧我们的青春，发扬党的十九大精神，为国家的发展、民族的复兴贡献力量，在新时代共筑中国梦。

图4

同心共建中国梦

——不忘历史，奋发向前

福建师范大学　文学院　汉语言文学　2016级　香港　吴志辉

过去的2018年是不平凡的一年，因为是改革开放40周年。在共产党的领导下，中国用几十年时间走完了发达国家几百年走过的工业化历程，国人迎来了从"站起来"、"富起来"到"强起来"的历史飞跃。2019年是中华人民共和国70周年华诞，也是《告台湾同胞书》发表40周年和澳门回归20周年。

这是新时代，意味着国家有新征程、新挑战、新机遇。在党的十九大报告中，将"坚持'一国两制'和推进祖国统一"确定为新时代坚持和发展中国特色社会主义基本方略的重要内容，并强调"保持香港、澳门长期繁荣稳定，实现祖国统一，是实现中华民族复兴的必然要求"，体现了我们党对香港、澳门繁荣稳定的高度重视。

（一）走入祖国内地

"一国两制"让香港和平回归到祖国怀抱里。让回归后出生的我们生活在一个非常优越的环境，作为一个青年人，要多了解我们国家的近现代史和文化，这也是我选择读人文系的原因。

回归后有这么好的生活条件，要回顾过去中国数十年前是怎样的，了解外国列强侵略的历史，我们要体会到晚清以来国家灾难重重——百姓饥饿、贫困、战乱。今天的成就发展，是无数前辈抛头颅洒热血得来的，所以我认为作为一个中国人，要奋发图强，要严格要求自己，要将自己的前途与中华民族振兴联系在一起！

在国家努力建设之时，我来到了福建师范大学，我从小热爱中国历史文化，文和史是一家，文学不会因政权更替而不一样，而是会融和时代背景发展。福建省的对面是美丽的宝岛——中国台湾，福建省是最接近这段历史的地方，我热爱我的国家，热爱我的民族，热爱我的国家历史和文化。

（二）亲身经历中国新时代

我赶上了国家改革开放的新一轮大潮，国家开放了港澳台通行证和二代身份证一样的待遇，充分让我们在新时代跟上国家的发展步伐。粤港澳大湾区建设，广深港高铁和港珠澳大桥的正式通车，推进内地同香港、澳门互利合作。

科技的发展令我相信中国走在世界的前列，人民的素质进步，令我感到国人不是"东亚病夫"，而是有上下五千年礼仪之邦历史的中华民族，热爱和平和自由的国人同胞。在祖国内地求学的这些年，令我这个接受过香港教育的青年人感到祖国在进步，社会在改变，越来越好和富裕。

（三）盼望祖国统一

我认为中国梦是建立在祖国统一的情况下。两岸迄今尚未完全统一是历史遗留给中华民族的创伤。两岸中国人应该共同努力谋求国家统一，抚平历史创伤。

以和平的方式来统一，作为和平解决方案——"一国两制"，在实践中的香港和澳门，生活在"一国两制"制度下的中国人，体会最深，而这样背景下又在中国内地求学的港澳学生最有发言权。我们香港和澳门居民和内地同胞、台湾同胞是血浓于水、守望相助的天然情感，对民族的认同是任何人都无法改变。

我们国家自 1840 年以来已经令太多百姓失去至亲，在 20 世纪更经历了军阀混战、抗日战争、解放战争，如今的和平和发展得之不易。一句俗话表达我的心情，"战争已经令太多太多的人逝世，也令太多太多的人暂时的告别成了永远的告别。"

习近平主席也说过，"中国人不打中国人。我们愿意以最大诚意、尽最大努力争取和平统一的前景，因为以和平方式实现统一，对两岸同胞和全民族最有利。"

我认为要同心共筑中国梦，就要不忘历史，要奋发向前，只要我们和衷共济、共同奋斗，就能够共创中华民族伟大复兴的美好未来。

追忆流声岁月

复旦大学　外国语言文学学院　法文系　2017级　香港　林宇彤

"小河弯弯向南流

流到香江去看一看

东方之珠我的爱人

你的风采是否浪漫依然……"

如果你问我，印象中与香港有关的歌是哪一首，我会毫不犹豫地哼出《东方之珠》的旋律。不是因为它比其他歌都好听，而是它用一种比较偶然的方式进入了我的记忆，然后我就记到了现在。距离我第一次听这首歌已经过了差不多10年了。那是在我初中的时候。很多音乐课堂上的歌曲我已经不太记得，唯有这首《东方之珠》我还记忆犹新。我那时把它作为我的音乐课考试曲目，因为还算简单好唱，调子也不是很高。我还记得那个胖胖的，气质完全不像一个教艺术的中年男老师对我的评语："唱得还行，有点走调，还有点粤语的口音，过关了。"也许当时我只会留意最后的"过关"两个字。但是如今我想起来的，只有开头低缓的语调，那条小河，仿佛就从我的回忆中慢慢流淌。虽然当时的老师说我唱歌有粤语口音，大概是他不是粤语母语者的缘故，也不懂得这首歌的大体含义，现在的我终于听懂了，没有了粤语口音，这首歌就没有了灵魂。

带点粤语的口音，是很多人觉得香港人很搞笑的一点，不少同学在得知我是香港人后，都觉得带点粤语口音的普通话是"很性感很好听的口音"，然后争先恐后地展示着他们一点粤语的学习效果，然后央求我说一两句给他们听听。不过，这种口音在100多年前，却是一个时代的最强音。

在此之前，我们先把历史的书页返回到1840年的那一页。从那一年开始，中国进入了一段漫长的磨难时期。如果去翻阅当时的影片资料，你会发现都是外国人拍摄的黑白默片，里面的人们步履匆匆，沉默不语。当然，一部分是因为技术的原因，无法呈现当时的彩色的、有声的画面，但同时，当时的中国也是沉默的、麻木的、黑白的，国家的衰败，使得它的子民也在世界上被抹去了声音。鸦片战争战败之后，香港岛割给了英国；接下来的几条不平等条约，香港一点一点被割离。纸上两三行，现实中却是真实的隔离。从此香港的百姓开始从大清的统治范围中被除去，成为了无名的被殖民者。

当然，沉默的时代总有人打破沉默。有一位伟人，在黑白的影片里发出了那个时代的最强音。"中国人民是世界上顶强的民族，中国是世界上顶强的国家……"每次在视频网站看到这段非常模糊的黑白影片，那位画面中央不算高大的人讲出这句话时，我都会鼻头一酸，热泪盈眶。这个声音的主人是孙中山先生。这位仁人志士出身广东，先后旅居檀香山、香港，学习医科，然后又弃医从政。他的讲话中有着浓烈的粤语口音，但是不妨碍他的伟大。他打碎了列强让中国人沉默的美梦，为自己的四万万同胞发出了时代最强音。

图1

如果，你没有看过这一段录像，但作为香港长大的孩子，你一定知道TVB。TVB是粤语地区小朋友的童年。在我小的时候，我还记得有一部剧的名字叫作《巾帼枭雄》，在当时是万人空巷，所有粤语区的人都知道这部剧的存在。这部片子有两季，一季发生在清末民初，一季在民国抗日期间，两季都是中华民族面临生死关头的时刻。也许看的时候我还小，很多东西不太懂。但是每当我看到主角们宁死不从外敌，捍卫国家的尊严的时候，我仍然会落泪。如果说孙中山先生是现实中的伟人之声，电视剧里就是借角色之口说出了当时所有中国人的心声。即便只是小人物，家国情怀从未在 TVB 剧中消失。

图 2

　　让我们把时钟拨快，来到了改革开放后。1984 年的春晚上，一个粤语口音浓重的人在台上用不熟练的普通话唱起了《我的中国心》，这位歌手的名字叫作张明敏。这位香港长大的歌手其实不会说普通话，然而硬是用注音的方式唱完了这首歌。粤语口音并不妨碍他唱歌的深情。"洋装虽然穿在身，我心依然是中国心"，那时香港仍未回归，这句话却让多少人魂牵梦绕。我们不再是被祖国遗弃的孤儿，也不想做殖民者麾下无名的被殖民者。如果这还不能代表香港人的心声，那么在一部 80 年代的贺岁喜剧片里，男主角镖叔在说起香港回归的事情时，说："谁想做英国人，要做也要做中国人。"这句话大概是所有升斗市民的共同感想，就像歌词里说的"我的祖先早已把我的一切，烙上中国印。"

　　来到我们所在的时代，香港人的家国情节其实一直寄托在声音中，就像小河一样蜿蜿蜒蜒流入心中。香港机场的一次快闪活动，乐团的青少年们用手中的乐器奏响了一首首香港与祖国之间的歌曲，包括著名的《男儿当自强》《狮子山下》《东方之珠》。在最后，当《东方之珠》的旋律悄悄地改为了《狮子山下》，我竟有点恍惚，仿佛回到了我初中时第一次听这首歌时的感觉。更让人惊讶的是，这两首歌的旋律竟然可以切换地如此流畅，毫无违和。这两首歌，一首是香港精神的真实写照，一首是香港对祖国的深情表白。两首歌的完美融合，也许是巧合，也许也是两种情感的完美交融。

"船儿弯弯入海港

回头望望 沧海茫茫

东方之珠 拥抱着我

让我温暖你那沧凉的胸膛"

就像《东方之珠》的最后一句，香港用歌声投入了祖国的拥抱。小河涓涓，河水还在流淌，东流入海永不停息；沧海茫茫，香港不再是孤独的渔港，因为它身后有一个强大的臂弯；香港的灯光永远不会熄灭，他会继续作为祖国东南的灯塔，照亮前方。

以今日之我，成今日之国家

集美大学 教师教育学院 小学教育 2018 级 香港 施伊娜

五千年长河浩荡，我泱泱中华始终在世界东方屹立不倒，几度的春秋流转，中国在时代风雨中饱经风霜，最终凤凰涅槃，浴火重生。而如今，新的时代大潮滚滚向前，中国，正在重新启程。

古语曾著"天下非一人之天下，乃天下之天下也"，诚哉斯言，国家，是我们的国家，身为祖国的一员，我们都有义务为国奋斗，砥砺前行，不论何时，祖国之富强，是以无数的人民之努力汇聚而成，而我们年轻一代，更应肩负起富强祖国之重任，同心共筑中国梦。

正如《周易》所言"终日乾乾，与时偕行"，站在新时代的路口，我们新一代中国青年需要明白自己的新使命，踏上为国效力的新征程，当以今日之我，成今日之国家。

"故大小相含，无穷极也。含万物者，亦如含天地。含万物也故不穷，含天地也故无极。"作为一个泱泱大国，在中华民族的血脉里，有着一种属于炎黄子孙对未来的信心与信仰。古时天破了，不问鬼神，我们锤炼石来补；洪水来了，不问先知，我们挖河渠疏通；疾病肆虐，不求神迹，我们试药自己治。谁愿意做俯伏的羔羊让他去吧，谁愿意不问苍生问鬼神也让他去吧！在中国最屈辱的时候，这神州大地，到处都是不愿做奴隶的人。而在我们踏上新征程时，这份信心与张狂是我们中华民族最不可亵渎的精神脊梁，是支撑我们走向伟大复兴的精神支柱。

纵观中国当前现状，我们牵南北铁线，织高铁之网。飞上青天使"嫦娥"揽月，"悟空"探秘，下潜深海驱"蛟龙"遨游，"天鲸"寻宝。笑谈"东风快递，全球必达"，彰显的是我们对国家军事实力的自豪。正因为有老一辈的有志斗士的奉献，为我们新一代种下了一棵能遮阴的苹果树，让我们茁壮成长。而作为新一代的有志青年，更应当继承血脉里的那份张狂与信心，为中国之富强，民族之复兴，更尽自己一份力。

香港、澳门地区的繁荣稳定与发展更是证实了邓小平先生提出"一国两制"的方针是正确的。我国于2009年动工建设的港珠澳大桥在2018年10月开通运营，在2009年，我国难以承受国外高额的技术咨询费用，不得不从零开始进行大桥的学术研究。严苛的外海环境以及地质条件，使得施工风险不可预知。

图1　港珠澳大桥

有了坚持不一定成功；但没有坚持，就注定失败。对于成功，坚持的塑造必不可少！经过近十年的设计、建设与测试，在2018年10月份，终于开通运营。这极大缩短了香港、珠海和澳门的时空距离，也极大加强了内地与港澳的联系。由于港珠澳大桥的通车，粤港澳区域一体化发展成了绕不开的热点话题。我国不但将建设港珠澳大桥这一目标完成了，而且使它成为了世界上最长的跨海大桥，这体现了我国综合国力、自主创新能力，体现了勇创世界一流的民族志气！

在认识祖国日渐富强的同时，我们也要承认，现在的中国无论是将目光投向国内还是放眼国际，都面临着许多挑战与困境。譬如不断引发热议的中美贸易战，或者是产业结构不够合理、自主创新能力不强以及各种社会问题等，我们看到，这一条复兴之路，注定任重而道远。但既然选择了远方，便只顾风雨兼程，在实现民族振兴的伟大进程中，必然会有许多艰难险阻甚至惊涛骇浪，作为十四亿中国人民的一分子，作为这个新时代的新青年，我们应该做的，就是拿出大国应有的态度、大国应有的自信，迎难而上，攻克难关，奔腾在实现中国伟大复兴的大道上。新时代，意味着我们拥有更好的发展条件、更多的机遇，也意味着我们肩上担着的责任。今年，新中国成立 70 年了，这对历经五千年沧桑的中华民族而言，是一个崭新的开始，是我们青年一代踏上新征程的开始，中国梦，由我们共同筑起。国成众我，众我成梦。

图 2

图 3

无数小我共建中国，无数梦想共筑中国梦，正如百川汇海，众木成林，中国是千千万万的我们之结合体，这是我们的新时代，我们应有"少年心事当拿云"的壮志与勇气，挑起时代之担。

祖国河山秀美如画，我们当竭尽所能，守护这浩瀚广宇，只待其羽翼丰满，气吞霓虹。

"雄关漫道真如铁，而今迈步从头越"，新时代的号角已然奏响，就让我们今日青年，以新时代为帆，以新使命为锚，以中国梦为舵，行驶中国梦之巨轮，开向中国之新征程，以今日之我，成今日之国家！

爱您，筑梦依旧

武汉大学　新闻与传播学院　传播学　2016级　香港　林嘉盈

2019年，是一个特殊的年份。2019，是我们伟大祖国的70华诞；2019，是澳门回归母亲怀抱的20周年；2019，是震惊中外的五四运动100周年；2019，是《告台湾同胞书》发表40周年。在这被赋予了重大意义的一年，中华青年在强大祖国的庇护下，在中国梦的指引下，依旧勇敢，砥砺奋进。

红色，是梦的色调

如果梦有影像，那应该是《开国大典》中描绘的宣布中华人民共和国成立的庄严场景。

我是一个生于香港，在内地读书长大的孩子。我对新中国成立的第一印象，便是那小学语文课本上的课文《开国大典》。还记得文章中有一幅令我印象深刻的插画，应是引自画家董希文的油画作品《开国大典》。背景是翻滚的红旗，主体是画面中11位穿着正式的国家主要领导人，湛蓝的天空上飘着几朵淡淡的浮云，和艳红似火的灯笼柱子形成强烈对比，显得庄严而喜庆。随着年龄渐长，我学会了查找新中国成立的影像资料。和课文中描述的一样，那一天，毛泽东主席用浓重的湖南口音在金碧辉煌的天安门城楼上向全世界庄严宣告："中华人民共和国中央人民政府今天成立了！"从此，中国结束了一百多年来被侵略、被奴役的屈辱历史，真正成为独立自主的国家。

那一天，五星红旗第一次在天安门广场冉冉升起，转眼间，它已经飘扬了七十个春秋。如今我在北京实习，终于有机会来到天安门广场瞻仰国旗，那一抹鲜艳的正红色在蓝天白云的映衬下格外耀眼，这是用无数革命先辈鲜血染成的红色，同时寄托着星星之火永不熄灭的美好愿望。

团聚，是梦的主旋律

如果梦有声音，那或许是萦绕在耳边的《七子之歌》的旋律。

"你可知 MACAU 不是我真姓，我离开你太久了，母亲！……"这首改编自闻一多先生组诗《七子之歌》中第一篇的歌曲，表达了离散的孩子们对祖国母亲的深深眷念，引起了渴望祖国统一的千百万同胞们的强烈共鸣并得到广泛的传唱。20 年前，中国政府恢复对澳门行使主权，澳门的"灵魂和肉体"终于得以合一。那一天，《义勇军进行曲》响彻神州大地，是新中国的繁荣富强奏响了团聚的主旋律。

由于有部分长辈常居澳门，每年清明我们全家都会前往澳门祭拜祖先并探望亲人。爸爸曾说，早年定居国外的长辈在临终前都希望能回国安葬，因为祖国才是我们的家，才有我们的根。祖辈们分隔四方最终重聚，而澳门回归祖国是历史必然。

近年来，随着"一国两制"框架下粤港澳大湾区的建设，我们和亲人的联系变得更加紧密。港珠澳大桥不仅架起了我们与亲人之间的桥梁，也促进了祖国和港澳的交流与合作。团聚，从来都是梦的主旋律，无论是家还是国。相信在团聚的主旋律下，台湾同胞也终将与我们携手筑梦。

青年，是梦的主角

如果梦有脚本，那主人公一定是心怀远大抱负，不懈追求真理与自由的中华青年。

100 年前，一群先进的青年知识分子于民族危难之际掀起了震惊中外的社会革命运动。他们怀有深厚的家国情怀，勇于打破封建思想的枷锁，是新时代的开拓者。五四运动是新民主主义革命的开端，更是一场伟大的爱国运动，一场深刻的思想解放运动。而五四青年，正是这个舞台中央的主角。

100年后，接过前辈们的接力棒，青年们仍是梦的主人公。生于和平年代的我们，有繁荣昌盛的祖国作为坚实后盾，有党和国家为我们搭建的广阔舞台，我们也应牢记使命，主动肩负起新时代的重任。秉承五四精神，我们要做热爱祖国，有理想、有担当、德才兼备的中华青年，不负昭华，为国家、为世界的未来砥砺奋斗。

2019的谐音是"爱您依旧"，今年是新中国成立70周年，也是祖国新一个70年的开端。梦的主旋律已经奏响，崭新的画卷已缓缓铺开。作为新征程上的港澳台青年，我们将不忘初心，依照梦的轮廓，一笔一划地勾勒出国家的未来！

稳稳的幸福

——小陈返乡记

中国人民大学　新闻学院　广播电视　2016 级　澳门　陈雅莹

倒数 24 小时　便利的返乡准备

2019 年 4 月 28 日下午，最后一节课下课，教室里的学生都在躁动地讨论着春假的去向，神情雀跃，仿佛下一秒就置身于三亚的海滩上。

"雅莹，你春假去哪儿玩啊？"我收拾着书包，听到室友杨洋问。

"我回澳门呀，表姐的儿子满月，我回去喝满月酒，现在这个手机买票 app 太方便了，我早就抢到车票了，你呢？"杨洋一手拿着电脑一手滑着手机，像在处理急事，嘴里念叨着："现在你回去澳门这么方便了呀！"片刻，她本来皱着的眉头舒展开，嘴角也跟着上扬，朝我挥了挥手机。

"我也要回家，刚抢到了回去的机票。"她拿回电脑，"是明天凌晨的飞机。"

"嘿嘿，那我回来要吃你们家的内蒙古牛肉干。"杨洋家住内蒙古，每次从家里带回来的牛肉干都是全宿舍的最爱。

"现在还哪用得着从大老远带回来啊，我这就在网上给你订几包吧，这样不等我回来你们也可以吃啦。"她笑着答应。

现在淘宝让购物越来越方便，今天在北京下单，明天就能吃到内蒙古的牛肉干，所以杨洋也越来越偷懒了。我如此想到。

回到宿舍，我赶紧把打包好的冬天衣服拿去物流公司，寄了沉沉的两大箱回家。手机刚好来简讯，提醒我还有两小时，北京去珠海的动车就要开出，我检查了一下车票，就背上双肩包，朝北京西站出发。

距离发车还有十多分钟，我站在人山人海的等候大厅，羡慕地看着别人刷二代身份证进站，紧了紧手中的小蓝票，期待着什么时候才能跟内地同胞一样，轻松地穿梭不同的城市。

那时的我还不知道，四个月后这份期待就化作了现实。

倒数 20 小时　舒适的高铁时光

天色完全暗下来，眼睛难以透过车窗看到外面飞快倒退的景色，只倒映着我的脸庞和车厢内的情况。

2016 年我到内地读书后第一次乘坐高铁，从此它就是我最喜欢的交通工具，因为车厢里的每个人都有自己的位置，坐在软硬适中的椅子上，打开小桌子，做着自己喜欢的事情，在这小小的空间中，享受着一个人的时光。

比如此刻，坐在我旁边的男生，嘴里吸吮着香味四溢的统一泡面；他旁边坐着的女生握着手机，追看最近大热的国产连续剧；不时有三两个人在过道穿梭；乘务员推着餐车经过，香味回荡在鼻尖，车厢内弥漫着幸福安稳的气息，我索性买了份武汉周黑鸭，共同加入这份祥和美好当中。

我的嘴巴嚼着鸭脖，耳朵被音乐填满，眼睛却无处安放，只好继续望着窗户，望着里面倒映着的各形各色的人们，虽然都在各自忙碌，但我知道大家也都在等待着，等待这辆高铁跨越两千三百多公里，带我们回家。

倒数 9 小时　惊喜的家乡变化

经过 11 个小时的行程，列车终于在太阳升起的时候到达珠海站，拍了拍坐酸了的屁股，我快步地走向拱北海关，和家人会合。

父亲开着轿车接上我，驶去我将近三年没回的家乡。随着祖国经济发展和技术进步，现在开车从珠海到澳门只要个把小时，我甚至来不及在车上会会周公，就到达了目的地。我站在一栋三层的建筑前，刷白的墙壁，实木的大门，宽敞的停车位，如果不是大门前的桂圆树，我可能难以辨认出这个小别墅是我那"土里土气"的老家，直到表姐抱着我的小侄子出来，我才确认我的老家真的进行"大整形"了。

当然了，虽然小平房变成小别墅，但是住在里面的人依然热情如旧，客厅里笑声满溢，大家手里拿着红包，祝贺着表姐的第二个小朋友平安健康。

倒数 2 小时　迅捷的快递服务

傍晚满月酒结束，回程的路上我打开车窗，感受着夕阳的温度，此时手机的提示声响起，我看了一眼界面，是出发前我邮寄的次日达快递的提醒。我朝父亲说："爸，等一下绕去地下商场，我昨天寄回来的衣服到了。"父亲惊讶于现在快递服务的快速和便捷，向我确认："你昨天才从北京寄东西回来，今天就能拿到啦？"我有些"嫌弃"这位老先生的孤陋寡闻，与他开玩笑："是呀，有的时候比我坐火车回来还快呢！下次可以考虑把自己邮寄回来！"

倒数 13 分钟　未来的美好发展

"阿囡你看，你盼了很久的港珠澳大桥建好了，半年前就通车了。"回家的路上，副驾驶座上的母亲指了指车窗外，我顺着看过去，看到了远处的人工岛和连接的大桥，虽然黑夜模糊了大桥的后半个身子，但我的眼睛仍凝望着，凝望着它在夜晚中亮起光芒。我相信，港珠澳大桥每天二十四小时在发光，一定是为祖国更加强大，香港、澳门和内地彼此更加亲密无间，全国人民生活更加幸福坚守着！

0 小时　小陈的幸福时光

"咔嚓"，母亲刚把家门打开，熟悉的小家映入眼帘。我飞快地越过母亲，"咚"的一声把怀中的一箱衣服卸在地板上，然后打开空调，扑向房间软绵的大床，身体的疲劳感渐升，周公很快便过来找我下棋，母亲的唠叨声也在背后逐渐消失了。

入睡前我模糊地想：幸福，大概就是现在这个样子吧。

过去 30 分钟　新起点新征程

"啪！"身边突然的震动，吵醒了刚进入睡梦中的我，睁开疲惫的双眼，看见一叠宣传册被放在棉被上。

"你想好了以后去哪工作了没？你都大三了，老大不小的。"

"哎哟，姐，我都还没开始实习，离找工作还有一阵子呢。对了，这不写着今年澳门回归二十周年吗？那和上面说的大湾区有什么关系啊？"我指着宣传册的标语说。

"我说你怎么就总爱逃避问题，刚好，这些资料都是我特地拿回来给你的，现在国家推动粤港澳大湾区，支持港澳青年到内地发展，你之前不是说不想在离家很远的地方工作吗？我看这个挺适合你的，你看看吧。"说着，姐姐就把宣传册递给我。

翻阅着手中的资料，不时上网查找相关资讯，困意渐渐飞走了，跟着一起飞走的，还有后青春期的那点迷茫。

然后呢？

然后，我看见了祖国在全国人民的努力下越发强大了，我们拥有了更高的经济发展，更快的科技发展，更多的先进技术，而这些发展也在一点一滴地渗透进我们的生活：我带着杨洋给我的内蒙古牛肉干，坐在稳稳的高铁上，回到南方的家乡，看着一张张熟悉的笑脸，刚出生的二侄子突然站起来，把口袋里的巧克力分我一颗，我刚把它放进嘴里，就听到"咔嚓"一声，画面停格在最愉悦的笑声中。巧克力在口中慢慢变甜，而把它融化的，是祖国发展带给我们的，幸福的温度。

你的情，我的梦

中南财经政法大学　会计学院　财务管理　2017级　香港　李欣怡

远处的湖上，星光粼粼，水波微荡，像是水珠想随着风逃离，离开这片焦灼的池塘，奈何风不眷顾。池塘边的泥路，是跳蛙的天下，蛙声一片，它们似乎沉入自己的欢唱。几只折了翅的飞蛾，孤零零地在路灯下盘旋。是在陪伴吗？只是追寻眼中的光亮。丁铃当啷，路人骑着自行车，碾过路上的石子，朝着远方去了，尘埃像是习惯一般轻轻落在石子身上。寂静，静的让夏夜的暗，变得比以往更黑了。

窗台上的烛灯，星星火光摇曳着倒映在一旁坑洼的墙上，时左时右，不知是负了伤痕的墙，还是缺了光的影，想要竭力的倾诉悲伤。上了年纪的木门，受了微风的照顾，变得吱吱呀呀。屋旁的那座水泥房，又传来了玻璃破碎的声音，是邻居的叔婶在吵架，早就习以为常。门前的藤椅上，兜着一位老妇人，双鬓早已染上白霜，手中轻轻摇着蒲扇，想让怀中的孩子凉一些。她嘴里嘀咕着什么，眼睛时常望向远方，等待。等待是我读出的唯一的哀伤。

怀中的孩子便是幼年时的我，咿咿呀呀的还不会说话。奶奶时常抱着我，在夏夜的风中，一遍又一遍地重复着她的故事，那是捻指重翻日记，也未能寻得的小事罢了，却不知为何在我脑海里，留下深深的，苦涩的印象。那是超出我记忆的时光。

奶奶的一生，贡献给了我们的祖国，她的青年时代，都在为祖国的发展时刻奋斗着。与她共同努力的，是从小一起长大的挚友。两人无话不说，要说她们是姐妹，也是让人相信的。村里的人都是有志向的青年，住在隔壁的，或是隔壁的邻居，邻居的邻居，都互相帮着照看。每每要做什么新文化建设的，奶奶和她的挚友便会全身心投入其中。没有私欲，没有利益纠纷，为的是祖国的未来，为的是子子孙孙。蒲扇轻轻拍打着我的背，停留的蚊子被打乱了脚步，正慌张地四处乱窜。轻轻摇着扇子的手停了停，又很快的晃动起来。似乎拨动了心中的弦，奶奶的眼里带着笑意。

雨总喜欢在知了欢雀时悄然降落，没有浇灭地的灼热，反倒先蒸发了。省委书记来到了这个不知名的小村庄，说要号召一批人到香港，参与文化建设。对于这个未了解过的领域，大家自是怀疑和恐惧。谁会想离开这片养你育你的土地呢？村口似傻非癫的孩子，也懂得乡愁为何物。奶奶自然是不愿意去的，她要留在这，守护着每一寸乡土。名单确定了，挚友的名字出现在名单的第一位。奶奶也料想到，她会去的，坚定地前进。夏日的夜晚总是闷热得令人窒息，地上的树影都想逃走一般。队伍启程时，奶奶没有去送别，即使内心明白，还是存有些许遗憾。泛黄的纸，页角微微皱起，似乎被谁捻过多次，承载着所有情愫，被压在床前抽屉那本日记里。又是聒噪的拌嘴声，赶走了我的睡意。蒲扇依旧轻轻摇曳，奶奶的故事也悄悄停下了，我从未注意到，奶奶眼里那一丝泪光。

十几年过去了，我慢慢长大，那把藤椅，也早已布满尘埃。祖国发展迅速，村里家家户户也建起了水泥房，夏夜里的蛙叫，邻居的吵闹声，也只好偷偷藏在回忆里。香港回归的那年，奶奶时常到村口张望，等待着她那位旧朋友。奈何事不尽人意，挚友没能像香港回归到祖国一般，回到这个小村庄。小学毕业，父母决定带着我到香港定居，奶奶仍不愿离开。她说她早已扎根在此。她在等，并非等着挚友的归来，信中早已说过："香港是祖国的，我愿意为祖国的未来贡献毕生。"她在等，在等着能与挚友说一声：我们活在同一片土地上！

岁月无情的染白了奶奶的发梢，也理所当然的拉扯着我长大。奶奶早已褪去年少的芳华，祖国发展的重任，也落到我们新一代青年的肩上。在香港生活了十几年，也不曾忘记生我的那片故土。时代在发展，科技在进步，研发新芯片技术的华为企业，令所有中国人无比自豪。乘着通向香港的高铁，思绪万千。跨越海峡两岸的港珠澳大桥，承载着多少爱与梦。认识了许许多多的朋友，操着各地不同的口音，有香港本地的，有大陆各省的，无一不为着共同的目标奋斗，那是我们的中国梦！

许是受了奶奶的影响，情越深，梦就越远。已经回想不起是哪一年，只忆起又是一年盛夏，我独自到内地求学，受到许许多多的照顾。如今的夏，早与以往不同，少了池塘，少了一缕轻风，唯有那不要命的知了，叫了整整一生。与我结识不久的好友，是上海人，家人居住在珠海。我们相谈甚欢，从她口中得知，父母都是港珠澳大桥的建设者。我扬言，要带着她的家人游遍整个香港，她轻声笑。十四年的建设，劳动者的汗与泪，流淌向何方，我们不得而知。五十五千米，连结着两岸人民的心，桥上的柏油路，又融入了多少人的汗水。

人民的感恩，便是最好的报答。

好友带着我参与了各种研究建设，偶尔听见一些质疑的声音："年纪轻轻能做什么？"殊不知，新鲜血液是祖国发展的中流砥柱。唯有不断注入新鲜血液，未来才得以生生不息。我与好友，尽着最大的努力，贡献着我们的力量，是那种星星燎原的力量。无论身处何方，都能寻找到那发出自内心，接收于国家的力量。两岸同胞，怀着情，揣着梦，前进着。恍然间，奶奶与挚友的情和梦，拨开迷雾，深深地触碰内心的柔软。

重回故乡，一切都已变了样，但那一方旧土，能撩动思绪，泛起阵阵感伤。我爬上天台，奶奶的藤椅被堆积的杂物藏在角落，废了好大工夫才重新搬出来，拭去灰尘，轻轻倚靠着。终于，我体会到所有的情感。"吃饭啦。"奶奶在楼下喊着。时光早已磨平了锐利，留下的是无尽的温柔。"来啦。"我应声道。

记忆中的木棉

中山大学　中山医学院　临床医学　2017级　澳门　朱晓为

在我的记忆中，有棵木棉树。

"吱吱吱……"小学的时候，每天唤醒我的不是早上的铃声，而是小鸟的叫声。擦去蒙在窗上的广东春天的潮雾，就能看到窗外吱喳的小鸟，还有它们脚下的那棵树。那是几棵高高的落叶大乔木，枝叶并不多，三两棵孤零零地站在学校久不开放的泳池旁边，但上面的花朵却格外醒目——一朵朵红色的、橘色的花跟小鸟并肩站在枝头上。广东春天的湿冷可比冬天的冷还厉害，湿气仿佛能够浸润你的身体，但看到这些火一般的花仿佛能够驱走你体内的湿冷。后来老师说，那是木棉，是英雄树，是广州市市花。

木棉这种花，现实生活中最常见的地方，是妈妈的食谱。广东凉茶文化、食补文化盛行，常见的木棉花在她们手里不只是观赏用的花：与金银花、菊花、槐花、鸡蛋花一起再加入凉茶煲中煮二十分钟，就能变成清热解毒、消暑祛湿的夏日良饮五花茶；加把赤小豆、扁豆和几块土茯苓一同煲粥，虽然小时候的我不大爱吃，但这样的食材搭配能起到清热除湿的作用，是春天梅雨季节时妈妈锅中常备的挚爱。

"逃"出了广东妈妈们掌心的木棉花，在广东的街头也随处也可见：乡下的红棉公园里，除了下棋的老人，就是大片的木棉树；在学校的操场旁，"可爱深红爱浅红"不再只是用来描绘桃花，用在每一树都红得独特的木棉身上也恰如其分；更别提车站旁、学校前，在万千绿中总能发现那点独特的红。

后来来到澳门生活，原以为不会再见到那故乡里随处可见的木棉，直到后来，另一棵木棉树闯进了我的记忆里。

"如果我爱你——绝不像攀援的凌霄花，借你的高枝炫耀自己……我必须是你近旁的一株木棉，作为树的形象和你站在一起。"刚学到这首诗的时候，记忆中的木棉早已离我远去，脑海中模糊的树影无法支撑起诗中与橡树并肩的"英姿"。在一个百无聊赖的下午，站在公交车站等着迟迟不来的车的我偶然抬头，发现了一个不算惊人，但是足以令我感到意外的小事。"原来澳门，也有木棉啊！"我暗自惊呼。这几棵木棉被种在公交车站对面的公园的一侧，平时并没有留意，但只要稍稍抬眼就会发现它"与众不同"的身影。看到它时是冬天，但澳门的冬天明显不够"火候"。公园内的各种四季常青树种枝繁叶茂，郁郁葱葱，仿佛夏天仍未离去。木棉在它们当中明显要高许多，也"瘦"许多，但是最与众不同的就是它的枝干——在这么多树里，木棉仿佛是唯一感知到冬天的树，光秃秃的枝桠插在四周的翠绿中，远远望去，仿佛置身于人海中的一个高高瘦瘦的秃子——真的可以称得上是"秃"兀了。

"这可不是我记忆中的木棉！"我有点失望。但是接下来的春天，木棉的枝桠再次染上红色，重新勾勒出了我记忆中的木棉。近看，之前光秃的树枝上点满了一串串的"火焰"。旁的花都是"绿叶衬红花"，而木棉的绿叶早在花开之前就已经落下，化作春泥，为这些"火焰"添上一把"柴火"。远看木棉，脑中立马浮现出《致橡树》里面的诗句："我有我红硕的花朵，像沉重的叹息，又像英勇的火炬"。这把"火炬"，驱散了料峭春寒，照亮了我记忆中的木棉。是了！这是我记忆中的熟悉的木棉！当年初来澳门，内心充满了对未知的恐惧，满心都是故里的朋友和家人，试图在陌生的环境里找熟悉感却又一无所获的我再度陷入困顿之中，而曾经苦于寻找两地共同点的我，在见到木棉后，终于明白：我从未远离故乡，因为高大的木棉"点燃"了自己，为我指引方向，我爱木棉伟岸的身躯，更爱它坚守的位置，它足下的土地。

在这"火炬"下，所有的事情都串成了一条线，澳门的木棉和故乡的木棉连成了一个圆。港澳与内地本为一家，从未分离，我们有着同样的文化，同样的灵魂，同样的心，追逐着一样的梦，谁说我们不是同一个民族，来自同一个故乡呢。拾起掉落到树下的木棉花，熬一碗饱含"热火"的粥，驱走心中的凉意，与同乡人同心共筑中国梦。

心怀家国，经世济民

——我的扶贫攻坚中国梦

北京大学　经济学院　金融学　2015级　香港　林星辰

自 2012 年习近平总书记根据我国近代发展史总结出民族目标后，"中国梦"这一概念便正式响彻世界各地，引起大量讨论。当时仍在香港念高中的我对"中国梦"的理解尚为粗略，停留在"实现中华民族伟大复兴"这一目标。尽管当时我已有改善香港收入差距和弱势群体生活状况的个人抱负，但并未将其与自己的理想，或与自己对家国社会的观察和理解相结合。幸运的是，我在 2015 年选择前往北京大学经济学院学习，并在接下来四年的交流学习和社会实践中加深了我对国家社会的理解，找到了我的经世济民中国梦。

回顾这四年的经历和思考，我认为中国梦在宏观和微观层面上结构有不同的努力方向，但归根到底都是为了人民的福祉。首先，"中华民族"反映出中国梦的普适性，因而其应符合全国人民的生活追求，要实现所有人幸福安定的生活。然后，"伟大复兴"则反映出中国梦包括了国家与民族在宏观层面的综合发展，因而其要求实现国家富强，社会和谐，和重新振兴中国与中华民族。不难发现，国家富强和民族复兴是建立在社会和谐和人民生活幸福的基础上的。而且，这一美好生活的设想属于所有中国人民，而不是单独的群体或阶级。因此，我得出结论：为了实现中国梦，我们首先要改善不同群体的生活状况，共建属于所有群体的美好社会。

基于我在中学时对香港收入差距问题和贫困群体生活困境的关注，我自然将这一关注拓展到了我国的整体情况。进而，我发现我国社会中，贫困群体所面临的困境是我们需要克服的一大难题。诚然，我国早在数十年前便通过整体经济的腾飞，迅速缩减了我国贫困人口规模。在过去 40 年，我国已实现了 8 亿人的脱贫。但是，我国离消除绝对贫困仍有差距。因此，我国政府便在《"十三五"脱贫攻坚规划》中明确指出要"消除贫困、改善民生、逐步实现共同富裕"。

那么，我开始思考我在这场"扶贫攻坚战"中能作什么贡献。作为一名学生，我的首要工作必然是认真学习。鉴于贫困问题的复杂性和综合性，我认为只有当我掌握了丰富的经济学、社会学、政治学等领域的知识，我才能为之后的贫困问题研究打好基础。为此，尽管我有着非常强烈的求知欲和对经济学的热爱，初来乍到的我仍面临巨大挑战：两地中学数学的教育基础差异极大，教学语言也有中英差异。所幸，我没有因此气馁，因为我很清楚经世济民不是一个口号而已，追求中国梦也不能只是说说而已。除了需要真心为民的同理心，实现这一目标更需要扎实的知识理论基础和愿克服重重困难的毅力，才能做出真正的研究。因此，我投入了比旁人更多的时间学习，虚心地向老师同学求教。因此，我逐步克服了数学基础的不足。终于，我凭敏锐的经济学直觉和认真刻苦的学习，在计量经济学、经济增长理论和金融经济学导论等重要课程上获得了优异成绩，打下了扎实的理论基础。我也因而获得了如北京大学宝钢优秀学生奖学金、北京大学港澳及华侨优秀学生一等奖等多项校级奖学金，得到老师们的肯定。

然后，作为一名志在学术研究的学生，我发现充分的研究锻炼亦不可或缺。为此，我采取了先前应对学习上挑战的策略——书山有路勤为径，全力应对新的学术挑战。顶着双学位带来的满学分压力，我分别为经济学院和光华管理学院的三位教授担任研究助理，开启了忙碌但充实且快乐的学术之路。在各位老师的引导下，我掌握了学术研究规范和数据处理方法，通过大量文献阅读和研究工作丰富了计量经济学、生态经济学、发展经济学、家庭金融和公司金融等领域的理论知识基础。同时，我亦根据自己的研究兴趣，向不同学院的教授积极请教，探讨了经济增长理论、行为金融学、农村金融学和城市经济学的研究问题，充分拓展了解宏观经济、农村扶贫、金融扶贫和城市规划等不同领域的知识，为之后我的贫困问题研究打好基础。

随着我对贫困问题复杂性认识的逐步加深，我发现自己对真实情况的认识不足。在与老师讨论后，我意识到就现实情况作实地考察的重要性，故决定将学术研究与社会实践相结合。为此，我加入了国家发展研究院张晓波教授的研究团队，率队前往甘肃省开展了中国企业创新创业调查的田野研究，前后参与了问卷设计、数据收集和数据整理的研究工作。尽管过程非常复杂艰辛，但我充分感受到了经济学研究应紧贴现实情况的重要性，和做真实的学问之不易。通过与大量中小企业家的访谈，我对当地经济与社会有了深刻的了解。在张晓波老师的鼓励下，我将其与我对贫困问题的思考结合，探究除宏观条件和制度因素之外，家庭和个人的微观因素与贫困问题的关系，大大完善了我的研究视角。

图1

终于，我的学术兴趣在大量学术锻炼下萌发。我开始在老师们的指导下就我对贫困问题和收入不平等研究的强烈兴趣开展个人研究。在导师高明教授的指导下，我先研究了我国收入差距与地方政府在不同方面开支的关系，随后更与同门师姐合作完成了我国贫困家庭的特征分析及追踪研究的会议论文。同时，我和组员们就京津冀贫困问题与教育不平等之关系展开研究，获得北京大学"挑战杯"学生科研学术研究比赛的二等奖。然后，在张晓波教授与 Jeffrey Sachs 教授的建议下，我决定将我国贫困家庭特征分析拓展到教育和个人信念方面，并在导师指导下完成了毕业论文，获得了满分的优秀成绩。最后，我亦凭着对学术研究的强烈兴趣和优秀的学术能力，加入了香港中文大学商学院金融学博士项目，继续我的学术追求。通过学术研究，我希望能真正改善家乡和祖国的贫困群体等弱势群体的生活状况，履行我的社会公民责任。

图 2

图 3

除此之外，我亦将社会实践的重要性拓展到学术研究之外。在公益志愿和社会实践方面，我亦积极地参与贡献。例如，作为经济学院青年志愿者协会骨干，我曾负责组织北京农民工子弟学校支教活动，并通过创办圣诞节众筹和旧书收集义卖等活动，成功吸引了各院同学和社会企业的参与和支持。同时，我也是北京大学"财童"公益计划的骨干成员，参与筹办了为云南山区学校义卖筹款活动和北京 101 中学的经济学科普计划。另外，我亦曾率领寒假实践团，到广州探访自闭症儿童治疗机构，设计青少年自闭症问题的解决方案。凭借上述努力，我获得了北京大学优秀志愿者、北京大学实践公益奖和北京大学"十佳"实践团队等奖励，更收获了帮助他人追求美好生活所带来的满满成就感。

在毕业之际，我带着四年来在学习研究和社会实践中对我国贫困问题的洞察，真正理解了实现中国梦对我个人而言的实际意义和努力方向。实现中华民族伟大复兴，需要从真正的改善每个群体的生活开始。人民才是中国梦的承载主体，才是中国梦的本质惠及对象。因而，实现中国梦并不仅是政府、组织机构或部分群体的责任，因为构建美好社会可以从我们每一个人做起。我将为此继续奋斗，将我的社会责任与我的理想抱负相结合，追求我的经世济民中国梦。

时代出彩，人生有梦

广东财经大学　经济学院　国际经济与贸易　2018 级　香港　胡嘉盈

朝花离不开雨露的滋润，一个团结稳定的民族也离不开一个先进伟大的政党的领导。转眼间，时光飞逝，岁月如梭，时钟的指针走到二零一九年。让我们将历史的年轮倒转，七十年前，伴随着毛主席一阵自豪的演讲，三军剑指云霄，中华人民共和国正式成立；四十年前，《告台湾同胞书》正式发表；二十年前，澳门在历经艰难困苦后终于回到了祖国母亲的怀抱。假若九十八年前在国家危难之际中国共产党没有勇敢地站出来，九十八年后的今天我们这些中国人，尤其对于我，一个平凡的香港同胞，该何去何从呢？

新时代争做新青年

二十一世纪是中国艰苦奋斗、奋发崛起的新时代，是承前启后、继往开来、继续夺取中国特色社会主义伟大胜利的新时代。自中国共产党建立了新中国以来，中国共产党将全心全意为人民服务刻入党的根本宗旨之中，以实现中华民族伟大复兴的历史使命为己任。当我们一步一个脚印走到二十一世纪，中国共产党从未忘记过这个初心，习近平总书记在庆祝中国共产党成立九十五周年大会上的重要讲话中号召全党同志一定要"不忘初心、继续前进"，直到今日这一号召逐渐延伸为号召全民"不忘初心跟党走、牢记使命勇担当"。我是一名普通的香港特别行政区居民，在新时代的发展里，我将会矢志不移地紧跟党的步伐走。习近平总书记在十九大报告中对青年寄予了厚望："青年兴则国家兴，青年强则国家强。青年一代有理想、有本领、有担当，国家就有前途，民族就有希望。"在我身边就有着许多有理想、有本领、有担当的同学朋友，他们的目光不局限于香港内，他们的理想是在内地创出一番成就，用自己在香港所学的先进经验造福内地。与他们还未达成的理想相比，他们热爱祖国的心更加炽热。当不团结的声音出现在香港，他们总会勇敢地站出来为祖国发声，为港澳台团结稳定而发声。与他们相处，我受益匪浅，我坚信在大陆学习会明确我的理想、锻炼我的本领、增强我的责任担当，在新时代中争做一个有理想、有本领、有责任的新青年。

新时代有新使命

一个时代有一个时代的主题，一代人有一代人的使命。十九大报告中提出：实现中华民族伟大复兴是新时代中国共产党的新使命，这也是每个中国人的新使命，还是近代以来中华民族最伟大的梦想。回望历史，中国人民用举国奋斗书写了新时代的美丽篇章，用敢教日月换新天的壮志创造了一系列的成就："神舟"飞天、"嫦娥"飞月、"天宫"遨游、"智造"崛起、"5G"领跑等。我对伟大祖国的发展感到自豪不已，中华民族是个伟大的民族，中华民族复兴势不可挡。面对美国挑起的贸易战，中国不为所惧，因为中国绝不会将自己的命运掌握在他人手里。早在十年前的"深港共建世界大都会"就已经提出了共建粤港澳大湾区的概念，今年的两会上中国政府正式发布《粤港澳大湾区发展规划纲要》。粤港澳大湾区的建设不仅是对于贸易的一种保护，还是对于香港同胞来说至关重要的福祉。就在今年，港珠澳大桥正式全线通车，感谢这座雄伟的桥梁，港澳与内地之间的距离被肉眼可见的速度缩短了，港澳与内地的往来也变得更加便捷了。我是一名修习国际经济与贸易专业的学生，粤港澳大湾区的建设对我来说无疑是一个巨大的机会。我来自香港特别行政区，就读于广东财经大学，我的过去与未来都处于粤港澳大湾区的臂弯内，我甚感幸运，我将刻苦学习专业知识，毕业后在粤港澳大湾区内寻找那份属于自己的机遇。

生命不息、追梦不止

新中国成立 70 周年，我们都在努力奔跑，我们都是勇敢的追梦人。我们热爱祖国、我们热爱生活、我们敢于拼搏、我们坚信梦想，梦想是我们在疲惫无助时的强心剂，梦想是我们最宝贵的精神文化。周恩来总理曾立志为中华之崛起而读书，焦裕禄究其一生只为使大漠变成片片绿洲，袁隆平院士的一生所求是让全世界的人都能吃饱饭。我们常说一个人没有梦想是可悲的，没有梦想的人生是不完整的，一个人有了梦想，即使面对荆棘也有披荆斩棘的勇气，即使面对难题也有刻苦钻研不断突破的狠劲。我的梦想是希望祖国持续繁荣，香港特别行政区在祖国的抚养下茁壮成长。做一名勇敢的追梦人，就必须要将个人梦想融入到家国梦想中，当个人梦想汇聚成家庭梦想，家庭梦想汇聚成中国梦想，汇聚了亿万中国人的共同梦想的中国梦，将会展示它那无与伦比的力量，用中国梦滋润九百六十多万平方公里的神州大地，使在新时代的征程中努力奋斗的每个人都梦想成真，每个家庭都安居乐业。诚挚祝福广大港澳台同胞，在新时代的新征程中要有坚如磐石的信念，要有争分夺秒的拼劲，还要有锲而不舍的毅力，为实现中华民族伟大复兴而勇敢追梦！

陆见港味

广州医科大学　第二临床学院　临床医学　2018级　香港　张文龙

"本次列车的终点站——福田口岸到了，请您提前做好下车准备，感谢您乘搭深圳港铁。"这是深圳地铁4号线每日重复的一句广播。对我来说，这是一句提醒，也是一个温暖的问候。作为一名居住在深圳的香港人，我发现，深圳的一切对我来说都是如此的亲切。

每次走过关口的天桥，我都喜欢通过两边的窗户看看那条分隔两地的深圳河，河的两岸是深圳和香港。每每我都在感慨，这桥背后不知凝聚着多少的艰辛和努力。因为在十几年前怎么可能用十分钟可以走完这段路。

1997年的7月1日，对于尚未出生的我来说，这一天并没有什么特别，但这一天已被中国人民深刻地载入史册。我听父亲说，在那一天零点的时候，经历了百年沧桑的香港终于回到了祖国母亲的怀抱，他也终于实现了心愿。那一晚，香港会议展览中心灯火辉煌；当历史的时钟指在零点整，全场肃立；当中华人民共和国国歌响起，中华人民共和国国旗和香港特别行政区区旗徐徐升起时，全场沸腾。那是父亲一代香港居民心愿达成的重要时刻，是中华民族长久期盼的愿望，更是世界史册的重大一笔。那一刻，香港回归了，游子归来了，沉睡的雄狮苏醒了。从此，香港、内地同心筑梦，香港在内地蓬勃发展的支撑下，平稳地度过了亚洲金融危机，内地也依靠着香港出色的经济贸易不断发展。

在我的书架上，摆放着一朵灿烂绽放的"紫荆花"。父亲说，这是我1999年出生时，他从香港给我带回来的礼物，洋紫荆是香港的市花。他说，他希望深圳的家和香港的家一样温暖，也希望深圳的花和香港的花都开的好。

深圳，一座现代化的大都市，是中国改革开放的窗口。在短短的几十年间，由一个小渔村迅速发展为一线城市。香港回归之后，深圳凭借它独特的地理位置，成为了连接香港与中国内地的纽带和桥梁。因而在深圳蓬勃发展的过程中，总会发现一抹香港的影子。2011年，深圳地铁4号线全线通车运营，这条起自龙华新区，止于福田口岸的地铁，马上成为了深圳地铁的主干线。与其他地铁线路不同的是，4号线是香港与深圳共同完成的地铁线路，站台以及列车在很大程度上保留了香港地铁的风格，线路设计也极大地改善了两地的出行。4号线是深港两地合作发展的一个重要里程碑，两地的联系因此更加密切。不仅如此，因为4号线开设了深圳北高铁站，加之去年西九龙高铁的开通，香港与中国内地之间的来往也更进一步加深了。西九龙线直接连接香港与16座中国内地城市，往来香港至广州的行车时间更由100分钟缩短至48分钟。深圳港铁4号线的开通及我国高铁的快速发展不仅让我往来香港和深圳的路途中感受满满的温暖和中国进步，更是给香港和深圳及内地的文化交流、行业合作带来了极大的效益。

今年是新中国成立的70周年，在这具有重要历史意义的一年，一个国际一流的湾区和世界级城市群正逐渐显现出来——粤港澳大湾区。自2017年粤港澳大湾区首次被写入政府工作报告，到今年2月《粤港澳大湾区发展规划纲要》的公开印发，这是新时代正式推动形成全面开放新格局的重要尝试，也是推动"一国两制"事业发展的创新实践。按照规划纲要，粤港澳大湾区不仅要建成充满活力的世界级城市群、国际科技创新中心，还要成为"一带一路"建设的重要支撑、内地与港澳深度合作示范区。打造粤港澳大湾区虽是一个新概念，但究其根本是为了保持港澳长期繁荣稳定，促进两地的交流合作，为港澳经济社会发展以及港澳同胞到内地发展提供更多机会的重要举措。这，有利于丰富"一国两制"实践内涵；这，为我国经济创新力和竞争力不断增强提供支撑；这，是中国为了实现共同发展、促进各地交流和团结又一次实实在在的努力。

距离父亲从香港带来紫荆花的礼物也有20年了。20年转瞬即逝，不变的是书桌前的紫荆花雕塑，而香港和内地之间的发展和交流却一直都在"你中有我，我中有你"地变化着；在"一国两制"与改革开放的新浪潮中，祖国打开了欢迎的大门，香港学生获得了更多的机会，终于能够踏上祖国内地的土地，在祖国母亲的怀抱中求学进取。我也来到了广州追寻我的医生梦。作为一名医科大学的香港学生，身处他乡在外求学，分隔两地，但却未感到有任何的陌生感。走在路上，总能看见几家港式茶餐厅的影子。粤语，一种能在广州和香港畅通的语言，虽有些许不同，但在交谈之中，心中总会流过一股暖流。一所所由广州和香港合作建立的大学，在空地上冉冉升起。一个个过去看似不可能的现象，正逐渐变成现实。香港与内地之间若隐若现的阻隔，早已不复存在。

成为一名医术与医德并存的医生，为病人保驾护航，这既是我们医学生的梦想，也是国家赋予我们的使命。要实现自己的梦想就应该坚定自己的信念，鲜明自己的立场；其次要艰苦奋斗，不辞辛苦。这是中华民族的优良传统，也是我们学生应该具备的优秀品质，在学校学习上要不断刻苦钻研，开拓创新，在社会生活上更应该确立自身的责任，树立强烈的历史使命感、责任感。

从古至今，无数的仁人志士历经磨难之后，依靠着信念，成就了梦想。从屈原"路漫漫其修远兮"的求索到文天祥"留取丹心照汗青"的执着，中国坚定不移地走中国社会主义道路，致力于建设富强民主的社会主义现代化国家，心怀这一梦想，人民生活水平日益得到改善。"一国两制"是我们在实现中国梦中的重要一步，香港以及澳门回归则是中国梦的实现。早在20世纪，我们便梦想着香港、澳门能够回到祖国母亲的怀抱中。我们为实现这一梦想付出努力、为之奋斗，虽然历经坎坷，但终究打破隔阂，这是因为香港、澳门与祖国内地的命运始终紧密连接，这种天然的血缘纽带任何力量都分割不断。如今，深圳等毗邻香港的城市，在香港的发达经济下，已经由小渔村逐步成为国际化大都市，香港也依靠着内地的经济往来、文化交流，以"东方之珠"的美誉闻名世界。实现中华民族伟大复兴的中国梦，需要香港、澳门与祖国内地优势互补、共同发展，需要两地人民守望同心同德、携手共进。

中国梦是我们每个人的梦，只要我们始终坚信并为之奋斗，个人的梦想就能长出翅膀，跨过高山，越过海洋，汇聚成我们的中国梦。

筑中国梦，铸中国魂

上海外国语大学　国际金融贸易学院　金融系　2018级　香港　严子维

　　在不到半个世纪的时间里，任人宰割的雏子迅速雄起，成为黎明时嗓音洪亮、响彻云霄的金鸡。而对于我来说，还有比见证雄鸡崛起更为骄傲自豪的事情，那便是亲眼看见紫荆花重新在艳丽的百花潭中傲然绽放的过程。自1978年改革开放以来，中华人民共和国已经在国民的共同努力下成长了40个风雨岁月。期间，香港也重回祖国的怀抱，虽然没能从最初的时候便陪在祖国身边，但在回归后也骄傲地与祖国一同度过了其中超过一半时间的坎坷。

　　我在十岁左右的时候便随着我们一家人定居上海，如今在中国内地居住的时间也差不多赶上在香港生活的时间了。毫不夸张地说，其实我对香港的印象并不比对上海的记忆深刻，毕竟在年幼懵懂之时便离开了家乡，如今对于故乡的记忆也只能借助居住在香港的亲戚之口回顾。

　　我的大伯父是我生命中对我影响至深的人之一。他出生在二十世纪六十年代的香港，亲眼见证并且经历了香港回归以及祖国的改革开放。年少时的他作为家中长子，自然受到父母更多的倾注与青睐。所以即便当时的家庭条件并不富裕，我的祖父母依旧煞费苦心地将大伯父送去英国留学。

　　大伯父向我们小辈们分享了他去英国留学时的感受。当时的英国相较于中国，在经济实力、科技水平、管理制度等几乎所有你能想到的任何方面都占着极大的优势。那时刚刚成年不久的伯父正处于一个独自建立价值观与世界观的阶段，经过这一对比，曾经一度产生过深深的自卑感与对祖国的厌弃感。"我一直在想，为什么我们的国家没有发展成如此繁荣的景象呢？"大伯父在认真思索后望向窗外，眼神中闪着深邃的光，"我们的国家究竟是差在哪儿了呢？是时间不够、地理位置不佳？是缺乏机会？还是根本没有意识到自己的落后，从未想过改变？"这些问题困扰了他在英国留学几乎全部的时间。

在去英国留学前，他也造访过内地。在他看来，当时的内地生活正可谓"苦不堪言"。不过有一点令大伯父表示疑惑："我在内地的亲戚似乎并不觉得自己的生活有多么困难，相反他们很兴奋地迎接我们，又很高兴地送我们离开。即便他们知道我们生活条件好很多，也从未表现出对我们的羡慕。一直到香港回归之后，我才渐渐意识到原来他们的热情其实很大程度上来源于'民族自豪感'和'归属感'。这种感觉是当时还未回归的香港人体会不到的。"所以在伯父留学攻读完电子电机工程专业后，他回到祖国并选择了向内地发展。他说："我很庆幸自己没有对祖国失去信心，我很庆幸自己能够参与到改革开放的建设进程中来。"虽然当时从香港进入内地必须经过深圳海关一番繁琐复杂的核查，生活条件、交通条件各方面都是比较落后的，但是伯父说每一次踏上内地的土地都能够感受到一些细微的进步与改善，每到这时他的胸中便会生起一种骄傲。

在被询问"改革开放前后香港最明显的变化"时，大伯父毫不犹豫地回答："那当然是进出内地方便了很多啦！"的确，在改革开放之前，想要进入内地只能够选择从香港的落马洲、罗湖走深圳海关，不单单要提交"回乡申请书"，在过海关的时候还要接受公安派出所的严格督查；从深圳进入香港的过程则更为繁琐：当时的人民币不许被带出内地，普通香港人民的身边不允许囤积人民币，所以钱财都得是进入内地后"现换现用"的。而现在的情况则大有改观了，两边的行程都更为便捷简单，从香港入境可以选择火车、飞机以及高铁；内地各个地方的机场也开通了直飞香港的航班，使两地的互通更为紧密、快速、频繁。

随后我还向长期居住在香港的二伯父与叔叔了解了情况，从他们的描述中，可以看出内地与香港之间互相影响、互相扶持、互相促进，两者的关系密不可分。作为一名香港人，我很感激我们在回归的时候赶上了祖国给予的共同改革开放的机会。在这短短半个世纪不到的时间里，香港在政府的帮助下政策发生了变化，生产模式发生了转型，人民生活质量水平有了明显提高，成为了当今世界主要的金融中心、贸易中心、专业服务中心。同样地，内地在香港回归后也从中得到了不少启示与改变。内地向香港开放后得到的其中一个显著效果便是通过对香港的开放刺激内地企业的改革。

我们的祖国在这40年的时间里已经发生了翻天覆地的变化，内地很多城市的发展状况早已远超香港。但是这并不意味着香港已经没有价值了，随着时代的进步，香港或许不再处于领先地位，而它发挥的作用也是不断变化的。香港亦会一直与时俱进，不断地满足国家发展的需求，找准自己的位置。

我的大伯父曾经表示非常羡慕我，即便他现在通过拼搏得来的生活远比我现在的条件好，他也曾感慨如果要放弃自己眼前的全部只为换取我的青春、我的时代的话也不会后悔。他说我们生在一个非常具有潜力的时代，正巧赶上改革开放，因为我们的国家、我们的社会充满希望与机会，香港新生代的青年不仅仅能够通过自身的努力底气十足地回到祖国发展；还能够凭借自己的实力与头脑竭尽全力地报效祖国。

我一开始不太理解，毕竟在我出生的年代，中国已经趋于平稳的繁荣，我感受不到伯父所说的那种"极为迫切地需要归属感"的感觉。但自从我们一家从香港迁至上海，渐渐地我似乎能够体会他的心情了。我人生中的前十年几乎都是在香港度过的，一直到踏上内地的土地的时候，我才真正意义上的感受到一方国土竟能如此地大物博。我慢慢了解伯父口中所说的"机会"与"希望"——那是当一批整整一个世纪以来都无源可溯的人民寻到了自己的根，铸造了中国魂时发自内心产生的幸福感、安全感和满足感。也正是上一辈的香港人民对于祖国的相信和祖国给予他们无条件的庇护使得两边的发展都得到了先前意想不到的效果。

我可能永远也无法切身经历那种"回归祖国、重获尊严"的感受，我也不希望我会经历这种波折，对于"归属感"的概念我可能永远也没有祖辈父辈们清晰，我也曾因为此事觉着内疚，质问自己是否缺乏"爱国情怀"。但是随着在内地生活的时间逐渐增长，我意识到其实我并不需要一个多么明确的概念来证明自己是中国人，因为我们很幸运，自出生起就有一个名正言顺的国籍，自记事起就理所当然地享受着祖国给予的自由与安全的保障。因为我们生来就是中国人，留着中国人的血，生来便铸着中国魂！

1772.1

西南财经大学　通识教育学院　金融学　2018级　香港　庄嘉顺

1772.1公里，这是从香港到成都的距离。一步一米，是不是走过1772100步，我就能了解这个城市。

我是一个香港人，或许我该和我的同学一样在香港念完大学，工作，生活。不知道从什么时候开始，我一直关注着内地，内地的新闻，内地的文化。当我告诉我的家人，我想到内地去，我想看看我的祖国，我想了解那边的文化。我的父亲告诉我，我们从内地来，是内地的人，该回内地去。我曾经听人说过，树的一生不过是落叶归根，我这片叶子飘过了1772.1公里，我想寻找我的根。

成都，真的和香港很不一样。这里的风很静，叶子也是安静地睡在树上。不像香港，风总是很大，云走得很快，好像香港的一切都是这样，这样的快。云似乎很喜欢成都这座城市，总是慢悠悠地飘在这里。秋天的时候叶子又变成金色，缓缓飘落。在这之前我从未见过，成千上万的叶子飘落。凄美？我不知道怎么表达这种感觉，我感觉有点失落，又有些华丽。在我印象中叶子似乎只有绿色。到了冬天的时候成都又会下雪，细细的雪，曾经无数次出现在我的幻想里，我终于在内地这头见到了。这边的冬天虽然气温低但我却觉得比香港温暖，因为这里的风总是温柔，不像香港那样强劲。这里的味道呢，很难适应吧。这座城市里什么味道都有，只是辣味比较突出，就像这边的人一样，热情，直接。这让我一下子适应不过来。成都的人们在很多东西上都花了很多工夫。嗯……注入"灵魂"？比如，这里的糖人。我不知道要做多少个糖人才能有这种手艺，每一个糖人都一模一样，每一个步骤都分毫不差。这座城市里有许多故事，这座城市里也有许多感情。我想一点一点地去看，去听，去感受。如果记忆也是一罐罐头的话，我希望这座写着成都的罐头永远不会过期，如果一定要加上一个期限的话，我希望是一万年。

黄龙溪

作为志愿者我来到了这个古镇，在这里我可以感受到时光的味道。这座古镇经历了多少岁月，这条溪在这流淌了多久，它默默地见证着时代的变迁。它总是这样缓缓地流着，不管我来不来，不管我看不看，它总是这样。或许许多因果都是注定的，只是我们都道不出其中缘由，仿佛它知道我会来，仿佛这一刻在我记忆里出现了无数次。在这里我放声歌唱"我歌唱每一座高山，我歌唱每一条河。"

百名在蓉港澳台侨大学生
黄龙溪唱响《我和我的祖国》

图1

诺尔盖

草原，很广很广的草原，我见过蓝色的海，在这里我见到了绿色的海。这里的空气很独特，不像香港有海洋的气息。是草的气息，有点像牛，牛奶？不是日本的神户牛肉，也不是美国的牛奶。而是令人安心的味道，很朴实的气息，是祖国的气息。还有康巴藏族的汉子，他们雄壮威武，热情豪爽，和细腻的香港人很不一样。有时候我都很羡慕，那种幕天席地的生活，天地为家，我也有人间打马走过，今朝酒醒何处的洒脱啊。这里的天是这样的蓝，这里的地是这样的广袤，这里的阳光是这样的温柔，这里的云是离我这样的近，这里的人是这样的热情，我是这样的愚笨，明明有如此多的汉字我却不能完整地表达内心的感情。

图 2

我爱你中国

在迎新歌会上我们合唱了这首歌曲。

或许有一天这首歌会变老，但我还会一遍遍地歌唱。

希望你能够把我记住，我是你流浪的孩子。

我很明白总有一天我会老去，但祖国是我一生唱不完的歌，我希望我能去很多地方，我想要去见很多人，我想要了解祖国的文化。1772. 1 只是开始，我还会走得更远，我会一遍一遍地唱着我的感情。我会永远记住我的祖国母亲，无论走到哪里，无论在什么时候，我为你流泪也为你自豪。

我都记得有这样一首诗，我是诗中的鸟，我要为我的祖国歌唱，即便有一天我老去了，我也要用嘶哑的喉咙歌唱，如果有一天我死去了，我连羽毛也要腐烂在这土地里，因为我对这土地爱得深沉。

图3

我生长在祖国和平岁月里

浙江理工大学　经济管理学院　工商管理　2018级　台湾　李旭明

　　我的家乡在台湾台中，由于父母在四川省成都市经商，让我的成长注定多了些经历，多了些思考。海峡两岸，万缕千丝，说来话长。而幸运的是我生长在祖国的和平岁月里……在我刚刚懂事时，爸爸就经常给我讲爷爷和伯父的故事。

　　我的爷爷叫李锦麟，曾经在国民党空军第四大队第二十三中队任中尉分队长。在一次护航任务中被地面炮火击中，"P-51"座机在空中停车，在此万分紧急之际，爷爷设法以机腹迫降永年县城墙内的广场，但因此手臂受伤。后经过疗养，在1946年底调杭州笕桥空军军官学校任飞行教官。1949年1月，爷爷开驱逐机由杭州飞抵高雄县岗山基地，伯父和姑妈随奶奶坐自由轮由上海抵达基隆港，再乘火车到岗山与爷爷相聚。之后的二十多年里，爷爷分别在台南、花莲、虎尾、台中基地服务，到五十岁在台中清泉岗空军第三联队，以上校职务退休。

　　我的伯父叫李庆平，1966年就读于政法大学，之后又公派至美国哈佛大学深造。大学毕业后，（庆平伯父）留美就任文化参事以及国民党驻美总书记，后又被调任海基会担任副秘书长并且是台湾地区对祖国大陆的首席谈判官和国民党中央委员以及"中国广播公司"的总经理。二十世纪九十年代庆平伯父参加了"九二共识"的谈判以及"汪辜会谈"，这些事件对他影响非常大，直到退休后他仍积极地探索着两岸未来的发展道路，并积极投身到相关工作中。2015年11月，"习马会"的新闻轰动世界媒体，而这次跨越海峡的握手，也有庆平伯父的功劳。

图1

我的伯父很喜欢我，常和我聊关于两岸的关系以及历史，从爷爷到伯父，两代人都见证了两岸关系的起伏，深深地感受到和平对于两岸中国人的意义，他曾经对我说过，我生活在一个和平年代，这是最有希望的年代，因为只有和平才能发展，发展才能实现海峡两岸中华民族的伟大复兴。今后四五十年中，中华民族的伟大复兴，再强盛、再壮大、再辉煌的重责大任，将由我们年轻一代完成。这是两岸中国人共同的梦想，这是真正的中国梦。

2012年11月，习近平总书记正式提出了"中国梦"这一理念，这是一个幸福的梦，这是中华民族崛起的和平号角。

在我的记忆中对于"中国梦"最初的理解是街头上的宣传画、电视里的公益广告、新闻标题和政府的标语。时代里充满着中国梦的激情。

但随着时光的流逝，我的年龄慢慢增加，我的视野也开拓了许多，我开始对中国梦有了更深的认识。什么是中国梦呢？我在成都美视国际学校读了五年的书，我亲眼见证了学校周边那一栋栋高楼拔地而起，也见证了成都的高新技术产业的发展。从曾经破破烂烂的人行道到如今那精致的水泥地，这一切的一切都在慢慢地发生着改变。这些在我们身边发生的点点滴滴不正是中国梦的一砖一瓦吗？中国大陆已不再是祖辈离开时或父辈曾经来到这里时的样子了，它正在快速地改变着，经济发展持续高速、科学技术日新月异、军事力量不断强大、国际影响不断增强……

四十年前大陆对台湾发表了《告台湾同胞书》，两岸的中国人迎来了新的时代。如今的两岸关系总体趋势还是比较乐观积极的，在马英九执政期间双方达成了二十三项协议，促成双方领导人在新加坡首次会晤。中国大陆如今发展迅速，台湾理应顺应潮流，慎重处理两岸事务，同心同德，共同完成中华民族的伟大复兴。

有人说，历史是一记警钟。有人说，历史是一面镜子。而我认为历史就是一个冷酷而又浪漫的故事，君不见多少昔日的冤家对头，今日却拥抱着对方，这就是历史的浪漫。二十世纪两岸打打谈谈，终究放不下兄弟亲情。如今二十一世纪谁又愿意再战？虽然本世纪初仍然磕磕碰碰，但总归血浓于水。如今《告台湾同胞书》已发表了四十周年了，作为一个新世纪的台湾青年，我们应该背负着历史的使命前行，牢记历史的教训，为两岸未来的发展尽自己的绵薄之力，为共筑中华民族的伟大复兴的中国梦而努力。我庆幸，我所处的年代是一个和平的年代，我向往未来，两岸能发挥出更多的智慧，平息分歧；拿出更多的力量，实现梦想；把握和平的历史机遇，共同完成中华民族伟大复兴的中国梦。

九州腾龙华夏兴

中山大学 社会学与人类学学院 社会学 2018级 香港 黎家悦

这片生我养我的华夏之地，令我时时刻刻心驰神往。地大物博，先人的智慧孕育了瑰丽的文化；源远流长，璀璨的华夏文明经久不息，熠熠生辉；这千古流传的不仅是美丽动人的传说故事，还有着融注于华夏儿女血脉之中的民族情怀。数千年的狂风吹不折祖国坚挺的脊背，百年来的动荡仍留下人民坚定的决心，今天，中华民族在改革开放的洪流之中勇往直前，更加气势磅礴！

乱云飞渡仍从容

"锦绣山河收拾好，万民尽作主人翁"。中华民族历经五千年风霜——秦砖汉瓦的文明，唐宗宋祖的伟略，五千年的文明古国曾是那样的辉煌；圆明园的大水阀，虎门炮台的废墟又曾是那样的百般屈辱。内忧不断、外患不绝，中华民族命运危机四伏。但那百年来，帝国主义剥削的是物质，压榨的是身体，中华儿女骨子里的爱国主义民族情却被越挤越紧、越压越深。为了自由，为着国家的主权独立和领土完整，中华儿女不断走向联合。"哪里有压迫，哪里就有反抗"。支撑中华儿女挺直脊背的，就是共同的民族根基——延绵不绝的民族情。

列强倾巢而出，却夺不走中华儿女一腔热血的爱国情——虎门销烟、戊戌变法、辛亥革命……爱国志士不断涌现，他们坚韧不屈，英勇无畏。如今，保护历史遗址，修建历史纪念博物馆，让我们不仅铭记屈辱的过去，更能让我们新时代的青年人，在建设新中国的道路上，怀着对历史的敬畏、对英勇先辈们的敬仰、对大好山河的自豪，更加义无反顾地朝前去。

图1

我曾登上长城，领略过祖国的大好山河；我也曾走进过抗战纪念博物馆，馆内所展让我体会到了革命先烈们"抛头颅、洒热血"的英勇无畏，我不禁肃然起敬：忧患下同仇敌忾、团结一心是那么的可歌可泣，民族情如熊熊烈火薪传百代又是那么的永不停息；甚至，经历过汶川大地震，在大自然灾难面前，人类的自身力量是微小的，但是"一方有难、八方支援"的团结，是坚固而可贵的。

越是艰难困苦，越能磨炼一个人，同样的，越是屈辱不堪，更能磨砺一个民族的脊梁。中华民族在千百年坎坷的岁月面前，赤血涌荡，锐意顽强，那一份燥热的民族情，挥洒九州，联结四方。

无限风光在险峰

当我们的先辈取得抗战胜利，摆脱列强控制、夺回国家领土主权的完整时，五星红旗终于在天安门广场上冉冉升起；当我们对外恢复在联合国

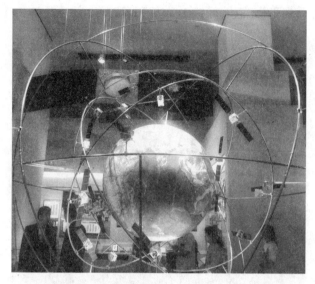

图2

合法席位、加入 WTO、不断调整方针政策，在新旧之交下锐意改革开放时，中华民族在世界舞台上大放异彩；当"紫荆花"、"白莲花"与"牡丹花"并蒂开放，香港与澳门两个远归的游子终于回归祖国母亲的怀抱，中华民族的统一大业迈出了坚实的一步；当我们憧憬的奥林匹克五环旗升起在北京蔚蓝的天空、"神州"载人飞船承载中华腾飞的梦想成功登月、高铁技术从国内走向国际、便利的移动支付手段改变人们的生活方式时，"中国特色""中国梦"开始被世界关注，中国这一日渐强大且坚守和平的力量逐渐崛起……祖国把住新世纪的航舵，用速度，用实力进行了一次又一次的辉煌开拓，向世界证明了"中国力量"与"中国气度"。

从"东亚病夫"，到如今"中国梦"的缔造者，跨过世纪风浪的中国，已经岿然屹立于世界民族之林。中国在多变的世界政治形势下，根据自身国情、发展现状，不断摸索和走出一条中国特色社会主义发展道路。在这条路上我们曾盲目照搬、急于求成，阻碍生产发展；曾被反革命集团利用控制，给党和人民带来灾难与伤痛……但勤劳勇敢的中华儿女，不忘历史，铭记耻辱，从历史中学习反思，最终，我们今天所看到的，是"中国梦"绽放于世界之林。在每一次失误中、在民族命运危机时刻，中华儿女总能凝聚起强大的力量，重新调整方针路线，转危为安、化险为夷，并且坚定不移地向前进发。

改革的道路荆棘密布、迷雾重重，但越是艰难困苦，我们越是相信民族的力量，越是坚信我们所走的"中国特色"发展道路方向都是正确的，是充满希望的民族复兴路。经过数十年的探索与实践，现在的中国能在动荡激变的世界形势中找准自身定位，心无旁骛、坚定自信地在实现"中国梦"的复兴道路上展现"中国特色"。让中国人真正地直起腰杆，大声说话。

风景这边独好

"千年文明霓虹舞东方，盛世荣华威震穹央。"——如今，祖国母亲的国际地位不断提升，中国成为世界市场十分重要的一环。各方面的政策成就、为我们提供的越来越丰富的资源、和平安稳的生活环境等都应当让身为中华儿女的我们感到骄傲。越来越多的外国人学习中国话、"孔子学院"将中国优秀传统思想文化传播闪耀至全世界；便利海内外的移动支付、让他国震惊的快速平稳的高铁技术、联结海内外的"一带一路"倡议……中国不仅坚定中国特色社会主义发展模式，还要不断发展完善"中国制造"。中国文化与中国制造展现了中国现如今的独特魅力，这是西方国家所不解的，也不曾拥有的美丽风景。

从前，我对国家的发展政策战略关注不多，觉得国家政策与自己而言没有直接关系。我想，这也是因为我生活在复兴强盛之下的中国所拥有的安全感的体现。国家全面建设小康社会，精准扶贫不断深化，让我们不必再为温饱而忧愁；稳定和平的国内环境和坚实的国防力量让我们不用担心战争的侵扰；"全心全意为人民服务"让我们生活在一个阻碍稀少的世界里，政府的政策方针、党和国家对人民的关怀，都让我们少掉了许多忧虑。在今天，在我真正踏足和了解中国的政策方针的今天，我才感到，作为一个中国人，是多么的自豪，多么的令人振奋。

今年9月，在学校开设的国情班学习过程中，我对我国的军事成就、军事战略以及国防与我们普通民众的关系有了新的认识。有句话带给我无限的思考——"我们不是生活在一个和平的世界，我们只是生活在一个和平的中国"——我们之所以能享受平稳安定的生活，是因为祖国拥有强大的军事力量，是因为科学技术在各方面取得了极高的成就，是因为走在复兴之路上的中国国际地位不断提升，话语权不断增大。国门之外其实并不太平，有的土地炮声不断，有的国家政治不安，有的地方食不果腹，但生活在中国的我们，是温暖的、安全的。

图 3

在我的记忆中，随学校港澳台新生国情班赴北京考察有浓墨重彩的一幕——天安门看升旗。当墨色天幕被一闪红光撕破，当威武的护旗手踏着正步迎着太阳护送着国旗，当整齐洪亮的国歌合唱取代嘈杂的喧闹，当鲜艳的五星红旗冉冉升起，我们虽然来自不同的地区，有着不同的经历背景，但我们都是中华儿女，强烈的民族自豪感、归属感，浓厚的民族情怀在胸中激荡，我们同时被强大的民族凝聚力震撼着。

新时代的号角吹响，一个意气风发、充满信念的民族，抖掉了历史的风尘，一步比一步更坚定地踏在自己开拓的路上。一面旗帜引领着我们同走复兴之路、一个信念贯穿了复兴之路的沿途、一条丝路横贯欧亚造福全世界、一种社会主义的核心价值联结四方、一股青年人的爱国力量助力我们前行。

当今的中国虽然正在崛起，也仍然面对着诸多问题。虽然我们的国家本着和平共处五项原则与他国交往，但是却不能阻挡敌对势力对我们的非分之想。中国人，应当站起来：我们不侵扰其他国家，但绝不允许其他国家侵犯我们的正当利益。

东方升起的朝阳照耀着中华民族，中华民族的伟大复兴之路将越走越坚定，港澳台同胞与内地（大陆）的民族认同将越来越紧密，中华民族之未来必将更加的灿烂辉煌。

一曲盛世中华赞——响彻九霄，此生无悔入华夏，来世愿在中华家。

中华民族一家亲，同心共筑中国梦

广东金融学院　会计学院　ACCA　2017 级　香港　黄丹

苍鹰在天穹翱翔，那是我的梦想展开翅膀遥望远方，遥望那浴火重生的凤凰，那是我亲爱的祖国尽显辉煌。

——题记

本愿化身苍鹰寄情蓝天，日日夜夜守护那古老的历尽沧桑的国，纵风聚风又散；纵云卷云又舒，那又怎样？心于此，国会荣，梦会圆。

生生不息，浴火重生，鸢飞戾天，那是凤之魂；生生不息，乘云腾雾，意气如鸿，那是龙之魄。多少年枪林弹雨的画面被岁月冲散；多少个岁月历经的沧桑被黎明驱逐；多少次黎明前的黑暗被梦想照亮。

曾经那个风云变化的时代，羽化了多少人的梦，披荆斩棘，一路求索，顽强不息，中国终于历练了灵魂，赢得了认可，赢得了尊重，赢得了崇敬……我的中国，我的梦，几千年的中华史，几千年的强者梦。

1949 年 10 月 1 日，是一个载入史册的日子，北京天安门广场，是一个历史性标记的地点。即使历史跳跃新的篇章，时光翻开新的一页，这一天永不会被人忘记，沉睡千年的龙在这一天觉醒，新中国在这一天成立，中华民族从此站起来了。

2019 年，我们隆重庆祝中华人民共和国 70 周年华诞。70 年披荆斩棘，70 年风雨兼程。人民是共和国的坚实根基，人民是我们党执政的最大底气。一路走来，中国人民自力更生、艰苦奋斗，创造了举世瞩目的中国奇迹。比如港珠澳大桥的建成，为香港、澳门、珠海乃至整个广东省都将带来好处，且能达成互惠互利的效果，加上日后当港珠澳大桥、虎门二桥和深中通道均通车后，形成珠三角东西通道，能更好地发展粤港澳大湾区，实现粤港澳大湾区一体化。同时也标志着在"一国两制"下，粤港澳三地首次合作共建、历经8年成就的大型跨境基建工程正式启用。香港政界人士高度评价大桥开通的意义，认为除交通网络的畅通将极大便利人员往来、促进区内融合外，大桥更可以沟通人心，增强香港居民对国家的向心力。其中港珠澳大桥是世界上最长的跨海大桥，也是中国交通史上技术最复杂、建设要求及标准最高的工程之一，被英国《卫报》誉为"新世界七大奇迹"。

20年来，内地与澳门的经贸关系的发展是前所未有的，已经形成互利互惠、合作共赢、密不可分的经贸格局，内地是澳门最大的贸易伙伴，澳门也是内地利用外资和出口的重要管道。我们深信，面向未来，澳门将积极把握"一带一路"、粤港澳大湾区建设等重大机遇，搭乘国家发展的快车，按照国家所需、澳门所长的定位，为国家改革开放再出发继续贡献澳门的力量，推动"一国两制"事业再上新台阶。现在，我们看到的是一个繁华的澳门，一个充满生机的澳门，一个和谐的澳门。

《告台湾同胞书》发表40周年纪念会在北京人民大会堂隆重举行。习近平就推动两岸关系和平发展、实现祖国统一提出5点主张。第一，携手推动民族复兴，实现和平统一目标。第二，探索"两制"台湾方案，丰富和平统一实践。第三，坚持一个中国原则，维护和平统一前景。第四，深化两岸融合发展，夯实和平统一基础。第五，实现同胞心灵契合，增进和平统一认同。祖国必须统一，也必然统一。习近平还指出，国家的希望、民族的未来在青年。两岸青年要勇担重任、团结友爱、携手打拼。我们热忱欢迎台湾青年来祖国大陆追梦、筑梦、圆梦。两岸中国人要精诚团结，携手同心，为同胞谋福祉，为民族创未来。

蓦然回首，倏忽间这泱泱大国已走过了很远，时光的印记上，每一步都有着对历史的总结，每一步都具备对未来的憧憬。生生不息，一路求索，中国正在迈向它的梦想，让城市更加现代化，让人民更具幸福感，那是中国的梦，是千千万万个中国人的梦，是千千万万个中国人淬炼的梦。

多少人的梦想汇聚成诗，淬炼成一个新中国。我的中国，我的梦，几千年的中华史，几千年的强者梦。

照亮梦的五角星

广州中医药大学　第一临床医学院　中医学　2017 级　香港　李嘉鸿

记得上小学的时候，学校举办活动，节目单里必定会有诗歌朗诵一项，要么歌颂祖国，要么歌颂未来。那时候小小的我们，排排站在舞台上，心里想着老师说的话，"要记得保持微笑"，"声音一定要大声洪亮"。"我的祖国，我为您感到骄傲，我为您感到自豪！"大家都把嘴巴张得大大的。但那时候如果你问我骄傲是什么，自豪是什么，我不知道，但我知道我读得很大声呢。

后来，不知道从什么时候开始，我喜欢听到国歌，也喜欢看到红色的五星红旗。记得前几年印尼巴厘岛的阿贡山火山爆发，导致来往航班取消，大量旅客被滞留在机场，等待救援，来自各个国家的旅客都焦急等待时，机场上出现了救援客机，上面的旗帜是五星红旗，被困的中国旅客一批批被送回祖国。其他国家的旅客还在抱怨本国的大使馆电话都打不通时，中国旅客已经被接回家了，还在等待救援的他们很无奈也很羡慕。安全回国的中国旅客，下飞机的时候开心地挥舞着手上那面红色国旗，脸上满满的幸福感，我想他们一定很庆幸这是五星红旗。

经常在网上看到一些新闻，哪个国家发生恐怖袭击，发生枪击案等事件，造成严重人员伤亡，看到文章下面的评论，有的是为他们祈福，有的是在谴责暴力分子，但总会看到有些人在感谢自己身在中国，身在一个安全的国家。感叹有祖国这个强大的护身盾。就像他们说的："你的岁月静好，只不过是有人在替你负重前行。"

后来上学时每周的升旗仪式，我的喉咙有时会像被卡住，眼泪抑制不住地从眼角流出。我发现那和我在观看奥运会比赛时，中国队第一名，我一定要看完颁奖仪式是一样的心情，因为场上缓缓升起的是五星红旗，奏响的是中国国歌。

后来，不知道从什么时候开始我喜欢上了中医，也爱上了张仲景。我从小到大都是和家人一起住，没有离开过家，在家最幸福的就是可以喝到"妈妈牌"的"老火靓汤"，今天黄芪红枣枸杞鸡汤，明天白果猪肚汤，后天沙参玉竹麦冬排骨汤，一年四季春夏秋冬各种汤，每天不重样，补足全身上下。你要是瘦了一点，妈妈肯定会说"近排系咪少饮汤水啊？"就这样我从小耳濡目染了中医食疗养生知识。

直到有一天，我想要了解这其中的奥妙，为什么我喝了这么多汤水还是长不高，我来到了广州学习中医，开启我的养生探寻之旅。我才发现这里面还有千千万万的汤啊，麻黄汤、桂枝汤、小青龙汤，哪有像妈妈煲的那么简单。在一路地不断探寻中，让我越来越认识到中医的魅力还有它的魔力，看似很简单，学起来很难，但越激发了我对它探险的兴趣。我自从学了中医之后，听到有人说中医不科学，我都会反驳他，你说中医不科学，那是因为现在的科学技术水平证明不了它。虽然我知道他不懂，但我就是心里对他这种对中医的轻视感到愤愤不平。中医是什么，是我们中国的优秀文化，中医文化博大精深，既然博大精深那岂是我一言两语可解释

图1

得了的。一个人离开自己熟悉的环境、离开自己的家人，来到这里学习中医，我想这就是热爱，如果你问我，我的偶像是谁，我一定会毫不犹豫地回答——张仲景！

后来，不知道从什么时候开始，我为我是中国人感到开心。每看到一些新闻说有些国家开始把汉语作为学校的必学课程，也看到外国人在学习汉语时叫苦连天，感叹这是世界上最难学的语言，而汉字是世界上最难写的文字时，我都会暗自窃喜，我是中国人，我本身就讲汉语写汉字。我喜欢写汉字，不仅是因为它好看，它更是一门书法艺术，看到这方方正正的字，你能从它的构字组成中了解到它的含义，也许你深入了解可以从中得到一个故事。笔墨间，我总能感受到那文字带给我的力量和感动。以前我不懂艾青有一首诗词中的"为什么我的眼里常含泪水，因为我对这土地爱得深沉……"我无法感受，我甚至觉得有点矫情。后来我才明白他写出了我想要表达却写不出的东西。也许是从出生的那一刻开始，我身体内就流淌着中国人的这股血液，它无声无息地滋养着我的心，我的梦。

后来的我，心中也会回荡这个声音——"我的祖国，我为您感到骄傲，我为您感到自豪。"它没有那么大声洪亮，但每次响起我内心总是汹涌澎湃，这时我心中那个小小的中医梦，也被那闪闪的五角星照亮着。每个人小小的梦，终会汇聚成中国梦。

同心筑梦

华侨大学　土木工程学院　结构工程　2018级　香港　林佳鑫

图1

在中国共产党第十八次全国代表大会上，习近平总书记提出了重要指导思想和重要执政理念，于 2012 年 11 月 29 日，正式定义了"中国梦"——实现中华民族伟大复兴，就是中华民族近代以来最伟大的梦想。"中国梦"的核心目标也可以概括为"两个一百年"的目标，也就是：到中国共产党成立100 周年和中华人民共和国成立100 周年时，逐步并最终顺利实现中华民族的伟大复兴，具体表现是国家富强、民族振兴、人民幸福，实现途径是走中国特色的社会主义道路、坚持中国特色社会主义理论体系、弘扬民族精神、凝聚中国力量，实施手段是政治、经济、文化、社会、生态文明五位一体建设。就我个人对中国梦而言，我觉得中国梦就是国家梦、民族梦、是每一位中华儿女的梦，香港是祖国的一部分，也是中国梦的一部分。

身为香港青年的我，很热衷于看到国家制定的伟大梦想，既然有了梦想就得有实现的途径，否则将会是纸上谈兵，毫尤作用。

图 2

　　作为祖国的一部分，香港在助力中国梦中有意义深远的贡献，在 1997 年 7 月 1 日，中华人民共和国政府对香港恢复行使主权，中华人民共和国国旗和香港特别行政区区旗在香港升起，经历了百年沧桑的香港回到祖国的怀抱。香港为实现国家和平统一，接受了中国政府提出的"一国两制"的基本国策，在同心共筑中国梦上，香港不遗余力地配合国家制定的政策稳步前行。

　　过去四十年是中国改革开放的四十年，也是经济发展最快的四十年。在这个四十年中，香港为中国的改革开放主要做了三件大事：第一，转口贸易；第二，直接投资（FDI）；第三，资本市场的大发展。转口贸易给中国带来了第一桶金，直接投资（FDI）把中国变成了世界的工厂，而香港资本市场的大发展则为祖国源源不断地输送了发展经济的宝贵资本。

在祖国的早期发展中，香港起到的是经济上的助力，经济对任何一个国家来讲，都是至关重要的，因为经济基础决定上层建筑。衡量任何一个国家的强大与否，它的经济实力是很重要的，甚至起着决定性的作用，因为政治、军事、教育文化等各方的发展都要依赖经济的发展。如果没有经济的强大，这些东西就无从说起。

时至今日，习近平总书记已对"中国梦"有了更全面广泛的定义，香港不单单只是在经济上为国家助力，在人文教育、城市管理、科技发展上都有很多地方值得内地借鉴。在目前较为稳定的时代下，我们更应该注重国民素质的提升，因为这将是实现"中国梦"的一大因素。

香港助力国家的同时，国家也在助力香港，2017 年 10 月 18 日，中国共产党第十九次全国代表大会在人民大会堂开幕，中共十九大报告提出支持港澳融入国家发展大局，为港澳未来发展指明了方向；香港和澳门应积极发挥自身优势，深化同内地的合作，主动融入国家发展大局。

在港澳遭遇挫折的时候，祖国内地是强大的后盾。例如，在国家的支持下，香港成功度过了金融危机的冲击和 SARS 疫情的侵袭。这说明，在"一国两制"框架的保障下，港澳能够克服一些短期困难，保持发展的动力和经济社会的基本稳定。

十九大报告部署方略、描绘蓝图。报告提出，要支持香港、澳门融入国家发展大局，以粤港澳大湾区建设、粤港澳合作、泛珠三角区域合作等为重点，全面推进内地同香港、澳门互利合作。所以有了后面广深港高铁的通车和港珠澳大桥的建造。

广深港调整铁路于 2018 年 9 月 23 日通车运营。其是中国华南地区连接广州市、东莞市、深圳市和香港特别行政区之间的高速铁路，线路呈西北至东南走向；为中国"八纵八横"高速铁路网"京哈—京港澳"通道的南端部分，是京广高速铁路的延伸线，联络广州铁路枢纽和深圳铁路枢纽。

在建造的过程中，同样是遇到各种艰难险阻，广深港高速铁路施建过程中的主要技术难题有：狮子洋隧道大直径盾构长距离连续穿越软土、砂

图 3

层、软硬不均地层、岩石风化层、破碎带和硬岩地层；深港连接隧道大理岩溶洞区岩质破碎，裂隙发育，极易出现漏气、冒浆以及坍塌等风险；深港连接隧道穿越香港米埔湿地自然保护区的湿地生态环保问题；沙湾水道特大桥承台设计全部深埋于深水河床裸露基岩中。

图 4

　　广深港高速铁路有效缓解了广州至深圳间客运能力紧张的局面，更好地满足广深间直达客流进港的需求，形成连接香港、深圳、广州的快速铁路通道，并与正在建设中的珠三角快速轨道网衔接；对于珠三角地区城市间的经济协作、促进经济共同繁荣和提升国际竞争能力具有重要意义。

　　随着广深港高铁的全面竣工，接踵而来的是港珠澳大桥的建成，于2018 年 10 月 24 日，港珠澳大桥公路及各口岸正式通车运营。我作为一名土木工程的研究生对于大桥的建成感到十分的震撼，因为港珠澳大桥工程具有规模大、工期短，技术新、经验少，工序多、专业广，要求高、难点多的特点，为全球已建最长跨海大桥，在道路设计、使用年限以及防撞防震、抗洪抗风等方面均有超高标准。在港珠澳大桥修建过程中，中国国内许多高校、科研院所发挥了重要的技术支撑作用。

图 5

整座大桥的核心技术是沉管隧道及其技术，既减少大桥和人工岛的长度，降低建筑阻水率，从而保持航道畅通，又避免与附近航线产生冲突。沉管技术，就是在海床上浅挖出沟槽，然后将预制好的隧道沉放置沟槽，再进行水下对接。沉管隧道安置采用集数字化集成控制、数控拉合、精准声呐测控、遥感压载等为一体的无人对接沉管系统；沉管对接采用多艘大型巨轮、多种技术手段和人工水下作业方式相结合。在水下沉管对接过程期间，设计师们提出"复合地基"方案，即保留碎石垫层设置，并将岛壁下已使用的挤密砂桩方案移至到隧道，形成"复合地基"，避免原基槽基础构造方案可能出现的隧道大面积沉降风险。由此可见到我们的工程师实力之深厚。

喜闻大桥的落成，我的内心是澎湃的——"厉害了我的国"，港珠澳大桥桥隧建筑风格设计汇聚粤港澳三地文化元素，浓缩粤港澳三地共同的文化记忆，同时寓意粤港澳三地通力合作、共同建设"世纪工程"。建设港珠澳大桥是中央政府支持香港、澳门和珠三角地区城市快速发展的一项重大举措，是"一国两制"下粤港澳密切合作的重大成果。

图6

作为身处内地学习的香港学生，我特别引以为豪，从本身专业的角度来说，对于以上两项工程创举，我真切地感受到国家技术的强大；从生活角度来说，大大缩短了香港来往内地的路程时间，真正意义上的实现了大湾区的建设理念。国家在"同心"的信念上有了名副其实的举措，深处学校的我两次获得"港澳台国家奖学金"，并且参加了国务院侨办大力支持的"2018年中国文化之旅优秀境外生冬令营"，本次冬令营以"根在中国"为主题，以"弘扬中华文化，培育家国情怀"为出发点和落脚点，深入学习实践习近平总书记"中国梦"思想。让我真切感受了"中国梦与新发展"的理念，一次轻装上阵的游学考察，让我由衷感叹在这个日新月异的新时代中，如何作为方不负年华。我思，故我行。

梦想是美好的，但也需要一步一步地去实现，我坚信在不久的将来，香港、内地同胞会越走越近、越走越亲，在交流交往中实现心灵契合，携手发展中共圆属于齐聚了中华人民的心血的"中国梦"。

以所立之身，筑中国之梦

集美大学　工商管理学院　旅游管理　2018级　香港　曹莉

生于这片历史悠久的神州大地，常怀一种深沉的眷恋和依赖；长于当今河清海晏的中国社会，自有满腔报效祖国的青云壮志。"天下兴亡、匹夫有责。"这是根植于华夏儿女心中亘古不变的意志。看中国上下五千年的历史长河，既有英豪兵将保家卫国，他们"黄沙百战穿金甲，不破楼兰终不还"，也有文人义士忧国忧民，他们"苟利国家生死以，岂因祸福避驱之"。而今，作为新时代新中国的一分子，每一个中华儿女也都在为建设特色社会主义新中国谋发展、出力量。

社会在变，千年前的中国，在王朝权力高度集中的封建统治下，社会阶级泾渭分明，城中，是统治者以及世家贵族；城外，则是乡土人民，靠天吃饭，地里掘食；百年前的中国，在帝国主义列强的侵略压迫下，山河破碎，战火四起，中西文化剧烈碰撞；而现在的中国，高举中国特色社会主义的旗帜，自由而民主，社会建设欣欣向荣，人民安居乐业；经济飞速发展，科学技术日新月异。望滚滚历史长河，满载着兴衰荣辱，奔流东去；听嘹亮时代号角，吹响了复兴强音，响彻云霄。

览古阅今，无数华夏子孙热爱着家乡的土地，建设着心中的祖国，全力以赴地创造着璀璨的中国梦。先贤创造的中国之梦如繁星一般满布夜空，似江水不绝奔腾入海。中华儿女的血液当中有的是中国梦，民族魂。览古思人，造纸、印刷、纺织、陶瓷、冶铸、建筑等技术在中国古代就已经名扬四海；阅己视今，"两弹一星"，彰显了我国军事实力之强，"神州"航天，我国也能触碰那浩瀚星空，杂交水稻，人民不再靠天吃饭，港澳回归，一雪百年耻辱，"一带一路"，促进共同发展……

华夏儿女用的是自己勤劳的双手，靠的是自己智慧的头脑，想的是中国国富民强之梦，时刻追寻着先贤的脚步，不停创造着美好的未来。聚沙成塔，无数华夏儿女的努力奋斗构成了社会主义新中国。涓流汇海，千千万华夏子孙的中国梦汇聚成中国梦——那便是实现中华民族伟大复兴的中国梦。

位卑未敢忘忧国，作为大学生，学习之余，也正是大展拳脚之时。随着世界经济技术发展的国际化全球化，各国之间的竞争战场逐渐转移到高科技领域，而大学生群体正是一个国家坚实的后备力量，也是国家的未来。为了更好地实现中国梦，大学生更应以身作则，全力以赴。

毕竟新的世纪里中国都市化进程可谓日新月异，国家和社会需要的不仅仅是应试教育下只会读书的死脑筋，而是自立自律自强、习惯良好、品质优良的高素质人才。大学生更应该寻求培养自己良好习惯的正确方式方法，提升个人综合素质素养，以大学生健康的生活奠定未来报效祖国的基础，进而为社会、为国家做出贡献。

新时代的大学生牢记着自己的使命，为实现中国梦积攒力量，自立自律自强。在学习上保持自律自主学习，学无止境、积极求索、勇于创新；在生活中更要能够自立自强，早睡早起、坚持锻炼，团结友爱、尊重他人。

作为一名自律的大学生需要做到自主管理、自主发展、自主学习，毕竟自身的自立、自律、自强将是培养良好行为习惯的主要力量。而"播下你的良好行为，你就能取得良好的习惯；播下你的良好习惯，你就能拥有良好的性格；播下你的良好性格，你就能拥有良好的命运。"确立人生目标和人生计划有助于自我控制力的提高，从而培养出良好的行为习惯，改掉不良的习惯。早睡早起勤锻炼的规律生活为学习提供了充足的精力和时间，认真听课和自主学习能够取得更好的成绩，合理的时间和学习规划使大学生完成更多的学习目标。这些良好的习惯有助于学习的高效率，有助于生活的规律与健康发展，有利于大学生综合素质的提高，大学生素质越高，我国的建设力量将愈来愈强大。

以所立之身，筑中国之梦！路漫漫其修远，大学生时刻都应牢记自己的时代使命，一点一滴地干，一分一毫地攒，一砖一瓦地建，一步一个脚印地走，先天下之忧而忧，为建设新中国，实现中国梦而出力。

筑我中国梦，壮我中国魂

暨南大学　翻译学院　2016 级　香港　周燕

经历了数千年的沧海桑田，历史变迁，纵然万物都在改变，中国仍然保留着那最纯粹的传统精神，传承着悠久的历史文化。不知不觉间，新中国已然成立 70 周年，伴随着祖国的繁荣发展，我们一代又一代华夏子孙繁衍生息，生活的富饶且安康，这归功于中国的不断壮大，中国人民追求幸福生活的美好愿景。在这新时代，我也有我的中国梦，就是希望祖国的明天能够更好，人民的生活能够更幸福。虽然一己之力微不足道，但是我相信祖国凝结了千千万万人民团结的力量，一定可以有更好的未来。

瞻仰中华上下五千年的传统文化，背后是比其他国家更加丰富的历史底蕴。我们的节日，我们的信仰，以及我们的传统精神，都是无法估量的宝贵财富。尤其是中国人骨子里的传统精神已经成为一种烙印，融入骨血，成为不可割舍的一部分。"父母在，不远游，游必有方"我们恪守孝道；"老吾老以及人之老，幼吾幼以及人之幼"我们尊老爱幼；"三人行必有我师焉"我们善于谦虚学习；"爱人者，人恒爱之；敬人者，人恒敬之"我们自爱爱人，自敬敬人。

爱，这个字在中国文化里尤为重要。因为有爱，所以人与人关系亲近。因为有爱，所以社会和谐共处。因为有爱，所以世界和平。可见我们的祖先，在许久之前就已然明白了爱的道理。我们更要保留和好好珍惜这份传统。

作为中国人，不论我们来自于哪个省份，哪个区，哪个乡，我们同是华夏子孙，龙的传人。我们有着相似的发色，相似的肤色，相似的语言以及相似的文化。这就是铁一般的证明，我们是一家人。我们要为了大家的利益，一同为家出力，为国效力。展望未来，必定有着不一样的前景，我也相信幸福的道路就在不远处。

这座经历了千年沧桑的古国啊！在这片土地上培育了千千万万不计其数的人民。在经历了风风雨雨后，终于又见彩虹。如今的中国，交通更加便利了，文化更加丰富了，人民的生活更加富饶了，社会走向欣欣向荣的阶段，一切都随着中国的成长而有着质的飞跃。中国仍然不忘"少年强，则国强"的初心。以习主席为核心的党中央，带动社会各方为优秀人才的培养做出积极努力。推动促进粤港澳大湾区的建设，加强对人才培养的扶持，为创业者提供创业优惠政策，良好的创业环境，以及足够的资金与技术支持。如今港珠澳大桥已然开通，打通了三地的贸易渠道，不仅缩短了往返的时间，同时也拉近了内地与港澳青年人之间的关系。在不断地努力下，才有了如今的突飞猛进。青年人是中国发展的资本，年轻人也有赖于社会、政府各方的支持，才能够更好地磨练。希望我也能够成为其中的一分子，为祖国做出贡献，贡献一份绵薄之力。

当代科技发展日新月异，中国已经成为世界科技发展的领头羊之一，这也证明了国人的智慧，从不逊色于人，我们同样可以站在科学技术的尖端，引领科学技术走向。如今，越来越多人开始看好、信赖中国的产品与品牌。我们也开创出属于中国的民族品牌，"华为"让中国人真正拥有自己的手机，"腾讯"让沟通不再有距离，"阿里巴巴"让便捷支付融入人们的生活，这些企业的成功发展，不但为我们的生活带来了便利，还创造了属于中国的光荣历史，成为中国在世界舞台上的闪耀名片。我们已然成功地让中国响彻国际，映入大家的脑海。我相信中国仍会不断进步，在世界舞台上继续扩大影响力，发挥出无可替代的作用。

世界千年格局早已不是从前的模样，中国也随着时代的脚步不断创新，不断前进。如今的中国人正如李小龙所言，真正地站了起来，不再被标有"另类"的标签。我们真正做到了，成长以及变强。作为中国的一分子，这份荣耀值得被所有中国人一同分享，当我们身处异国他乡时，我们能够自豪地说出：你好，我是中国人。

多彩中国梦

武汉大学　经济与管理学院　国际金融实验班　2017 级　香港　周锦芳

2019 年 10 月 1 日，我们的祖国母亲将迎来她的 70 岁生日。

而 2019 年，也是我来到这个世界的第 20 个年头。

作为一个从小在内地长大的香港小孩，我见证了祖国新世纪发展最快的 20 年。从东北三省到西部沙漠，从中部武汉到珠江三角，我走过了祖国的大多数地区，也在一些城市有过扎根学习、生活的经历。与香港的繁华璀璨相比，祖国内地的飞速发展在带来诸如经济、文化等全方位提升的同时，更有一番真实感，因为那是千千万万的普通的中国人用自己的勤劳与汗水克服重重困难所铸就的理想与事业，而我幸运地成了它的见证者与建设者。

每个中国人都会有自己的梦，它是存在于头脑中的虚幻；而中国，则是我们实现个人成长与发展的地方；"中国梦"，将二者结合在一起，既给予梦以现实的依存，又赋予了中国美好的畅想——不过，在繁杂的世界中，每个人就如一颗小小星辰，立足点、着眼点不同，"中国梦"也就因人而异。历史的车轮在不停地前行，沿着历史足迹探索会发现，从古至今中国的发展都离不开梦想。

中国梦，是大家的梦，亦是五彩斑斓的梦。

我们和梦一起看过祖国的灿烂辉煌，也和梦一起走过那些雪雨风霜。

有时候，中国梦是亮眼的红色，就像小时候每周一都要参加的国旗下演讲，老师会告诉我们新中国成立发展的种种艰辛，并希望大家能够认真读书，树立远大的目标，将来为祖国贡献自己的力量。还小的我们会认真地系上红领巾，看着国旗徐徐升起，在学长学姐的带领下大声地喊出"为中华之崛起而读书"的校训。我想，充满热血的中国梦的种子便是从那一声校训开始埋藏在我们的心底了吧！

有时候，中国梦是朴素的蓝色，就像在沈阳生活时常常会碰到的车间工人。他们身穿整齐统一的蓝色工装，早上上班时一手拎着铝饭盒，一手骑着自行车，脸上总是洋溢着轻松的笑容，殊不知他们的工作却是严谨、艰苦、困难的。作为中华人民共和国的"长子"，东北老工业基地是新中国成立时的排头兵。如果说"鞍钢"、"沈飞"、"北方重工"等工业企业是新中国经济发展的第一批支柱，那么成千上万的普普通通的工人便是"中国腾飞梦"最早的践行者。即使昔日的辉煌已不在，但这份工业情结、工匠精神早已深埋于社会之中，它仍会带着东三省的人们振兴家乡，继续着中国梦。

有时候，中国梦是干净的绿色，就像漫步于厦门环岛路上，远离嘈杂、喧嚣与争吵，坚持着那份平静与安宁。习主席曾说，走向生态文明新时代，建设美丽中国，是实现中华民族伟大复兴的中国梦的重要内容；中国梦是和平、发展、合作、共赢的梦，我们追求的是中国人民的福祉，也是各国人民共同的福祉。的确，在世界多极化发展的今天，中国人时刻不忘世界的和平。多年来，中国也在为改善人们的生活质量、增添人们的生活保障而努力着、奋斗着，相信中国梦会给大家带来更美好的未来。

有时候，中国梦还会是奉献一切的消防员身上的那抹靓丽的橙色；会是象征幸福与安宁的紫色；亦会是代表前途光明的金色……

中国梦是多彩的，既如史诗一般饱和凝重，也像春风一般细腻温暖。改革开放 40 周年，新中国成立 70 周年，如今中国的发展是中国共产党和中国人民 90 多年奋斗、创造和积累的根本成就。因此，中国梦的描画，从不是在一张白纸上随意挥洒，而是在已有基础上向绘制中华民族伟大复兴的蓝图而不断奋发努力。

当然，纵使明天多彩耀人，今日的中国梦也需要我们一笔笔去描画。"空谈误国、实干兴邦"的告诫振聋发聩，民族伟大复兴的中国梦已经起笔，只有改革不停顿，只有开放不止步，只有人们怀揣梦想、奋发前行，多彩的中国梦才能更加美丽坚实。

用行动与梦想"对话"

北京外国语大学　亚非学院　马来语专业　2016级　澳门　叶子翠

党的十八大以来，习近平总书记提出并深刻阐述了实现中华民族伟大复兴的中国梦。在如今高速发展的新时代下，实现中国梦是中华民族伟大复兴光荣而艰巨的事业，需要我们一代又一代中国人的共同努力。作为一名大学生、作为一名澳门青年，我深知，我们应该将国家的理想作为最高理想和最终目标，义无反顾地肩负起实现中华民族伟大复兴的历史使命。我们每个人的前途命运都与国家和民族的前途命运紧密相关，只有全国各族人民及同胞团结一心、互帮互助、才能更好更快地实现中国梦。

行百里者半九十。实现中华民族伟大复兴，我们必须准备付出更为艰巨、更为艰苦的努力。实现伟大梦想，必须进行伟大斗争；实现伟大梦想，必须建设伟大工程；实现伟大梦想，必须推进伟大事业。伟大斗争、伟大工程、伟大事业、伟大梦想，紧密联系、相互贯通、相互作用。中国梦生动形象表达了全体中国人民的共同理想追求，它昭示着国家富强、民族振兴、人民幸福的美好前景。我们要由现实的此岸到达梦想的彼岸。作为青年一代，我们不能空谈理想，必须用正确的价值观铺就一条坚实的道路，用切实的实践行动去实现梦想。

2015年3月28日，博鳌亚洲论坛2015年年会在海南省博鳌开幕。中国国家主席习近平在发表主旨演讲时指出："中方倡议召开亚洲文明对话大会，加强青少年、民间团体、地方、媒体等各界交流，打造智库交流合作网络，让亚洲人民享受更富内涵的精神生活，让地区发展合作更加活力四射。"

图1

2019 年 5 月 15 日，亚洲文明对话大会在北京开幕。当晚，我代表学校参加了亚洲文化嘉年华的开幕式演出。孟夏时节，夜空浩瀚。当晚，来自亚洲各国的嘉宾、艺术家、青年朋友共聚一堂，以嘉年华的形式共享这次文化盛宴。当晚，习近平主席还出席并为开幕式致辞。"繁花春满园，群生则锦绣。亚洲各国都有古老灿烂的文化，既独树一帜、各领风骚，又和谐共生、交相辉映。"亚洲文明的多样性赋予了亚洲文化更为丰富的色彩、更加持久的生命力。当晚的开幕式演出，向世界展现了一个光彩动人的亚洲，一个活力澎湃的亚洲，一个和平进步的亚洲。

图2

作为此次活动的志愿参演人员，能在国家的重要活动中尽自己的微薄之力、挥洒汗水，我感到无比自豪。亚洲文化嘉年华作为亚洲文明对话大会的重要活动之一，其绚丽的舞台效果不仅震撼了现场观众，更创造了一项新的吉尼斯世界纪录——最大的三维 LED 灯矩阵。

图 3

当在现场见证这项世界纪录的诞生时，我的内心激动万分，更为自己的祖国感到无比骄傲、自豪。这次开幕式的舞台是为嘉年华全新设计的，耗时一个月搭建，是"鸟巢"有史以来最大的舞台。舞台视觉呈现也令人耳目一新。由无数 LED 灯组成的"灯光幕布"，随节目变化变幻出不同的画面，并呈现出 360 度的立体影像，观众不用戴眼镜，就能看到 3D 的效果。

图 4

这次舞台的整体设计是采用"天地矩阵"的格局。"天"就是在空中由52组数控威亚悬吊起无数的发光点，组成多层次、多功能的点矩阵；"地"就是由舞台前方数千名大学生组成的方阵，手持电光棒点亮1000多个发光点，这些发光点可以组成不同图案、文字。而我，便是其中的一员。当看到大屏幕上的"你好，亚洲"等图案是由自己的发光点所组成的时候，那一刻，我便觉得自己所发出的光，并不只是组成图案本身，更是为国家而亮、为亚洲而亮。当亚洲文明对话大会开幕式结束的那一刻，我望着台上的亚洲各国人民、台下的万千观众以及主席台的各国领导，深刻地认识到：我的工作，不仅仅是志愿者，而是在助力推动着中华民族进行伟大复兴的事业；我的工作，不仅仅是志愿者，也是一个文明的传播者，更是与梦想"对话"的交流者。

　　与梦想"对话"不仅需要付诸实践，还需要有精神的支撑。梦想之船只有扬起精神的风帆才能一往无前。习近平同志指出："实现中国梦必须弘扬中国精神。这就是以爱国主义为核心的民族精神，以改革创新为核心的时代精神。这种精神是凝心聚力的兴国之魂、强国之魂。"作为澳门青年同胞，在实现发展的目标的同时，不仅要在物质上强大起来，而且要在精神上强大起来。我们要始终与祖国团结一心，始终用爱国主义把中华民族力量团结凝聚在一起，只有如此，我们才能在改革开放进程中与时俱进。

　　中国梦是民族的梦，是每个澳门青年的梦，需要我们每一个人为之不懈奋斗。每个人的力量是有限的，但只要我们万众一心、众志成城，就没有克服不了的困难。梦想是美丽的，它是心底最美的期望。梦想是阳光的，它使人们由浮躁走向踏实，由彷徨走向坚定，并走向成功。梦想是有力量的，它是人生前行的动力之源；梦想就是生命里的一双无形的翅膀，唯有梦想的力量才能激励和激发我们的生命，摆脱平庸和低俗，克服人性的弱点，走向优秀和杰出；梦想不应该只是凭空想象，我们应该用行动，用实践来实现梦想，来与梦想"对话"。

同心共筑中国梦

华侨大学　新闻与传播学院　广告学　2016级　台湾　孙宇辰

世界之大，是无数的渺小拼凑而成

山峰在每一片渺小的树叶与小草的点缀下才显得震撼壮丽；海洋在每一条渺小的河流与湖泊的汇集下才显得如此宽广宏大；天空在每一只渺小的云朵与生灵的衬托下才显得晴朗唯美；而我们生活的国家更是有我们每一个生命与智慧的丰盈才显得美丽富饶。渺小这两个字看似很弱、很小、很微不足道，与所有伟大的、震撼的事物沾不上边，但有时换个角度仔细观察你会发现其实这世上一切看似渺小的事物都蕴育着无限。

因为有梦，我们的渺小却有了意义

"每个人都渴望被爱，也不断地在为自己定位，但是只有知道自己是谁，从哪里出发，才能在真正有机会拥抱世界的时候，不会迷失方向。"在人生的河流中，我们都在不断追寻着所谓的梦想。关于梦想的探索也许是我们一生都解不完的课题，而最幸运的事莫过于能找到理想与方向。梦想前进的道路并不一定一帆风顺，总会有遇到挫折、感到彷徨甚至迷失的时候，我们也许会因此对自己产生怀疑，甚至想要放弃对梦想的追求，但是放弃绝不是我们应该做的事情。我一直认为看似渺小的我们，正因为有梦，生活才有了意义。如同很多伟人，他们也并不是生而就是伟人，正是因为他们有梦、他们追梦、他们不放弃。所以每当我在追求梦想的道路上感到无助与彷徨时，总会有一句深深记在脑海里的话提醒我——因为有梦，我们生而渺小却有意义。

因为有国，我们的梦才能伟大不凡

展望历史，它是过去的现实，而现实是未来的历史。回顾我们生长的这片土地的发展历程，它也是由渺小走向强大，国家一代一代的社会工作者在无数的成功与挫折中，在不断的探索中积累宝贵的经验。始终坚持以国家和平及繁荣发展为原则，发挥桥梁纽带和重要社会支柱作用，维护每个人的合法权益，不断推动改革创新，才造就了现今繁荣安稳的社会。也正是这片土地赋予我们生命并孕育我们、保护我们的梦，让我们知道自己是谁、从哪里来，所以我们的渺小有了意义、我们的梦显得不凡。这就是所谓的"中国梦"，而中国梦是一个"大写的梦"，它不是一个梦而是包含了每一个中国人的小小的梦。它的实现并不是某一个人可以做到的，它也是由所谓渺小的我们共同的力量而实现的。因为有国，我们的梦才能伟大不凡。

梦的旅程，携国家精神勇敢前进

梦想的旅程，从来就不是一路坦途，一帆风顺的。离梦想之路越近，新情况、新问题就会越多。发展起来所出现的问题，未必比不发展的时候来得少，解决难度更是有甚于前。正所谓行百里者半九十，尽管我们距离梦想越来越近，但需要付出的努力依然很多。越是在这样的时刻，越需要我们满怀信心，振奋精神，凝聚梦想的力量，沿着中国道路更加坚定不移地走下去。

畅享中国梦

华侨大学 外国语学院 日语 2018级 澳门 陈梓姗

纵观中国千百年来叱咤风云的历史人物，无不是博古通今的。中国有着五千年文明的悠久历史，在这漫长的历史长河中，发生了许多难以忘怀的故事，被史学家们用文字记载下来。然而受年龄与认知所限，青少年朋友无法切实理解、领会其中的价值与美感，无法更加了解历史的回转。五千年的沧桑，五千年的文明，中华大地从荒芜走向繁华，从野蛮走向文明。中华五千年的历史，在这里凝集成一个个智慧与愚昧、生与死、盛与衰的故事，向人们静静地诉说。

中国近代史可以说是中国最重要的发展阶段，是一部充满灾难、落后挨打的屈辱史，是一部中国人民探索救国之路，实现自由、民主的探索史，是一部中华民族抵抗侵略，打倒帝国主义以实现民族解放、打倒封建主义以实现人民富强的斗争史。

中国现代史同时也是中国强大必不可少的时期，是指1949年10月中华人民共和国成立至今的历史，分为新民主主义社会与社会主义社会两大历史阶段。这一时期也是中国人民建立政权、巩固政权、探索与发展中国，使中国走向富强、民主、自立的一段发展史。

如今的中国是位于东亚，是以华夏文明为主体、中华文化为基础，以汉族为主要民族的统一多民族国家，通用汉语。中国人一般称呼自己为"龙的传人"或中华民族。中国是世界四大文明古国之一，有着悠久的历史，距今约五千年前，以中原地区为中心开始出现聚落组织进而成国家和朝代，后历经多次演变和朝代更迭。20世纪初辛亥革命后，君主政体退出历史舞台，共和政体建立。1949年中华人民共和国成立后，在中国建立了人民代表大会制度的政体。中国疆域辽阔，从夏商周时期黄河地域，逐步扩展到现今法定领土内，由于各地的地理位置、自然条件的差异，人文、经济方面也各有特点。现在的中国一直在迅速发展，要知道远在新中国成立之前，当时中国还在清朝的封建统治下，已经渐渐衰落，尤其闭关锁国政策，更加阻碍了中国的发展，而此时的西方国家已经开始了工业革命，发展非常迅猛，很快超过了中国并快步前行。因而，中国大大地落后于西方国家，再因之后战争的爆发、环境的束缚，中国更是无法前行，一直到新中国成立，之后开始了改革开放。军事、医疗、教育、服务、制造等领域的发展有目共睹。在改革开放后，中国的经济迅速发展，更是在改革开放四十多年后，已超过日本 GDP 的两倍成为世界第二大经济体。当然，中国不仅仅是经济上的发展迅速，军事和科技等方面也都没有放松。尤其是在有了发展稳定且健康的经济这一强大的后盾后，中国的科技水平不断上升，更是在一些方面成为世界上的先导者。中国有强大的科技实力的支持，当然军事方面的增长也不容小觑。中国能够在大家都在发展的时候脱颖而出，不仅仅得益于领导人对目前中国国情的正面了解并作出合理详尽的规划，还有中国人不服输的强烈决心和艰苦奋斗的精神。这些都促使着中国的不断进步。中国人的团结也是中国发展的动力。谦虚作为中华民族的传统美德，也使得中国人能够在看到别人发展的同时，不断检测自己的不足之处，并全力弥补，以及发展创新，而这些创新常常也让中国走在世界前列。

对于我们来说"一国两制"是为了实现中国统一的目标而提出的方针，是中国政府在台湾问题上的主要方针，也是香港、澳门两个特别行政区所采用的制度。香港问题、澳门问题和台湾问题都是历史上遗留下来的问题，解决这些问题，实现国家统一，是中华民族的共同愿望。实现国家统一，是全体中国人民一项庄严而神圣的使命。中华人民共和国成立后，中国政府为之进行了长期不懈的努力。中国政府解决台湾问题的基本方针是"和平统一、一国两制"。回到祖国怀抱的香港、澳门既融入了中华民族伟大复兴的壮阔征程，又继续保持繁荣稳定。实践充分证明，"一国两制"是历史遗留问题的最佳解决方案，也是香港、澳门回归后保持长期繁荣稳定的最佳制度安排，是行得通、办得到、得人心的。在"一国两制"伟大构想指引下，内地与香港、澳门澳门已形成共同繁荣、共同发展的新型关系，昭示着"一国两制"伟大实践正在跨入新的发展阶段。继续推动香港、澳门各项事业向前发展，归根到底是要坚守方向、踩实步伐，全面准确理解和贯彻"一国两制"方针，坚守"一国"之本，善用"两制"之利，扎扎实实做好各项工作。中央贯彻"一国两制"方针坚持两点，一是坚定不移，不会变、不动摇；二是全面准确，确保"一国两制"在香港、澳门的实践不走样、不变形，始终沿着正确方向前进。"一国两制"作为一项新生事物，需要在实践中不断探索、开拓前进。回顾总结"一国两制"在香港、澳门的实践历程，全面准确地理解和贯彻"一国两制"方针政策，有利于维护国家主权、安全和发展利益，有利于保持香港、澳门长期繁荣稳定，有利于继续推动"一国两制"实践沿着正确的轨道向前发展。"一个国家，两种制度"是中国政府为实现国家和平统一而提出的基本国策。总的来说中国强则强，正所谓"天下兴亡匹夫有责"。

作为新时代的青年，我们应该从小事做起，首先，我们应当理性爱国。爱国既要有热情的表达，更需要理性，能够从维护国家和民族利益的大局出发。所以，我们应当保持清醒的头脑，不辱使命，牢记责任，理性爱国。

其次，应当将爱国化为学习的动力，从点点滴滴做起，没有必要去绞尽脑汁地思考"我该如何爱国"。我们给世界最有力的证明就是国家的富强。然而这需要一代又一代中国人的努力与不懈，压在我们肩上的担子千斤重。我们能回报给国家的只有骄人的业绩。因此，我们应寻求一颗淡泊宁静的心来投入身边力所能及的小事当中。准备着，准备着为中华民族的崛起承担一份重重的责任。

最后，面对即将到来的冬奥会，我们更应让世界看到和谐的中国、团结的中国人民，给世界人民展现出一届真诚、友好的奥运会。国家的尊严不能被我们的行动所玷污。举手投足间我们挥洒的应是民族的风采，应是浓浓的爱国热情。持待客之心、行文明之举、寻成事之规应是我们做任何事情之前思量的准则。

郑板桥在《竹石》中写道："咬定青山不放松，立根原在破岩中。千磨万击还坚韧，任尔东西南北风。"傲竹凛风儿里的气概之所以高贵，还因为它不枝不蔓，一直朝着自己既定的目标挺拔向上。我们更应当学习傲竹那样的根而不移，坚劲而不懈、咬定不松的精神，以坚定的立场、冷静的态度从容处置，做到事有理、有利、有节。让我们的爱国主义情感日臻成熟并展示出理性的力量。

中国梦是国家的、民族的，也是每一个中国人的；中国梦的本质内涵是实现国家富强、民族振兴、人民幸福；实现中国梦，必须坚持中国道路、弘扬中国精神、凝聚中国力量；实现中国梦，必须牢记空谈误国、实干兴邦；中国梦是和平、发展、合作、共赢的梦，不仅造福中国人民，而且造福世界各国人民，与世界各国人民的美好梦想是相通的。这些重要论述，深刻阐明了中国梦的基本思想观点，打开了理论创新发展的宽广视野，为中国特色社会主义理论体系注入了新的时代精神和鲜活力量。

总的来说，中国的发展当然也离不开我们年轻一代人的努力，未来需要我们每一个中国人去创造。为实现中国梦而努力奋斗，这是我们每一个中国人都应该做的。

台湾"丫头"在江苏

南京航空航天大学　人文与社会科学学院　公共事业管理

2016级　台湾　陈靖雅

你要问我对南京的印象是什么？

我想那应该是满路的梧桐，热乎乎的鸭血粉丝，晒到快融化的烈日，还有冬天脚底下的冰吧。

图1　东南大学本部的梧桐树

台湾女孩与大陆的缘分

由于父母工作的调动，两岁时我就跟随父母从台湾来到了大陆。我是一个从小就在江苏长大的台湾姑娘。认识新朋友、介绍自己的时候被问得最多的问题就是："你是哪里人呀？"我的回答："我来自中国台湾。"

如果说台湾是我的第一故乡、我的出生地，那么我的第二故乡一定是江苏。从小我在昆山长大。我是真的爱昆山。我和每一个外出求学的昆山人一样，称自己是"山里的孩子"。昆山的每一条街、每一辆公交车、每一棵香樟树都承载了我的青春，我在这里长大成人。它见证了我从一个咿呀学语的孩子长成可以独当一面的女孩的过程；我也见证了昆山一步步走来成为"百强县市"之首。记得小的时候我曾经趴在窗台上看窗外橘黄灯光下的马路，那是个晚上，路上的车很少。那时的夜晚很安静，对小小的我来说甚至有点静的害怕。但现在不一样了，窗外的马路变得热闹起来，直到夜里一两点钟也还会有车子呼啸而过的声音。可能是长大了的缘故，这样的夜，让躺在家里柔软大床上的我觉得踏实幸福。看到昆山现如今的发展，我由衷地感到开心。当别人问我来自哪里时，我不仅会说我来自中国台湾，我还会告诉他们我家在昆山。每当我说出这句话的时候我总是满心骄傲。

图2　昆山下雪天路边的小绿车

来到南京上大学后，我发现南京人喜欢叫女孩子"丫头"。这个称呼让我觉得我特别亲切，每次听到有人唤我"丫头"时，心里都会涌起一股暖意。虽然只是一个称呼，但我知道那饱含了人们对我的善意、对我的关心。我会报以一个灿烂的笑容，并且真诚对待他人。

我们都是局中人

一道浅浅的海峡将大陆与台湾隔开，但它永远也隔不开大陆与台湾之间千丝万缕的联系。不管是感情上的、抑或是贸易往来上的联系。我不懂得政治，但我知道海峡两岸本是一家，我们都是华夏子女，我们属于同一个历史。在微博、知乎看到过很多对台湾人的偏见；同样的在 Facebook、Twitter 上也见过不少对大陆人的刻板印象。我想，造成这样局面的原因是两岸间的我们没有真正地互相了解，对彼此的认识还只停留在很早之前。这都是不对的，如果没有了解就不该随意评价！作为一个在大陆生活了 20 年的新时代青年，我相信我有发言权。从我的自身经历，我的第一视角来说，我看到了大陆一步步的经济发展，一步步的技术腾飞，人民生活越来越好。不得不承认台湾现在的发展已经落后于大陆了。就从生活便捷程度来看，台湾出门不能用支付宝支付，需要随身携带现金；短短四百公里的邮寄可能需要一周的时间才能到达；火车、高铁、地铁等公共交通的票价都远高于大陆……这让已经习惯于大陆便捷生活的我回到台湾后会有些许的不适应。

两岸间的不同不仅存在于生活环境方面，还存在于两岸青年的思想中。现在越来越多有追求的台湾青年选择到大陆学习、工作、生活，我身边也有许多大陆同学因为向往台湾特有的气息而选择到台湾做交换生。两岸青年间的交流正在增多。我曾经问过一个选择来大陆读大学的台湾同学，他为什么会选择来大陆读书，他告诉我，他觉得大陆发展更好、想要挑战自己，也想要了解在大陆生活的感受。他说在这里学习生活很快乐，也很适应这里的生活环境。因为我们经历过所以有发言权。最直白的答案还是来自于我的姐姐，姐姐也是和我一样从小到大都在大陆读书，从中南大学毕业以后她选择回到台湾找工作，她说出了两岸青年的不同之处。"台湾年轻人和大陆的年轻人很不一样。大陆的大部分年轻人都有明确的目标，并且愿意为了实现自己的目标而努力。"她的这一番话让我印象很深。我们都是新时代的局中人，我享受、我热爱这样一个催我奋进的环境。我相信只要是有追求、不贪图享乐的年轻人都会爱上这样的环境——只要努力便不愁没有成功的机会。两岸的有志青年应该在同祖国一起共筑中国梦的同时，完成专属于自己的梦。

心中常怀感恩

来到大陆生活、读书、成长对于我来说就像是一次冒险。在人生这趟旅程中，我很开心能够在年轻时有过这样一次冒险的经历。

一路走来，我感谢政府给台湾人民的很多优惠政策，与我息息相关的、我最了解的就是关于升学的政策了。港澳台高考优惠政策让我进入南京航空航天大学这样一流的学府，我一直心怀感恩，因为我知道若是按我自己在江苏的排名我很难考进南京航空航天大学。有了这个政策，我才能有机会进入一流的大学学习。在这三年的学习过程中，我一直努力跟上大陆同学的脚步。在这样的过程中我不仅提升了自己的水平，同时也和同学们建立了深厚的友谊。我爱我的同学们、我爱我的老师们、我爱所有给予过我善意的人们。当然我也爱给予我机会的政府，是你们给了我不一样的、丰富多彩的人生经历。

憧憬共同的梦

今年是《告台湾同胞书》发表的第四十个年头。海峡两岸分隔已七十年。但是两岸间的交流从未中断过。原先的联系是余光中老先生诗里的小小的邮票、船票；现在的联系是科技带来的微信视频、一张随时都可以买到的机票。两岸间的交流正在越来越密切，但这样的交流还远远不够。作为在大陆长大的台湾"丫头"，我很期待，期待两岸人民的心意互通，期待台湾与祖国大陆的重逢。

小的时候我也曾经迷惑过，为什么我在大陆长大而不是在台湾长大呢？我到底是哪里人呢？现在的我，感恩在大陆的生活，我相信一切都是命运的安排。作为一个在大陆长大的台湾"丫头"，我很骄傲。我不再去纠结我是哪里人，因为海峡两岸本就是一家人。我认真想过自己未来的发展，我想为推进两岸关系做出一点贡献。运用我的亲身经历向那些对大陆有偏见的人证明大陆也同样美丽！大陆与台湾的美是不一样的，大陆美得宏伟雄壮、美得包罗万象。台湾岛，小而美。两岸人民是一样的善良，不要被一些别有居心的人所蒙蔽。

图3　台北阳明山一角

台湾美丽、富有活力地静坐在台湾海峡的另一端。总有一天，她会回归母亲的怀抱。祖国统一是时代潮流。中国梦是两岸人民共同的梦，中国梦需要两岸人民共同的努力。两岸的关系与和平发展需要两岸人民的共同推动与维护。作为两岸青年中的一员，我愿意为两岸和谐友好的互通尽一份心力！早日实现祖国统一，实现中华民族的伟大复兴！

我在交大感受中国梦

西安交通大学　管理学院　管工贯通　2017 级　台湾　叶佳樵

图 1

2017 年的 8 月，我考入了西安交通大学（本文以下简称交大），人生中还从未来过祖国的大西北。我收起行李，满怀着热情和期待来到有着深厚文化底蕴的西安，来到人杰地灵的交大，开始了我和祖国共同的梦想。

初识交大

古城西安

西安是有着几千年文化的历史古城，她的魅力使初到大西北的我痴迷而沉醉。在学校的精心组织下，我和其他港澳台同学游历了古城墙、兵马俑、大雁塔、钟楼、鼓楼等很多名胜古迹。

图2

　　白天的古城墙像一条长龙围绕着西安市，每当夜幕降临，城墙就亮起来了，有灯笼、大射灯、彩灯、龙灯，把整个西安勾画出清晰的轮廓，五光十色，美丽极了。

　　兵马俑形态各异，将军俑威严耸立，目视前方，好像正指挥着千军万马奋勇拼杀，武士俑手持兵器表情凝重，整装待发。我仿佛听到了战马嘶鸣、杀声阵阵。久经沙场的将领昂首挺胸，百步穿杨的射手拈弓搭箭，他们都显示着中华民族宏伟的气魄。

　　回民街的小吃更是多种多样，最具有特色的有羊肉泡馍，还有米线、凉皮、裤带面……美味无比。

美丽校园

交大有着深厚的文化底蕴，相比外面街道的喧闹，一墙之隔的学校却特别安静清爽。

图3

幽静的北门充满了绿色包围着校园建筑。沿着梧桐大道穿梭在校园，每一处都是美景，不管是那些不高的大楼的墙壁上生机盎然的爬山虎，还是即将凋谢殆尽的牡丹，或者是开得正好的不知名的花，都让学生和游客惊喜地拍照合影舍不得离开。

还有美美地枫叶小道。春季，枫叶都是嫩嫩的绿色，秋季，又是一番似红似火的景象。无论是春天的樱花还是秋天的落叶，交大总是给人一种无法用言语去形容的美。

世界一流

我很幸运来到西安交大，交大治学严谨，老师学识渊博。这是一个可以静下心来学习、提升自我的好地方。身边勤奋刻苦的同学和良好的学习氛围激励着我不断前进。

图4

钱学森图书馆是我成长最好的"伴侣"，知识从这里获得，思想在这里升华。当我第一次站在钱学森图书馆面前时，心中只有敬畏与虔诚。我知道，自己即将踏入知识的殿堂，那是一所大学的灵魂，更是一代学子亘古不变的精神坐标。步入馆内，庄严静谧的氛围，舒适温馨的桌椅，数不胜数的藏书无不增加着我对图书馆的热爱。我仿佛嗅到了人文关怀的气息，又看到了理性碰撞的光芒。望着古朴的桌面与暖黄色的灯光，心中竟有一种莫名的感动……

西迁之精神

西迁话剧

图5

大一时我参与了西迁话剧的排练和演出，在那段为排练和上课东奔西走的3个月里，我深刻学习和理解了交大苦难前行的光辉岁月，了解到"西迁精神"扎根西部的厚重内涵，西迁的峥嵘往昔屹立起交大永远的精神丰碑！而那段时光也成为她永生难忘的刻骨回忆。

"真正的英雄主义是在认清生活的本质之后依然热爱生活。"我至今仍清晰地记得话剧中这句台词，坐在观众席上的观众观看话剧时几次落泪。《焦点访谈》专题报道中，老一辈西迁交大人用自己一生无怨无悔地默默奉献，告诉我们什么是真正的英雄。他们把一腔热血献给祖国，将理想和抱负融进生活中，在自己的工作岗位中做着最伟大、最平凡的事。"奔赴大西北，向科学进军"早已不再是一句口号，而是一种对党、对国家无限忠诚的体现。从繁华的大上海到黄土高原，交大人克服饮食、气候等艰苦条件，在这片荒芜的土地上种出一个美好的未来，看到他们的英雄事迹，我又一次热泪盈眶。

西迁精神是西安交大一代代莘莘学子和不辞辛劳的教职工，用青春和汗水沉淀的精神财富，西迁之路，是交大人理想和信仰的升华之路。西迁精神扎根在交大的校园环境和校园文化中，体现在每一个交大师生身上，转化为交大人共同的理想信念和精神品质，这样的西迁精神融入校园中每一个平凡的、踏实的工作和奉献细节里，或许是不经意路过的一间实验室，或许是擦肩而过一位平静祥和的老者，或者又是办公室一盏亮到深夜的明灯。这种交大人坚守的理想主义共同体，是交大的灵魂所在。正是因为有了这种理想主义的坚守，交大文化才得以绵延不绝，历久弥新。

央视《开讲啦》

在学校观看《开讲啦》的节目直播，令我记忆犹新。陶文铨教授，以一名交大西迁亲历者的角度，讲述了交大西迁人、西迁事、西迁情，带领我们再次回到了那段波澜壮阔的峥嵘岁月。

图6

听着西迁老教授们的歌唱祖国，看着陶院士热情洋溢的演讲，伴着小撒不时的幽默调侃，感受交大的西迁故事和西迁精神，不知何时眼睛竟湿了…感慨感动之余，又感自己肩上的责任重大，就像陶院士所讲，没有西

北的富强就没有中国真正的富强，

听完这一节课，西迁精神早已不是抽象的概念，也不是那些响亮的口号，它有血有肉，有热情，有担当。作为交大学子，我深刻地意识到自己身上的重担，也将更加努力学习，把握当下，日后努力为西部的建设做出贡献！

交大中国梦

交大诞生于内忧外患的民族危难时刻，以救国为使命担当，在建设新中国的国家格局中响应党的号召毅然西迁，如今的交大扎根西部，枝繁叶茂，在新时代建设的号角中，进行新一轮西迁，建设中国西部科技创港，继续向西创业，开拓进取，为祖国新的历史篇章奏响新的最强音！

作为新一代的交大人、新一代的社会主义接班人，中国梦应该是我们始终坚持的精神支柱。为科学的发展、国家更加繁荣富强，做出我们的贡献。我们或许做不了一个伟大的科学家，但我们可以做一个老老实实、勤勤恳恳的建设者，不忘初心，砥砺前行。"前人栽树后人乘凉"，如今美好的生活来之不易，是上一代人的心血，我们也要担起我们的责任，传承西迁精神，建设更加美好的未来。祖国建设大西北的决心深深地感染着我。我决心扎根西部，向西，向远方，为中国梦的实现贡献自己的力量。

三代人

中南大学　材料科学与工程学院　材料化学　2017 级　香港　卢承轩

> 三代人的眼睛，见证了中国的卓越发展；三代人的心灵，铭记了中国人的自强不息。
>
> ——题记

第一代人，突破重重艰难险阻，铸造了厚实的地基；第二代人，在黑夜之中上下求索，摸索出正确的路径；第三代人，将站在前人的肩膀上，实现中华民族的伟大复兴。

1949 年——爷爷的回忆

1937 年，我的爷爷出生在中国北方的一个小山村里，正是在那一年，日本发动了"卢沟桥事变"，在炮火的交织声中，爷爷的啼哭显得那样弱小无助。此后，在爷爷不断成长的岁月中，每年都能看到来来往往的中国和外国的军队，能听到枪炮摩擦空气、冲击大地的声音。乱世之中，爷爷随着家人一直从北方的高原，迁徙到如今的珠三角，从此便定居在这里。

抗日战争结束的那一年，爷爷刚满八岁。白天在学校读书，放学后便在家中帮助父母，平日里的玩伴只有花花草草以及那传遍村子的脍炙人口的歌谣。那日，在学校先生激动地大声宣布抗日战争结束的时候，爷爷和他的同学们懵懵懂懂地好像明白了些什么，放学后飞奔回家，将这消息传遍了村庄的每一个角落。当爷爷将这消息告诉太爷爷的时候，太爷爷平时严肃的脸上竟罕见地出现了一抹笑容，还有点点泪光蕴在眼中，常年劳累佝偻的腰背仿佛也挺直了几分。随后，爷爷吃到了对于那时的他来说，一顿丰盛绝伦的大餐。

爷爷永远也无法忘怀1949年的那一天，在十月金秋的一天，人们早早起床，有的擎着红旗，有的提着红灯，赶到村子中央的一大片空地上，每个人的脸上都洋溢着兴奋与激动，相互交谈声中有着压抑不住的喜悦与感慨。直至下午时分，当两个人带着电报从远处奔来时，大声呼喊"中华人民共和国成立了！""中国共产党万岁！"众人沸腾了起来，高举着红旗与红灯，齐声高呼"中国共产党万岁！""中华人民共和国万岁！""中央人民政府万岁！"爷爷跟在太爷爷的身边，看着太爷爷不断颤抖的身体与盈眶的热泪，不由得想起太爷爷讲过的共产党的故事，心中渐渐涌起红色的潮流，化作口中的一句句"中华人民共和国万岁！"

图1 开国大典

1979年——爷爷与父亲的叙说

父亲于1969年诞生在珠海县这个普通的家庭，他是六个兄弟姐妹中的老五，爷爷每天早出晚归，尽力养活着一家人。父亲小时候就聪睿灵动，喜爱读书看报，尤其爱听爷爷诉说老一辈的红色故事，一颗红色的种子在他的心底悄悄生根发芽。

1978年，收音机在中国普及。年末，爷爷将收音机带回家的时候，父亲对于这个新奇的东西产生了浓厚的兴趣，每天放学回家便迫不及待地凑到收音机跟前，聆听着里面的人讲述着外面的世界，讲述着他不知道的知识。当爷爷与父亲第一次听到"改革开放"这个词的时候，爷爷轻轻揉着父亲的头说："以后的日子会变好了。"眼中闪动着希冀的光芒，父亲若有所思地点点头。

"改革开放"的政策一经提出，就迅速实行，在短短一年之间就覆盖到了祖国的大江南北，珠海县正式更名为珠海市。也正是这一年的元旦，《告台湾同胞书》正式发表，郑重宣示在新的历史条件下争取祖国和平统一的大政方针及一系列政策主张。在那个元旦，爷爷夜不能寐，想着远在台湾的姐姐，流下了激动又复杂的泪水。

第二年，珠海被设为经济特区，随着街区建筑的不断变化，随着人民生活水平的不断提高，随着餐桌上的日渐丰盛，父亲真正见识到了"改革开放"所拥有的魅力。

图2　1979 年的珠海市

1999 年——父亲的讲述

1997 年 6 月，当父亲读报时得知了香港即将回归祖国的消息后，为了能够亲眼看到这历史性的一幕，立刻买了一台彩色电视机。在 6 月 30 日的晚上，父亲早早便守在了电视机的跟前，静待着香港回归祖国的那一刻。7月1日零点，当中国人民解放军军乐团奏起雄壮的中华人民共和国国歌，中华人民共和国国旗和香港特别行政区区旗一起徐徐升起时，父亲猛地站起身来，脸上早已布满了泪水。他腰背挺得笔直，轻声但坚定地唱着国歌，目不斜视地注视着冉冉升起的五星红旗，直至仪式的结束。

如果说香港的回归是乳燕还巢般的温馨，那么1999年的澳门回归就是母与子水乳交融的不可分割。12月19的晚上，父亲仪式性地端正坐在电视机前，静待着那神圣庄严的一刻。随着零时整的国歌响起，中华人民共和国国旗和中华人民共和国澳门特别行政区区旗的升起，父亲的激情再一次被点燃，庄严肃立的他抑制不住内心的激动与自豪，在仪式结束后便相约友人，共同分享这一刻的兴奋之情。

在我记事之后，每当父亲说起香港与澳门的回归时刻时，他总是不由自主地站起身来，腰板挺得笔直，刚毅的面庞上流露出骄傲与自信，嘴里还轻轻哼着《七子之歌·澳门》："你可知Macao，不是我真姓，我离开你太久了母亲……"

图3　澳门回归

2019 人年——我的故事

我出生在 1999 年，正是跨世纪的前一年。我没有经历过爷爷在抗日战争中的长途迁徙，没有体验过父亲及五个兄弟姐妹的饥寒交迫，没有见证过历史的重大变革，但在爷爷的每一次充满感慨的唠叨之中，在父亲的每一次激情昂扬的故事之中，我感受到了历史长河的凝重，感受到了社会时代的变迁，感受到了祖国的日益强大。我自豪，我有这样强大的祖国！

如今的我们，站在前人用血和泪搭筑的台基上，站在伟大祖国的肩膀上，当挺直我们的腰杆，当坚定我们的脊梁，当传承中华的意志，当歌颂中华的精神，当铭记前人的惨痛教训，当书写属于我们的新篇章。正如习主席所说的那样："新时代中国青年，要有家国情怀，也要有人类关怀，发扬中华文化崇尚的四海一家、天下为公精神，为实现中华民族伟大复兴而奋斗，为推动共建'一带一路'、推动构建人类命运共同体而努力。"

三代人，同心共筑中国梦！

我与祖国共成长，同心共筑中国梦

中央财经大学　法学院　法学　2017级　香港　尹嘉宝

梦，一个简简单单的字眼，却承载了14亿中华儿女的信念，饱含了14亿中华儿女的希望与未来。今年是我不断筑梦的一年，我得到了香港驻京办的实习机会，让我有机会亲身体验香港政府组织的内部结构以及亲自协助两地沟通与交流。我曾有幸在现场听香港特首林郑月娥述职，向国家领导人汇报香港过去一年的工作，包括政治、经济、民生各方面。从工作报告中，我了解到在今年，也就是新中国成立70周年时，香港一定会更积极、主动融入国家发展大局，让我更加深入体会到双方是凝聚为一体的。这也让我意识到，尽管我与内地同学们进行交流时会出现观念不同的碰撞，但相同的是，我们都心怀祖国，只需要我们用心去沟通与交流，在交流中求同存异，就能不断沿着中国特色社会主义道路共筑中国梦。

如今不仅民间交流交往越来越密切，许多香港人在内地工作、生活、旅游、求学，而且，中央政府和特区政府的联系和合作也越来越密切。在双方的努力推动下，有许多面向来内地读书香港学生的优惠政策，在京香港学生也获得许多来之不易的机会，例如驻京办每年与政府相关部门共同举办固定的就业讲座，旨在为大家谋取更多好的就业机会。还会组织定期去不同的学校走访相似背景的香港学生，让香港学生们真切感受到家的温暖。作为一名香港学生，我意识到回归对香港来说，是一个很好的机遇。自新中国成立以来，我们脚下的这片土地，不断描绘着崭新的画面。

尽管双方都在努力推动中国梦的实现，但国家仍然面临着外部的巨大障碍，例如中美贸易战。这会对香港传统的物流业与贸易业造成巨大冲击，但有信心安全度过。香港特首更明确表示，任何一场贸易战都没有赢家。在面对挑战时，香港更要用好"一国两制"优势。二十年多风雨不平常，香港回归二十多年来，内外经济环境发生了巨大变化，但是香港都能沉着应对，一次次成功地化险为夷，没有中央支持，香港不可能有现在的成就，这是每个香港居民都有的感受。在亚洲金融风暴、"非典"、"甲流"等非常时期，香港无一例外都得到了支持。香港的前途和国家的前途紧密联系在一起。香港不仅会从国家的快速发展和繁荣富强中获得莫大利益，还会从国家生机勃勃的进取精神当中，获取自强不息的发奋思路。没有国家作为香港的后盾，香港根本不可能有现在的发展。

回首过去，国家民族和人民面貌巨变，凝聚着我们所走过的风雨艰辛中国梦的实现，还会面临许多困难与未知的风险，需要双方共同的努力才能一步步迈向成功。我越来越清晰地认识到"一国两制"的安排是非常英明的决策，香港回归曾经是遥不可及的梦想，但在我们的团结奋斗中，香港已经回归祖国。"有梦想就有希望，有信念就有力量"，这是我们中华民族毅然挺立走过几千年沧桑岁月的写照。香港在今后要为国家作出更多贡献，香港居民一定会继续努力，自觉担当使命，向梦想不断迈进，为同心共筑中国梦指明前行之路。

今年不仅是个人收获颇深的一年，与此同时，我见证了祖国的强盛，也见证了春华秋实七十载中财人的上下求索。从两年前义无反顾地从香港只身前往北京念书的新奇迷茫，再成长到如今给学校学弟妹们开经验座谈会并担任港澳台联欢会的主持人时的坚韧，我始终秉承八字校训，坚守中财人的"龙马精神"。希望我能为中财乃至国家的繁荣与富强贡献自己的力量，努力使我们的祖国更加繁荣富强！

筑梦海峡两岸，共创美好未来

复旦大学　经济学院　经济学　2017级　台湾　庄晓旭

铭记历史

"中国如同一只熟睡的雄狮，但如若有一天它醒了过来，那么全世界都将为之颤抖。"耳熟能详的"睡狮论"是否出自拿破仑之口早已无从考究。十九世纪的中国，举国笼罩着"天朝上国"的思想，源源不断流入中国的鸦片腐蚀麻痹着神经，乾隆皇帝对英使团一句"天朝物产丰盈，无所不有，原不藉外夷货物以通有无，特因天朝所产茶叶、瓷器、丝斤为西洋各国及尔国必需之物，是以加恩体恤。"道出了小农经济的弊端和当时国人内心盲目的骄傲自大。

后来爆发了两次鸦片战争，英法联军利用长枪短炮迫使清政府打开国门，签订不平等条约，割地、赔款、开设通商口岸、允许驻厂，泱泱大清国从此陷入了百年侵略的深渊。1894年的甲午中日战争中，被视为"弹丸小岛"的日本在明治维新之后开始走上资本主义道路，制定了对外积极扩张侵略的"大陆政策"，将箭头瞄准了临近的朝鲜以及中国。黄海海战，清政府引以为傲的北洋水师全军覆没，次年台湾岛便在一纸丧权辱国的《马关条约》中被清政府割让给了日本。岛上随即开始了长达半个世纪的"日治时期"，直到1945年抗日战争结束，台湾光复而主权正式回归中国。

把握现在

悠悠历史进程加快了脚步，在 1979 年 1 月 1 日，全国人大常委会发表《告台湾同胞书》，宣布了和平统一祖国的方针，同时大陆停止炮击金门，实现两岸的真正停火。20 世纪 80 年代相应出台的"一国两制"基本国策也是针对台湾问题的主要方针，具体解释为在国家大一统前提下，大陆的社会主义制度和台湾资本主义制度的"双轨并行制"。纵观 20 世纪 70 年代至 90 年代，中央对台政策均是坚持维护国家一统的大前提，而不论具体是设特别行政区而享高度自治权，抑或是"一国两制"，都是在最大限度给予对方自由而创造一定条件来进行和平谈判。但由于 90 年代后期延至新世纪初期的种种迹象，眼看着台湾在一步一步地背离"两岸一家亲"的主旨，政治上的分歧无法阻挠血浓于水的两岸百姓互通有无，1992 年福建省提出"两门对开，两马先行"构想，2008 年 5 月国民党党魁马英九成为台湾地区领导人，在承认"九二共识"的一个中国基础上，台海双方开始了全面发展经贸往来，海峡两岸直接"通邮、通商、通航"，这一举措成功地拉近了两岸的距离，对加强合作、实现经济比较优势互补、共促双方协同发展起到了绝对性的推动作用。"两岸一日生活圈"正式成为了现实，裁弯取直的航线背后，两岸民众得以进一步接触，双向的交流和沟通开始加强。2015 年在新加坡举行的"习马会"，翻开了两岸关系历史性的一页，两岸地区的领导人得以会晤共商大事，中华民族伟大复兴的实现仿佛又近了一步。不仅在政治上实现了革新突破，经济层面两岸也有着极大的互动，从改革开放伊始的 15 亿美元（经香港的转口贸易），至 2013 年已达 1980 亿美元的历史高峰，30 年来两岸的贸易总量增长了 130 多倍，虽然后续不断受到国际经济环境乃至两岸政策松紧变化的影响，但不可否认的是，两岸的贸易规模的确因双方打开市场而大大增长。与此同时，双方市场的贸易依存度也不断攀升，台海两岸已然成为了双方重要的贸易伙伴，台湾成为大陆最大的贸易顺差来源地（接近 1300 亿美元；2018 年数据），大陆则成为了台湾的第一大贸易伙伴，第一大出口市场。两岸同胞本是一家人，是命运共同体，理应要携手同行，共筑中华两岸美好未来。

开创未来

21 世纪的中国早已迎来了历史上最大规模的经济、文化、政治等多方面的崛起，在科技快速发达的时代，中国在国际上的话语权不断凸显，秉承着五千余年来的中华文化，中国在不断需求自身乃至对世界的发展，而着其中必然包括敏感的两岸关系问题。习近平总书记在十九大报告中回顾了过去五年的对台工作，并依此提出了未来一段时期对台工作的指导思想，其中谈及了"中华民族的伟大复兴"，大陆同胞愿意与台湾同胞共同分享民族复兴红利，这些也可从中央近年不断出台的惠台政策中体现，如台湾居民大陆居住证就比原先的台胞证能够获得更多的便利。从国家层面转移到自身，作为在大陆求学的一位台湾学子，由衷地认为海峡两岸必须携手并进才能共享福祉，从小时候听长辈谈论政治将金门作为炮战前沿，甚至小小的岛屿上时常有飞弹袭击，到渐渐双方寒意化解释放善意，逐渐有了后来的双方互通有无，而依稀记得小时候前往台湾都需经过香港转机，这都预示着两岸的交流合作已经以前所未有的速度发展，2015 年"习马会"更是历史性会晤的见证，双方最高领导人能平和在新加坡交换推进两岸和平发展的意见。而这一切的一切，不都意味着近年来，越来越多的互动正在进行，越来越多的壁垒被打破，同心共筑中国梦，愿台湾与大陆经济的发展能切实落到每个民众的幸福感提升上，推动民族复兴，共享和平繁荣的美好未来。

中国青年齐奋进，携手铸就中国梦

广东药科大学　医药信息工程学院　计算机科学与技术

2017 级　香港　张柏辉

2019 年，是新中国成立的 70 周年，是澳门回归的 20 周年，是《告台湾同胞书》发表的 40 周年，也是港珠澳大桥建成投入使用后的一年，更是粤港澳大湾区蓬勃发展的一年！这一年既是回望过去沉思历史的一年，更是展望未来新发展的一年！身为一名来自香港的学生，处在这日新月异的新时代里，在为祖国自豪的同时，我也不免陷入深深的思考……

两年前，我从香港来到了内地，是为了实现心目中的理想。在我心中，这片土地不仅充满着机遇，而且更具有挑战性，更多元化。我期待着在这里可以变成更好的自己。两年来我见证了内地的发展：在生活中，我感受到便捷的移动支付，速度惊人的物流，实时通讯的普及；在学习上，学校与社会更是给予了我们更大的平台，在一门选修课中，我接触到了创业，在课程老师的指导下我们参加了"番禺区青蓝计划"创业项目，虽然并没有获得优胜，但是我相信在未来的学习生活中，这将是个不可缺少的经验。

在北京开幕"砥砺奋进的五年"大型成果展，北京和香港两地的 200 多名师生的大合影被做成了展板；12 月 11 日，"天下为公，中华情"——2018 澳粤港台青年企业家峰会在澳举行；粤港澳大湾区青年交流会暨纪念"五四运动"100 周年音乐会举行；1000 多名粤港澳台青年参加……种种形式多样化的活动，都在展示着内地与香港青年都在为实现中华民族的伟大复兴而奋斗着。而粤港澳大湾区的建成，更是大大激发青年们的动力。香港在粤港澳大湾区的融合速度让香港青年更加笃定地拥抱祖国的发展。

香港城市大学的法学博士陈晓锋每年都会看习近平主席的新年贺词，他说在新年贺词中不仅可以看到国家发展的进步，还有习近平主席对香港的关爱。在如此环境下我相信会有更多的香港青年能够认识祖国，在广阔的粤港澳大湾区寻找到自己的舞台，发挥所长，为建设美好的新中国，献出自己的一份力量。

何为"中国梦"？归根结底就是十四亿中华儿女的梦，无论是在天安门前红旗下的内地青年，又或是在金紫荆广场举行升旗仪式的香港青年，身上背负的都是同样的历史使命与国家责任。虽然内地与香港实行的是不同的社会制度，但是我们从来没有忘记过我们是一名中国人，身上流着的是中华民族的血液，而"中国梦"不就是民族团结、振兴中华吗？中华民族同心共筑中国梦，那么实现梦想的力量将会变得无比强大。相信我们汇聚起来的力量足以让我们的中华人民共和国在东方、在全世界能有一个崭新而不可磨灭的地位。

立足现今，眺望未来。当我坐的汽车缓缓行驶在这"新世界的七大奇迹"之一——港珠澳大桥上，我凝视着那远不及边的海平面时，我深知我想做的、可以做的远远不止当下。一时千载，千载一时，新的时代已经展开，承负在新一代的责任日益加重，我们必须想得更多，做得更好。

首先，对相关方针的深刻理解十分重要，心中有光，才能向着光亮的地方前进。在我看来，中央提出的"四个认同"对港澳台学生意义非凡，我们应该矢志不渝牢记于心中。何为"四个认同"？即对伟大祖国的认同，对中华民族的认同，对中华民族文化的认同，对中国特色社会主义的认同。将个人成长与实现"中国梦"相融合，一个把个人梦做成事业的人，才叫为中国梦贡献力量。习近平总书记指出，中国梦是每个中国人的梦想，也是每个青年人的梦想，青年人应当把自己的梦想与民族的梦想紧密相连，刻苦学习，努力成长，在追逐梦想的过程中为中国梦的实现而贡献力量，用青春谱写一曲壮丽的梦想之歌。融入中国梦的个人梦，才有光明前途，才能做成事业。其次，作为一名大学生，精通与熟悉运用专业知识必不可少。记得中学时，教室前有一句话——"为中华崛起而读书"，而在这中华民族伟大民族复兴的关键时刻，我会将这句名言深刻我心，时时刻刻警醒着我。同时也要注意劳逸结合，坚持锻炼身体，身体是革命的本钱，做任何事情的前提都是要有个健康的体魄，注重"德智体美劳"全面发展成为全能型人才。最后，要成为坚定维护祖国统一和"一国两制"，增进港澳台地区与内地（大陆）发展交流的中坚力量。勇于承担历史责任，不推卸，不懈怠，不辜负国家给予的厚望，共担祖国富强的伟大荣光。

前程似锦，路在脚下。锤炼品格，跟上时代步伐，相信这中国梦的美好蓝图，必将会为我们提供更多的机遇与更广阔的空间，"海阔凭鱼跃，天高任鸟飞。"让我们以青春之名，把鲜活、欢跃而顽强的涓涓细流，汇聚成奔腾、浩荡而宏大的奋进潮流，让青春梦与中国梦同频共振、交相辉映，在新时代的壮阔征程中大放华彩。广大港澳台青年正和祖国一起，将滚烫的青春热血撒在这片辽阔的土地上，让理想的号角和这民族之声一同吹响，倾尽全力投入新纪元，奏凯旋之歌不负新时代！

归于本心　承德前行

广州中医药大学　第二临床医学院　中医学　2016 级　香港　彭立彰

古施文以缘事，所以我想说一个故事：

我生于一个普通的家庭，因为祖辈为医，代代承传，故 4 岁的我便开始接触中医药。但时值年幼童蒙，所以没有对医学产生明显的兴趣，家中亦没有过多干预我的发展，权当了解一下，也没有深入学习。

我自少数理方面较同龄为佳，也考进了相当于内地水平较高的中学，这让父母亲对我的学习寄以厚望。但上天喜爱开玩笑，在 12 岁的时候，我被发现患有读写障碍，语文能力发育迟缓，导致包括中文在内的文科水平远低于正常人。在数理都是英文教学的全英环境中，对我而言，这无疑是"脑死亡"的判决。

读写障碍是无法治愈的，但不知为何，我对文言古典的掌握越发纯熟，对古哲思维的理解也越发明了，尤其在中医理论方面。这让我意识到，我被中医选择了。终于在 14 岁时，我开始系统性研读中医学，并以之为发展方向。

4 年后高中毕业的文凭考试，上天依旧喜爱开玩笑，成绩没有奇迹，我以一分之差与大学擦身而过。尽管多番努力缩短与他人的差距，我始终没有逾越英文这一软肋。那一刻，我有想过放弃中医这条路。

我想放弃中医，但中医没打算放弃我。落榜后的我几经折腾，最终被一个中医学文凭课程取录，继续中医学的学习。在课程期间，我随团来地处广州市的广东省中医院参观，这使我对中医学有了不一样的看法。

受香港特区法律的规限及社会氛围的影响，香港中医界在发展的过程中，对西医技术及诊断十分排斥，甚至常常以一个"纯"字标榜自己。在他们的世界中，中医时常以全能的形象出现，是没有副作用的，是完美的医学。这使我不自主地亦对西医产生负面的偏见。

但在内地，中医被客观对待，在不懈研究其效用的同时，亦积极发掘及承认其不足。在医学发展上提倡中西医并行，极大提高了中医的发展空间及应用前景，在明确中医学中不容否定的缺憾的同时，又借以西医技术手段弥补其不足。两者互为协力，互相配合，发展出一种新型的医学体系。

这使我陷入一段迷思之中，究竟什么是中医？究竟什么是医？

《黄帝内经》取五方之学而成；乳香阿胶之辈传自外邦；地大脉广而又分华北岭南之派、伤寒温病之辈、族医民方之类。中国传统医学从来都不是独门技术，而是不同时值下，空间及时间发展的综合精粹。古往中医发展上，没有抗拒过其他医术的加入，也没有停止自我的检讨与突破。

医，就是治病救人。在治病救人上，没有中西之分，只有优劣先后之别。过分死守在一个"中"上，就很容易迷失在"医"字中。能创造适合这种中西医协同的新型医学模式所需的环境及条件，只有中国有能力与优势。

国务院希望2030年之前向世界推广中医药，但中国的医学发展成熟了吗？我认为未，至少中西医的磨合仍需一段不短的时间，各种配套所衍生的问题仍需要针对性的解决。但随着"一带一路"及内需等需求带动，中国对医学的发展只会加强，不会倒退。我相信，最终，中医药将会以一种既熟悉，又新鲜的形态跻身于世界医学之中。

在修读文凭课程的两年内，我考得了升读香港三所大学所需的录取分数。但在2016年，当同时获得北京与广州两所中医药大学的录取通知后，我放弃了在香港继续升学的打算，成为广州中医药大学中医学专业本科生的一员，我并不知道这个决定对我有什么影响，但我相信这会使我更接近我想要的。

"中医药学是中国古代科学的瑰宝，也是打开中华文明宝库的钥匙。"这点评中肯，也保守。中医药是一支笔，记录了过去，也书写着未来。今天，我见证着中医学蜕变成世界医学的过程，也有幸参与其中。

我自幼随父离乡赴港，改革开放于我言，且近又远，难以同父辈一样有极为深切的体验与感悟。但中国独有的发展模式与政策，确实使我对医学有了更深层的思索，亦使我可以有缘乘坐这开往世界的新列车。

同心共筑中国梦

华侨大学　工商管理学院　会计学　2018级　香港　王靖雯

什么是"中国梦"？实现中华民族的伟大复兴，就是近代以来最伟大的中国梦。

梦想催人奋进，没有梦想的民族是没有未来的。中华民族是向上的，虽然一度落伍，受到屈辱，但很快确立了实现伟大复兴的"中国梦"，开始了新的觉悟和新的奋起；中华民族是幸运的，虽然历经曲折，屡遭挫折，却终于找到了彻底改变民族命运的中国特色社会主义的正确道路，开始了新的发展和新的崛起；中华民族是顽强的，虽然雄关漫道，困难重重，却能够面对挑战，勇往直前，披荆斩棘，开拓进取。

中国梦，凝聚了14亿人的追求与奋斗，是一个伟大民族，伟大国家的进取之梦；是千千万万个中国普通家庭的幸福之梦；是14亿中国人同享民族复兴红利的人生之梦。

中国梦，奋进的梦。伟大的梦想，属于伟大的民族。具有非凡创造力的中华民族，创造了辉煌的华夏文明，也能够继续拓展和走好适合中国国情的发展道路。大国崛起，必有大志。孙中山当初成立兴中会，提出"振兴中华"，就是要让中国复兴。在改革开放的新时期，邓小平带领中国人民冲刺世界第一，于是在融入世界中领先世界，在"韬光养晦"中大有作为。邓小平曾强调说："现在我们干的是中国几千年来未干过的事，这场革命不仅影响中国，而且会影响世界。"邓小平的目标，是干"影响世界"的大事业。他认为要利用机遇，把中国发展起来，21世纪的中国是很有希望的。邓小平在20世纪80年代提出用70年时间"三步走"第一步用10年达到温饱水平，第二步用10年达到小康水平，第三步是在21世纪再花

50 年达到中等发达国家水平，真正实现民族复兴。改革开放 40 多年来，中国取得了举世瞩目的成就，已完成战略第一、二步，我们正在第三步上迈进。只要团结一心，不懈努力，锐意进取，开拓创新，奋进在前进道路上的中国人民，一定能创造出无愧于时代和历史的新业绩。

中国梦，人民的梦。中国梦，归根到底是人民的梦，必须紧紧依靠人民来实现，必须不断为人民造福，让人民得到看得见、摸得着的实惠，让人民的生活充满阳光。50 多年前，美国黑人民权领袖马丁·路德·金在林肯纪念堂前发出响彻历史的呼喊——"我有一个梦想"。那一年，在地球的另一面，中国河南农村 11 岁的马文芳跪在妈妈的坟前许愿，让像妈妈那样没钱看病的农民也能看上病。在今天，"新型农村合作医疗""基本药物零差率"等措施实施后，圆了农民的健康梦。民生改善是复兴之本，梦想之基。从"贫穷不是社会主义"到"共同富裕"，从"发展才是硬道理"到"全面建成小康社会"，几十年来，发展经济，改善民生，始终是党和政府最重要的工作。这些年来，无论是城乡居民收入持续增长、社会保障网初步建立，还是医疗、教育不断向前改革，人民群众的幸福指数不断提高，中国老百姓渐渐过上了期盼的好日子。

中国梦，和平的梦。中国梦是复兴的梦，发展的梦，也是和谐的梦，和平的梦。坚持和平发展，是实现中华民族复兴的必由之路。国家是有性格的，中国的性格是热爱和平。英国哲学家罗素指出："中国统治别人的欲望要比别人弱，如果世界上有'骄傲到不肯打仗'的民族，那么这个民族就是中国。中国人天生的态度就是宽容和友好，以礼待人并得到回报。"中国不仅不与弱小的国家为敌，不动辄以战争对待他们，而且往往以谦让缓解矛盾，用道义和利益进行安抚。与欧美相比，中国资源紧张而不扩张，日本评价中国"自卫防御而不先发"，"文明包容而不冲突"是犹太人对中国人的感受。孙中山概括中国"王道立国而不霸道"，21 世纪我们所要建设的"王道中国"，就是一个不搞霸权、不压迫人、道德高尚、可素可敬的强大中国。

中国梦，实干的梦。空谈误国，实干兴邦。实现中国梦，创造全体人民更加美好的生活，任重而道远，需要我们每一个人继续付出辛苦劳动和艰苦奋斗。从新中国成立到现在，中国人民沿着社会主义道路，经过半个多世纪的艰苦奋斗，取得了举世瞩目的巨大成就。第一，从争取经济独立到建设社会主义现代化国家。70 年来，中国共产党领导全国人民建立经济体系，使经济文化极度落后的旧中国变成了一个初步繁荣昌盛的社会主义国家。中华儿女勤俭建国，在一穷二白的基础上建立了独立的、比较完整的工业体系和国民经济。第二，从打破封锁到全方位对外开放。20 世纪 70 年代，中美关系正常化带动了中国同西方国家的建交高潮，为后来实行对外开放战略创造了有利的国际环境。中国共产党十一届三中全会后，邓小平在倡导改革的同时，推动对外开放形成了崭新的局面。第三，从"小米加步枪"到逐步实现国防现代化。近代以来中国屈辱的历史告诉中国人民，要维护国家的尊严和主权，就必须要有强大的现代化国防。70 年来，中国人民解放军在中国共产党的领导下，坚决捍卫祖国的领土完整和主权，在实现国防现代化的进程中，取得了自行研制和成功发射"两弹一星"等一个个举世瞩目的成就。中国正在用实力告诉世界，东方之狮已经苏醒。

实现中华民族伟大复兴，凝聚了几代中国人的夙愿，是每一个中华儿女的共同期盼，历史告诉我们，每个人的前途命运与国家民族的前途命运紧密相连。国家好，民族好，大家才会好。实现中华民族伟大复兴是一项光荣而艰巨的事业，需要一代又一代中国人为之努力。面对浩浩荡荡的时代潮流，面对人民群众过上更好生活的殷勤期待，我们不能有丝毫懈怠，必须再接再厉，一往无前，继续为实现中华民族伟大复兴的中国梦而奋斗。

有梦想，有机会，有奋斗，一切美好的东西都能够创造出来。全国各族人民一定要牢记使命，心往一处想，劲往一处使，用 14 亿人的智慧和力量汇集起不可战胜的磅礴力量。

因为有梦，我们无惧拼搏

华侨大学　文学院　汉语言文学　2018级　香港　吴梓甄

巍峨的高山，因为寸土的积累而庄严厚重；无垠的大海，因为百川的汇集才能包容万物。浩瀚的天空，因为云彩的点缀，而绚丽多姿；广袤的大地，因为万物的衬托而生机盎然。上下五千年的中国，因为56个民族的团结一致，而日益强盛，坚定无惧地屹立于世界之巅。

习近平总书记在参观"复兴之路"展览时说过，"实现中华民族伟大复兴是中华民族近代以来最伟大的梦想。"中国梦，从此成了中国走向未来的鲜明指引，成为了激励中华儿女奋进拼搏、开辟未来的精神旗帜。中国梦，是56个民族共同谱写的华丽乐章，是我们最美好的支柱、最温暖的动力。

纵观历史的画卷，秦朝统一六国，建立了一个以汉民族为主体的、多民族的强大的封建帝国，使中国第一次以一个整体面向世界；盛唐时各国来朝，中华文化远播；宋朝时中国经济比重达到最高峰；元朝时我国疆域横跨欧亚；明朝时"治隆唐宋，远迈汉唐"。无论是国家实力还是文化水平，中国都独领风骚。我们拥有着源远流传的文化，那悠久的文化是我们最闪耀的宝藏。我们的汉字是中国人民智慧不可磨灭的印记；我们的诗经楚辞汉赋、唐诗宋词元曲、明传奇清小说，至今都是中国人民珍贵的文化财产。我们的四大发明，远渡重洋，传遍海外，造福世界。

然而，一切辉煌在清末落下帷幕。由于闭关锁国，我们被列强赶超、觊觎，鸦片战争爆发，长枪火炮轰开了我们的国门，中国沦为了半殖民地半封建国家。各国列强肆意掠夺我国财富、残害我国百姓、破坏我国文明。国家蒙难，中华民族陷入水深火热之中。但中国人从不屈服，为了挽救国家、复兴民族，不断奋起抗争。几代人怀着对祖国的爱、使国家重现辉煌的梦，两万五千里长征、十三年十一个月抗战，历尽艰辛、上下求索，在中国共产党领导下建立了新中国，踏上了建设社会主义的道路。毛主席的一句"中国人民从此站起来了！"响彻寰宇，让世界再次听到中华民族的声音。

只有创造过辉煌的民族，才懂得复兴的意义；只有历经过苦难的民族，才对复兴有如此深切的渴望。

自 1978 年实行改革开放政策以来，从改革开放之初设立经济特区，到沿海各省的改革深化；从开始打破计划经济实行商品经济和计划经济相结合，到实行市场经济方针的确立；从建立上海浦东开发区，到西部大开发战略的实施。我们渴望复兴，却不再冒进。我们以世界上最科学的理论为指导，以实践不断检验自己，不断发展、不断自我完善。历经四十年的不懈努力，我国综合国力大幅度提高，人民生活水平不断上升，国际影响显著扩大，民族凝聚力大大增强。香港、澳门回归祖国怀抱，百年耻辱一扫而空，中华民族得以吐气扬眉。中国跃居成为世界第二大经济体，在世界上拥有了足够的话语权。中国就如一头沉睡的狮子，因为睡着了，苍蝇都敢落到它的脸上叫几声；但一旦被惊醒，世界都会为之震动。中国的狮吼震惊了世界，这头雄狮苏醒了。中国，崛起了！

江泽民说得好，"汉族离不开少数民族，少数民族离不开汉族，各少数民族之间也互相离不开。"这三个"离不开"深刻阐述了中国各民族休戚相关、命运与共的关系。一个人或许能走得快，但一群人才能走得远。中国，是我们共同的家园；中国梦，是全国 14 亿人民共同怀揣着的梦，而要实现这个美好而宝贵的梦，唯有各民族团结一心，才能成就其辉煌和光荣。中国梦，深深地刻在每一个中国人的心中，伴随着国家的一个个或润物细无声，或振奋人心的政策而成长、发芽。渐渐地，在充沛的养分中长成一棵棵参天大树，形成密林绿荫，回馈足下土地。民族情是这片土地的灵魂；中国梦是这片土地的生命线。在这片的土地上，我们辉煌过，衰败过，却从未后退过，于是，我们迎来了复兴。

同心共筑中国梦

云南中医药大学　中医学　2016级　香港　谭易

我曾经是《上海第一财经》的新闻工作者，当时的思维模式是：如何解读数据和找到数据背后的真相。但是当亲人被癌症夺走生命时，我在重创中开始寻找关乎身体重建和复兴的真相。2012年我远赴墨西哥的Tijuana市，那里汇集了很多在美国无法落地的自然医学医院和诊所，同时那里有被传统医院放弃的各国癌症患者来寻找最后一根生命稻草。我在一家叫the Oasis of Hope（希望绿洲）的医院，遇见一对美国来的夫妻，他们知识渊博，也做过很多关于癌症治疗方法的调查。他们问我来做什么？我说寻找癌症的自然治疗方法。他们笑了，说："你是中国人，在东方、在中国有神奇的中医（fantastic traditional Chinese medicine），你为何要跑到这里寻找？"

在"时"与"空"力量的交合轨迹中，我被云南中医药大学录取，开始辛苦又丰富的寻找中医之旅。俗话说"秀才学医，笼中捉鸡"，但是对我这种零基础的秀才而言，这只鸡仿佛是一只叫醒黎明的雄鸡，它并不属于我，我却看得见它。又说"不为良相，便为良医"，在上古时期，很多国相既是相，又是医，两者都需要极深的文化底蕴和愿意承担国家责任的胸怀。

中医，是中国文化中最传统、历史最久远、保护最纯粹的学科体系。它植根于中国的道家思想，持守着崇尚自然、返璞归真、追求真理的态度，是中华民族这块神州大地特有的大智慧，是华夏子孙绵延不绝的自然医学支持体系。中医的落地执行与当地文化、民族特点息息相关，而云南的中医风格也与其他地域不同。历史上古滇国受中原文化影响相对少；加上高原气候、植物种类和覆盖率全国最高等综合因素，形成了现在的汉族与多民族交融下的中医文化。所以我就读的云南中医药大学，一方面擅长少数民族医药，另一方面擅长扶阳学派的中医路线。

图1　云南中医药大学学生在练习太极拳

云南少数民族医药犹如含苞待放的小花长在山间，似在深闺人未识。然而，正是这看似不起眼的小花，却承载着深厚的民族文化，回应着人类对生命和健康的呼唤，从悠远的历史走到今天，为我们保存下这一份独特而珍贵的资源。传统药物的宝库，也因民族药的存在，显得更加熠熠生辉。云南中医药大学的民族医学院，近些年在政府和民间医生的支持下，建立了云南省民族医药博物馆，建筑格局是四合院的庭院式结构，整体外观颇具傣族风格，厚重又不失活泼，棱角分明却也和谐相生。展区部分共3层，包括云南民族医药文化、云南民族医药诊治特色、云南民族药开发成果和云南民族药标本展室等，博物馆现有民族药标本400多种，中药标本2000多种，古籍50余册，中医药、民族医药文物、实物等100多件，这在全国民族医药中都是首屈一指的。

云南中医药大学的民族医学院每年多次举办不同民族医药的学术会议，如藏药、蒙药、傣药、彝药、苗药……不仅保护了那些将要埋没在民间的瑰宝医生，也为人类健康谋福祉，为少数民族地区经济发展作出贡

图2

图3　云南省民族医药博物馆一角

献。云南中医药大学犹如一颗灼灼发光的七彩明珠，其不仅在西南地区，乃至整个湄公河流域、"一带一路"的国家都有很深的影响。不仅是学术界，就是在医药企业界，云南也有很强的民族特色。新中国成立以来，云南省的植物药研究人员踏遍滇山云水，寻访民族民间医药工作者，收载药物，并建成3个共享信息数据库，极大提升了基础研究成果的公益性。云南的一些极具代表性的企业也以飞快的速度成长，比如云南白药公司、昆明中药厂、龙润集团等，把很多云南地道药材、特色配方及茶文化推向全国，不仅为云南的GDP增长做出巨大的贡献，也把这些非物质文化遗产和云南人朴实能干的奋斗精神不断传承。每一代人的努力，都是一朵小小的浪花，都将随着民族药发展的清流，汇入人类历史的长河，辉映那粼粼波光。希望更多的人关注民族药，更多的人共同努力，使民族药之花盛放并福泽四方。以云南本土药材"三七"为主要成分的"血塞通软胶囊"在今年"中国—南亚博览会"上也爆出消息，仅去年销量就突破了 5 个亿，成了医药界的明星产品。

在中医方面，云南历史上也是名医辈出，现代中医界以圣爱中医馆为代表的私人医馆迅速崛起。同时在公办的云南省中医院，挖掘整理中医传统特色疗法，制定了中医特色外治疗法规范和流程，目前开展有针灸、推拿、康复、药浴、足浴、蜡疗、熏蒸、中药灌肠、贴敷、导引养生、药膳等 40 余项传统治疗项目，私人医馆和公立中医院的共同发展，很大程度上填补着西南地区西医无法深入的领域。

说到云南的中医，我不能不提及一位与众不同的西医医生。他是云南省第一人民医院血液科的临床专家。这位医生到我学校分享的却是他在临床上积累的大量治疗危重症患者的中医实战经验。当这位西医专家分享到用"经方"葛根汤治疗"EB"病毒，用麻杏石甘汤救回了 ICU 重症肺炎患者的时候，我深深地被中医所折服和吸引，更加确信我们祖先流传下来的民族医药在很多西方医学束手无策的领域发挥着无可替代的作用。

不唯上、不唯书、只唯实，我相信习近平主席提出的文化自信，倡导复兴中医，都是建立在一点一滴临床基础之上。作为一名来自香港的学生，有在云南学习"岐黄之道"的机会，是命运的眷顾，我自身也会成为实现中国梦的参与者，并在中医精诚精神的指引下一路前行。

我的法治中国梦

——与祖国共成长

中国政法大学　民商经济法学院　法学　2017 级　澳门　陈晓儿

2019 年是一个特别的年份。七十年前，毛泽东主席在天安门城楼上向全世界庄严宣告"中华人民共和国中央人民政府今天成立了"；四十年前，《告台湾同胞书》发表，中央对台政策开始发生转变；二十年前，五星红旗在澳门冉冉升起，分别四百多年的澳门终于回到祖国母亲的怀抱。中国在这七十年里发生了翻天覆地的变化，如今已经迈入新的阶段，14 亿中国人民在实现"中华民族伟大复兴梦"的感召下，迸发出极大的热情和力量。在过去的二十年，我是新时代的见证者，在今天，我同祖国的年轻人一起，为祖国的复兴梦而奋斗着。

在澳门的小学时期

1999 年，我在广东省东莞市出生，同年 12 月，澳门回归祖国。12 月 20 日零时，当五星红旗在澳门夜空高高飘扬的那一刻，澳门正式跨入了"一国两制""澳人治澳""高度自治"的新时代。一大批澳门年轻人在"一国两制"的史册中大笔挥墨、砥砺前行——首家"三来一补"的合资企业、首家合资酒店、首家合作客运汽车公司等项目都能看到澳门人的身影。

2003 年，我们家移居澳门，从此，我对这片土地也有了特别的情感。我的幼年时期在澳门生活，中葡交融的文化特色，和蔼友善的澳门市民，传统地道的澳门美食，都伴随着我的成长。在澳门生活的五年，我见证了澳门回归后的发展：2004 年 12 月 19 日，国家主席胡锦涛抵达澳门庆祝澳门回归五周年并为澳门西湾大桥落成开幕；2005 年第四届东亚运动会在澳门体育场举行；2008 年 5 月，北京奥运圣火传递到澳门特区，近半澳门民众约 25 万人涌上街头争睹这一历史性时刻……

在"一国两制"的发展下，澳门这块"弹丸之地"，从回归前的经济连续 4 年负增长，到回归后的连年跨越式增长，澳门"沧海"变"桑田"，从中葡渔港小城摇身一变成为世界旅游城市。近年来，在参与和助力"一带一路""粤港澳大湾区"的建设过程中，澳门不仅成为中葡友好的一个合作桥梁，也为中国和葡语国家开展合作搭建了重要平台。

在东莞的中学时期

2008 年，我回到我的家乡广东省东莞市接受教育。20 世纪 70 年代末，中国开始实行对内改革、对外开放的政策，一声春雷在祖国的南粤大地响起，改革开放波澜壮阔的壮美画卷就此缓缓拉开，广东省作为改革开放的排头兵，在这个阶段迅猛发展。在改革开放带来的红利下，社会主义现代化建设取得了辉煌成就，实现了从传统农业社会到现代工业社会的社会转型，东莞成为"中国改革开放的一个精彩而生动的缩影"。

这一年，我入读了东莞市南开实验学校，老师不但讲授文化知识，而且还谆谆教导我要刻苦学习，成为德才兼备的人，长大为国效力。2012 年 5 月 4 日，我成为我们年级第一批被发展的团员之一。蓝天之下，红旗飘扬，我荣幸地进行了国旗下讲话，那光荣的时刻令我毕生难忘，并自此许下了长大一定要回馈社会，报效祖国的理想。

2015 年，我考入东莞市五大名校——东莞中学松山湖学校。在高中的三年，我养成了每天关注时事政治新闻的习惯，对世界的发展和国家的形势有一定的了解，经历了三年的磨炼，我更坚定了心中回报祖国的理想。

在北京的大学时期

2017 年，我顺利地通过港澳台全国联考，幸运地入读中国政法大学的法学专业。翻开了我人生征程崭新的一页，我向着新的目标开始了奋斗和跋涉。

习近平总书记在 2017 年 5 月 3 日考察中国政法大学时发表的讲话深深牵动了我的心，"当今中国最鲜明的时代主题，就是实现'两个一百年'奋斗目标、实现中华民族伟大复兴的中国梦。当代青年要树立与这个时代主题同心同向的理想信念，勇于担当这个时代赋予的历史责任。"法治中国是实现中国梦的重要组成部分和制度保障，青年一代则是推进法治中国建设的重要力量。习近平总书记这一番话与我儿时并未成型的梦想联系在了一起，我毅然选择了感兴趣的法学专业，希望学成后为全面推进依法治国的基本方略贡献一份自己的力量。

作为中国政法大学的学生，我还有着特殊的使命和责任。法大从她诞生的那一刻起，就与祖国的民主与法治建设同兴衰，共命运。我们是"厚德、明法、格物、致公"校训的信仰者与践行者；我们有着"艰苦奋斗、坚忍不拔"的奋斗精神；我们有着"经国纬政，法治天下"的气度，有着"经世济民，福泽万邦"的情怀。建设法治中国，就是我作为法大人的使命和责任。

入读中国政法大学，我开始有机会初步践行自己的法治理想。在法学知识实践方面，我加入了我们学校的法律援助中心，为有需要的困难群众提供免费的法律帮助，每一次为当事人的排忧解难都是践行法治精神、弘扬作为法学生应有的正义感与担当的表现。并在 2019 年 3 月与北大、人大法律援助组织代表共同订立《全国大学生法律援助工作站章程》。在普法活动方面，我参与了近 20 场日常普法活动，并在 2018 年夏天组织了社团20 余名同学共同前往我的家乡广东省东莞市进行远程普法，在了解我国基层法治的同时，我们也对当地的群众进行了法律知识的普及，解决了他们生活中遇到的法律难题。在社会调研方面，为帮助港澳同学更好地融入内地的求学生活，我与同学共同研究了《港生赴内地升学后在人际交往方面的融入情况》，深度发掘两地文化背景，共建两地学生友好交往的桥梁，该项目成功立项。大一学年中，我的志愿时长达到 350 小时，荣获 2017 - 2018 学年度中国政法大学志愿服务先进个人的称号。

在北京求学的两年里，我有幸作为港澳学生代表受邀参加了"全国政协委员与在京港生座谈会""国务院港澳事务处与澳生意见交流会""最高人民检察院——首都高校学生代表座谈会""国务院大督查——高校学生代表交流会"等活动。在大二上学期，我加入了香港专业人士（北京）协会，这是一个本着"团结互助、安居乐业、融入北京、贡献祖国"的宗旨，在北京服务香港居民的非营利组织。该组织定期举办各种活动，帮助香港居民融入社会，充分担当起北京与港澳两地桥梁的作用，从而促进两地交流。截至现在，我参与的志愿活动时长累积 450 小时，组织和参与普法活动 21 场，累积接待困难群众百余人，而支持我做这些公益活动的，正是我心中不变的中国梦。

做法治中国梦的践行者

纵观国际国内大局，中国正处于前所未有的战略机遇期。2017 年 7 月 1 日，《深化粤港澳合作推进大湾区建设框架协议》在香港签署，国家主席习近平出席签署仪式。2019 年，澳门特首崔世安表示，面向未来，澳门将积极把握"一带一路"、粤港澳大湾区建设等重大机遇，按照国家所需、澳门所长的定位，为国家改革开放再出发继续贡献澳门的力量。

随着粤港澳大湾区建设的深入推进，粤港澳三地之间的合作日益紧密，跨地域的经济往来对法治社会的发展提出了新的要求。推进法治建设已成为粤港澳大湾区建设的重要组成部分，建立统一有序的"法治化"社会秩序，将助力大湾区经济腾飞。

"国不可一日无青年，青年不可一日无拼搏。"今天，我们比历史上任何时期都更接近、更有信心和能力实现中华民族伟大复兴的目标。中国政法大学校长黄进在 2017 届毕业典礼上寄语同学们："法治中国将决定未来中国的分量和质量，而能否实现法治中国的目标，就在法学学子的手上。"挥法律之利剑，持正义之天平。我作为在内地和澳门成长的青年人，现在珍惜大学资源、刻苦学习知识，日后回到家乡参与粤港澳大湾区的法制建设，坚持公益法律援助就是我的中国梦。

"大鹏之动，非一羽之轻也；骐骥之速，非一足之力也。"在 21 世纪的新时代，每一位年轻人都有自己心中的中国梦。实现中华民族伟大复兴是一项光荣而艰巨的事业，"路漫漫其修远兮，吾将上下而求索"，负上使命向前行，才能深刻地感受到《宪法》上"一切权利属于人民"的力量。同心共筑中国梦，中国复兴腾飞的梦想，就是从你我身上开始的。